权威·前沿·原创

皮书系列为

“十二五”“十三五”国家重点图书出版规划项目

BLUE BOOK

智库成果出版与传播平台

青海蓝皮书

BLUE BOOK OF QINGHAI

2022年青海经济社会形势分析与预测

SOCIAL AND ECONOMIC CONDITIONS IN QINGHAI: ANALYSIS AND FORECAST (2022)

主　编／索端智

副主编／孙发平

社会科学文献出版社

SOCIAL SCIENCES ACADEMIC PRESS (CHINA)

图书在版编目（CIP）数据

2022年青海经济社会形势分析与预测/索端智主编
. --北京：社会科学文献出版社，2022.3
（青海蓝皮书）
ISBN 978-7-5201-9614-7

Ⅰ.①2… Ⅱ.①索… Ⅲ.①区域经济-经济分析-青海-2022 ②社会分析-青海-2022 ③区域经济-经济预测-青海-2022 ④社会预测-青海-2022 Ⅳ.①F127.44

中国版本图书馆CIP数据核字（2022）第027025号

青海蓝皮书
2022年青海经济社会形势分析与预测

主　　编／索端智
副 主 编／孙发平

出 版 人／王利民
责任编辑／陈　颖
文稿编辑／王小翠　李惠惠
责任印制／王京美

出　　版／社会科学文献出版社·皮书出版分社（010）59367127
　　　　　地址：北京市北三环中路甲29号院华龙大厦　邮编：100029
　　　　　网址：www.ssap.com.cn
发　　行／社会科学文献出版社（010）59367028
印　　装／天津千鹤文化传播有限公司

规　　格／开 本：787mm×1092mm 1/16
　　　　　印 张：19.5　字 数：290千字
版　　次／2022年3月第1版　2022年3月第1次印刷
书　　号／ISBN 978-7-5201-9614-7
定　　价／168.00元

读者服务电话：4008918866

主要编撰者简介

索端智 藏族，青海省海东市人，中共党员，博士，教授。现任青海省社会科学院党组书记、院长。兼任中国民族学人类学学会副会长、中国西南民族研究会常务副会长、国家社会科学基金项目评审委员会委员、教育部社会学学科教育指导委员会委员。长期从事藏学、民族学、人类学研究，先后主持完成国家社会科学基金项目“三江源生态移民研究”“青藏高原藏族游牧区公共服务研究”等多项课题，发表专业学术论文50余篇。研究成果获青海省哲学社会科学优秀成果一等奖1项、二等奖2项，首届青海省科学成果奖论文类二等奖1项，国家民委社会科学研究成果优秀奖（调研报告类）1项，青海省第四届高等教育省级教育成果二等奖1项。

孙发平 汉族，中共党员，青海省社会科学院副院长、研究员，享受国务院政府特殊津贴专家。获青海省人民政府“青海学者”、青海省千人计划“杰出人才”等荣誉称号。长期从事经济发展战略、区域经济学和青海经济问题的研究与教学工作，先后独立、合作、主编图书10余部，在《光明日报》《经济日报》《青海社会科学》等报刊发表论文100余篇，主持和参与完成国家社科基金项目2项、青海省社科规划项目9项、各类委托课题40多项，主持完成智库报告60多篇。获青海省哲学社会科学优秀成果一等奖4项、二等奖2项、三等奖5项，青海省优秀调研报告一等奖5项、二等奖7项、三等奖4项。20多篇智库报告获省部级以上领导肯定性批示。

摘　要

《2022年青海经济社会形势分析与预测》由青海省社会科学院主编，是专题分析和梳理青海省改革发展的综合性年度研究报告，以青海省经济、社会、生态、民族宗教等各领域的重大理论和现实问题为研究内容，真实、全面地反映青海经济社会发展形势。

全书由总报告、经济篇、社会篇、生态篇和民族宗教篇五个部分组成。其中总报告包含经济、社会两篇，在对2021年青海经济和社会发展总体情况分别阐述的基础上，对国内外宏观发展背景下青海经济社会发展面临的机遇和挑战进行分析，并结合省情实际对2022年发展趋势进行预测，提出了具有可操作性的对策建议。

总报告认为，2021年，在国际经济复苏缓慢、国内经济需求端与供给端同时呈现收缩态势的大背景下，面对投资增长压力增大、能耗“双控”趋紧、转型动能尚需培育等困难，青海顶住压力、迎难而上，稳定疫情防控大局，妥善应对玛多地震灾害，全省经济持续稳定恢复，总体符合预期。“四地”建设破题开局，生态环境持续改善，居民收入稳定增加，市场活力不断增强，发展质量日益提升，2021年前三季度地区生产总值比上年同期增长6.7%。2022年，青海经济在“一优两高”战略部署指引下，将全面贯彻落实“碳达峰碳中和”目标及“黄河流域生态保护和高质量发展”等国家重大战略，有望保持平稳增长态势，发展质量进一步提升。

2021年，青海社会形势呈现脱贫攻坚成果持续巩固、全省就业形势稳中向好、多层次社会保障体系不断健全、三江源国家公园正式设立、社会治理能力进一步提升、新型城镇化和城乡融合取得新进展、新冠肺炎疫情防控成果持续巩固的特点。2022 年，青海将在全力打造“四地”、奋力创建“五个示范省”、实施乡村振兴战略、建设健康青海等一系列重点工作中持续取得新成效。

关键词： 经济发展　社会发展　青海省

目　录

Ⅰ　总报告

Ⅱ　经济篇

Ⅲ 社会篇

Ⅳ 生态篇

Ⅴ 民族宗教篇

皮书数据库阅读**使用指南**

CONTENTS

I General Reports

II Economics Chapters

Ⅲ Society Chapters

Ⅳ Ecology Chapters

Ⅴ Ethnic Religion Chapters

总报告

General Reports

B.1 2021~2022年青海经济发展形势分析与预测

"青海经济发展形势分析与预测"课题组*

摘　要： 2021 年以来，全球新冠肺炎疫情持续演变，世界经济复苏进程中的风险仍在累积，我国经济恢复仍然面临不稳固、不均衡的国际国内形势，青海省立足新发展阶段、贯彻新发展理念、融入新发展格局，坚持稳中求进工作总基调，扎实做好"六稳"工作，落实"六保"任务，全省经济呈现稳中加固、稳中向好的发展态势。2022 年，随着"生态文明高地"打造和"四地"建设的加快推进、经济结构的不断转型，全国"碳达峰碳中和"目标及"黄河流域生态保护和高质量发展"等国家重大战略产生的

* 课题组组长：孙发平，青海省社会科学院副院长、研究员，研究方向为区域经济。课题组成员：杜青华，青海省社会科学院经济研究所所长、副研究员，研究方向为宏观经济与政策分析；王礼宁，青海省社会科学院经济研究所助理研究员，研究方向为区域经济、能源经济；魏珍，青海省社会科学院经济研究所助理研究员，研究方向为财税经济；刘畅，青海省社会科学院经济研究所助理研究员，研究方向为城市经济。

利好逐步释放，青海经济有望保持平稳增长态势。

关键词： 经济运行 高质量发展 青海省

2021年是中国共产党成立100周年，也是实施“十四五”规划、开启全面建设社会主义现代化国家新征程的第一年。面对不明朗的全球疫情演化形势和错综复杂的国际政治经济格局，在国内经济恢复发展仍需提升均衡性、协调性的现实情况下，青海省坚决贯彻习近平总书记参加十三届全国人大四次会议青海代表团审议和考察青海工作时的重要讲话精神，全面落实党中央、国务院各项决策部署，统筹推进疫情防控与经济社会发展，坚持稳中求进工作总基调，前三季度全省经济运行继续稳定恢复，高质量发展蹄疾步稳，新动能不断发展壮大，质量效益稳步提高。

一 2021年前三季度青海省经济运行特点

2021年，在国际经济复苏缓慢、国内经济需求端与供给端同时呈现收缩态势的大背景下，青海面对投资增长压力增大、“能耗双控”趋严、转型动能尚需培育等困难因素，顶住压力、迎难而上，稳定疫情防控大局，妥善应对玛多地震灾害，全省经济持续稳定恢复，总体符合预期。前三季度地区生产总值比上年同期增长6.7%，“四地”① 建设破题开局，就业比较充分，生态环境持续改善，居民收入稳定增加，市场活力不断增强，发展质量日益提升。

① 2021年3月7日，习近平总书记在参加十三届全国人大四次会议青海代表团审议时强调，要结合青海优势和资源，贯彻创新驱动发展战略，加快建设世界级盐湖产业基地，打造国家清洁能源产业高地、国际生态旅游目的地、绿色有机农畜产品输出地。参见《习近平在参加青海代表团审议时强调坚定不移走高质量发展之路坚定不移增进民生福祉》，“新华社”百家号，https://baijiahao.baidu.com/s?id=1693574510601176113&wfr=spider&for=pc，最后访问时间：2021年12月15日。

（一）经济运行总体稳中向好，经济结构持续优化

2021 年前三季度，青海实现地区生产总值 2401.8 亿元，按可比价格计算，比上年同期增长6.7%，两年平均增长3.9%，较5.2%的全国两年平均水平低 1.3 个百分点①，经济呈现稳中加固、稳中提质的发展态势。受基数效应、大宗商品价格上涨、要素保障趋紧等因素综合影响，第一、第二、第三季度，地区生产总值增速累计值分别为 12.8%、9.1%、6.7%，经济运行呈现“前高后低、逐步回落”的态势，但主要经济指标仍保持在合理运行区间，推动高质量发展的积极因素增多，增长动能持续转换（见图 1）。

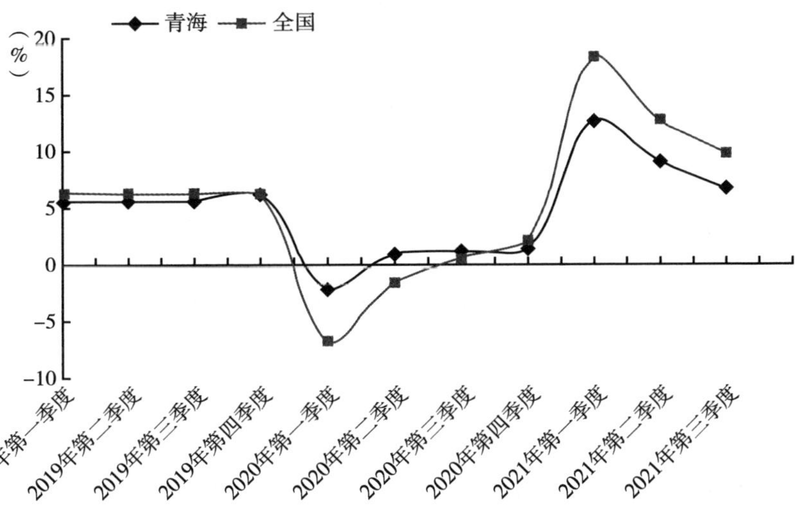

图 1　2019 年至 2021 年第三季度青海地区生产总值增速与全国 GDP 增速比较

资料来源：国家统计局网站，https：//data. stats. gov. cn/。

2021 年前三季度，三次产业增速较上年同期呈稳定上升态势。其中，第一产业实现增加值 183.0 亿元，同比增长 4.6%，两年平均增长 4.5%，低于全国 0.3 个百分点；第二产业实现增加值 948.3 亿元，同比增长 7.1%，

① 本报告数据除单独注明外，全部引用自 2021 年 10 月 20 日青海省统计局、国家统计局青海调查总队发布的《前三季度全省经济总体保持恢复态势》。

两年平均增长5.0%，低于全国0.7个百分点；第三产业实现增加值1270.6亿元，同比增长6.7%，两年平均增长3.0%，低于全国1.9个百分点。从产业结构来看，三次产业占地区生产总值的比重分别为7.6%、39.5%、52.9%，第三产业占比不断提升，产业结构不断优化（见图2）。

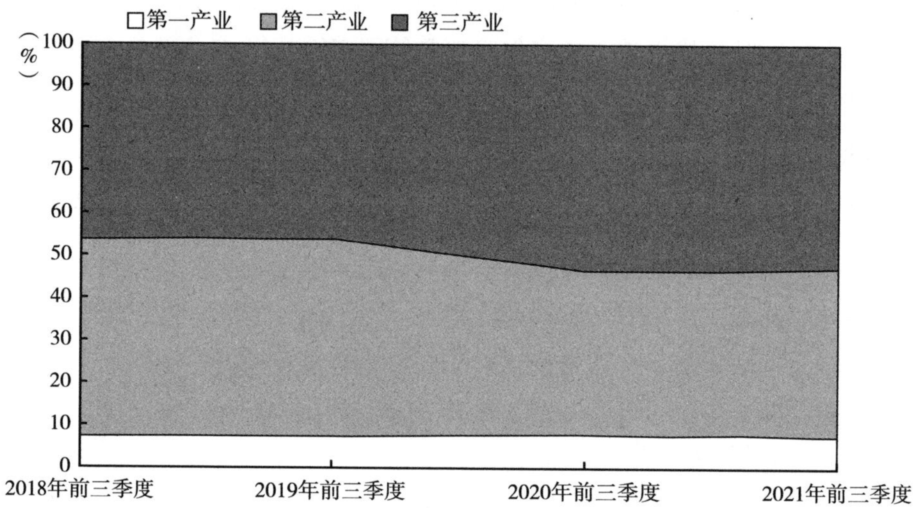

图2　2018～2021年前三季度青海省三次产业结构

资料来源：青海省统计局网站，https：//tjj.qinghai.gov.cn/。

从主要经济先行指标来看，工业生产者出厂价格指数（PPI）和居民消费价格指数（CPI）的“剪刀差”扩大，价格传导仍不顺畅，生产链下游企业成本压力逐步增大。2021年前三季度，受原油、煤炭、有色金属等大宗商品价格快速上涨影响，全省工业生产者出厂价格指数（PPI）同比上涨11.6%，工业生产者购进价格指数（IPI）同比上涨7.2%，涨幅均创近年来新高，较上半年分别提高3.2个和2.2个百分点。产销衔接良好，规模以上工业企业产销率为98.0%，比上半年、第一季度分别提高0.2个和1.1个百分点。全省居民消费价格指数（CPI）同比上涨1.0%，涨幅较上年同期回落2.2个百分点。八大类商品及服务价格呈“五涨三降”态势。其中，食品烟酒类、生活用品及服务类、其他用品及服务类价格分别下降0.1%、

0.4%、1.2%，衣着类、居住类、教育文化娱乐类、医疗保健类、交通通信类价格分别上涨0.7%、0.9%、1.5%、2.1%、3.1%。总体来看，猪肉价格下降对CPI的稳定起到了决定性作用。

就业和收入方面。2021年前三季度，全省城镇新增就业5.6万人，同比增长0.4%，完成了全年任务的93.3%；城镇登记失业率2.0%，同比下降0.2个百分点；农牧民转移就业106万人次，提前完成全年目标。居民人均可支配收入持续增加，城乡收入差距进一步缩小。前三季度，全省居民人均可支配收入18247元，同比增长8.3%，增速较上年同期提高2.5个百分点，两年平均增长7.0%，其中城镇居民人均可支配收入同比增长6.7%，两年平均增长5.7%，农村居民人均可支配收入同比增长11.0%，两年平均增长8.5%。城乡居民人均收入比值为2.94，比上年同期缩小0.12。

（二）供给侧改革持续推进，经济发展质量稳步提升

2021年青海供给侧结构性改革稳步推进，经济运行均衡性不断提升。特色优势产业投资大幅增长，工业企业利润持续增加。前三季度，全省固定资产投资中，高技术制造业投资增长1.4倍。工业特色优势产业投资中，有色金属产业投资增长12.6%，新材料产业投资增长32.8%。1~8月，全省规模以上工业企业实现利润总额217.6亿元，比上半年增加76.7亿元，同比增长2.5倍。行业盈利面为75%，同比提高21.2个百分点；企业亏损面为35.5%，同比缩小7.1个百分点；企业每百元营业收入的成本和费用同比降低6.7元。随着《青海打造国家清洁能源产业高地行动方案（2021—2030年）》的印发和实施，风、光、水、热互补发电的清洁能源发电量稳步增长，占比继续攀升。前三季度，全省规模以上工业发电量中新能源发电量同比增长33.5%，占全省规模以上工业发电量的30.5%，比重同比提高9.1个百分点。其中风力发电量、太阳能发电量同比分别增长49.0%和25.5%。国家大型风电光伏基地项目在青海海南藏族自治州和海西蒙古族藏族自治州同时开工建设，总投资超650亿元，总装机容量达1090万千瓦，将于2023年底前建成并网。

一般公共预算收入稳步提升，税收结构更趋合理。2021 年前三季度，全省一般公共预算收入 398.6 亿元，同比增长 13.4%，增速较上半年提高 0.6 个百分点。地方一般公共预算收入 250.7 亿元，增长 14.5%，其中，增值税增长 7.3%，个人所得税增长 7.7%，企业所得税增长 3.0%，城市维护建设税增长 14.3%。

环境保护投入力度加大，生态环境持续向好。2021 年前三季度，全省固定资产投资中生态保护和环境治理业投资同比增长 1.7 倍，公共财政支出中用于节能环保的支出增长 7.7%，地方财政收入中环境保护税增长 16.5%。三江源国家公园体制试点全面完成，中华水塔的地位更加稳固，湟水河出省境断面平均水质稳定达到Ⅲ类标准，全省空气质量优良天数比例达到 94.7%。

（三）绿色有机农畜产品示范省建设大力推进，农牧业持续健康发展

2021 年，青海坚决贯彻习近平总书记“打造绿色有机农畜产品输出地”的重大指示，深入落实中央农村工作会议、全省农村牧区工作会议、全省农业农村工作会议及中央、省委一号文件精神，加快推进乡村振兴战略与脱贫攻坚有效衔接，持续推进绿色有机农畜产品示范省建设。受益于生产区气温适宜、降水充足、无重大自然灾害的自然条件，同时积极落实各项符合省情实际的农牧业发展调控政策，全省农牧业稳产增收，取得了喜人成果，总体呈现“面积增、单产增、总产增”的丰收态势。全省粮食播种面积 302.4 千公顷，比上年增长 4.3%，经济作物播种面积同比下降 0.6%。其中，谷物、豆类播种面积分别增长 7.5% 和 1.3%，薯类播种面积下降 4.1%，油料种植面积下降 0.1%；蔬菜和食用菌种植面积下降 0.1%，蔬菜和食用菌产量 109.8 万吨，下降 1.3%；药材种植面积下降 16.2%；青饲料种植面积增长 14.4%。预计全省粮食总产量 109 万吨，比上年增长 1.5% 左右。前三季度，全省牛存栏 714.0 万头，同比增长 6.6%，出栏 111.2 万头，增长 4.2%；羊存栏 1520.7 万只，增长 0.9%，出栏 393.5 万只，下降 5.1%；家禽出栏 125.4 万只，下降 23.2%；生猪存栏 81.7 万头，增长 48.7%，其中能繁母猪存栏 10.3 万头，增长 28.1%，出栏 40.1 万头，增长 31.3%。

前三季度，全省猪牛羊禽肉产量23.1万吨，同比增长15.2%；牛奶产量24.5万吨，增长4.2%；禽蛋产量1.0万吨，增长2.0%。

（四）新兴产业引领作用增强，工业平稳较快增长

2021年，在市场需求逐步复苏、大宗商品价格涨幅较大的背景下，青海省强化要素调度，积极落实投融资对接，狠抓项目建设，工业基本面平稳运行，规模以上工业增长8%，两年平均增长4.6%，与6.4%的全国平均水平相比低1.8个百分点，呈现新兴产业贡献度提升、非公有工业比重提高、新产品产量增长的特点（见图3）。前三季度，工业用电量增长15.8%，货运量增长25.5%，新能源产业增加值增长29.1%，新材料产业增加值增长43.1%，盐湖化工产业增加值增长20.6%，生物产业增加值增长10.3%。规模以上工业中非公有工业增加值同比增长18.9%，增速较上半年提高1.7个百分点，两年平均增长5.2%；占规模以上工业增加值的比重为32.3%，同比提高2.1个百分点；外商及港澳台商投资企业增加值增长28.2%，国有控股企业增加值增长6.3%。

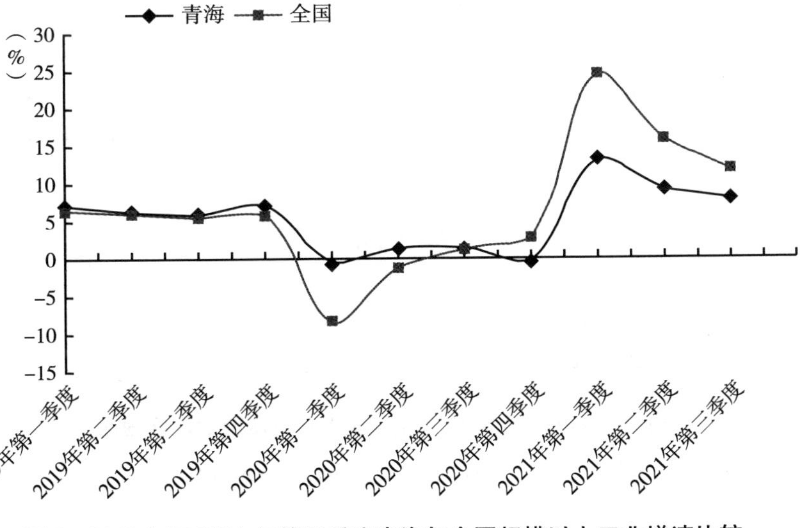

图3　2019年至2021年第三季度青海与全国规模以上工业增速比较

资料来源：国家统计局网站，https：//data. stats. gov. cn/。

规模以上工业 120 种产品中，70 种产品产量同比保持增长。其中，饮料酒产量增长 37.3%，乳制品增长 15.7%，冷冻水产品增长 1.4 倍，冷冻蔬菜增长 2.6 倍，中成药增长 14.7%，纯碱增长 6.7%，铁合金增长 24.2%，电解铝增长 11.7%，单晶硅增长 52.2%，数控金属切削机床增长 95.7%，光纤增长 99.2%，铜箔增长 98.3%，碳酸锂增长 33.6%。

（五）旅游业增长势头强劲，第三产业稳定恢复

随着疫情防控成果进一步巩固和旅游业持续恢复，全省住宿餐饮、交通运输等行业快速增长，第三产业稳定恢复。2021 年前三季度，全省接待游客人数 3394.9 万人次，同比增长 25.1%；实现旅游总收入 300.0 亿元，同比增长 31.1%。特别是第一季度和上半年，全省接待游客人次分别增长了 92.2% 和 68.8%，实现旅游总收入各增长了 110%，旅游增长的动能非常强劲（见图 4）。

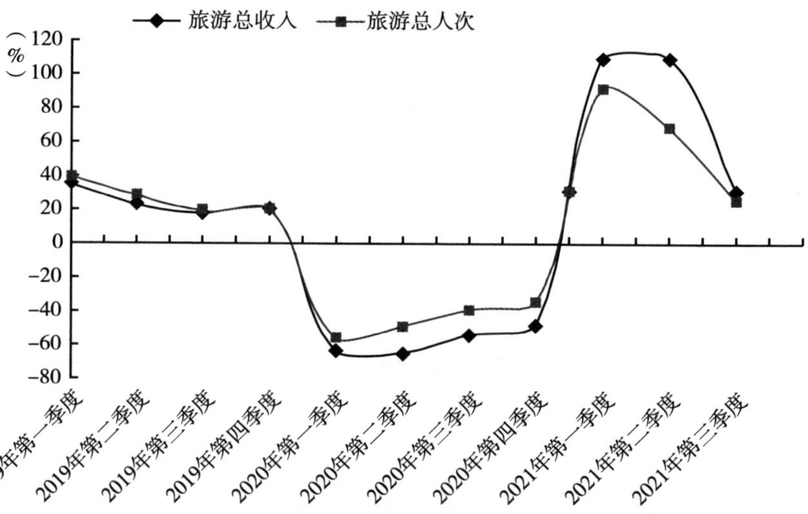

图 4　2019 年至 2021 年第三季度青海旅游业发展增速

资料来源：青海省统计局网站，https://tjj.qinghai.gov.cn/。

全省住宿和餐饮业营业额同比增长 25.6%。前三季度，全省完成货运量 12728.8 万吨，同比增长 25.5%，其中铁路货运量增长 4.1%，公路货运

量增长 33.0%，民航货运量下降 8.7%。全省完成客运量 2613.1 万人次，同比下降 30.2%，其中铁路客运量增长 24.9%（高铁客运量增长 35.4%），民航客运量增长 16.6%，公路客运量下降 51.2%。9 月末，全省金融机构人民币各项存款余额 6794.8 亿元，同比增长 8.5%，增速较 6 月末提高 1.4 个百分点，其中住户存款余额增长 7.5%。1～8 月，全省完成邮政业务总量 7.0 亿元，同比增长 23.3%。其中，快递业务量增长 66.1%，快递业务收入增长 35.7%。电信业务总量同比增长 22.4%，增速较上半年提高 0.9 个百分点，固定互联网宽带接入用户增长 7.8%，5G 移动电话用户达到 199.2 万户，移动互联网接入流量增长 32.8%。

（六）改革开放稳步推进，外向经济逐步发展

2021 年，青海持续深化“放管服”改革，印发《2021 年青海省深化“放管服”改革优化营商环境工作要点》，全力打造市场化、法治化、国际化营商环境。9 月末，全省有市场主体 52.4 万户，同比增长 9.1%，1～9 月，全省平均每天新登记市场主体 222 户。严格落实经营范围规范化登记，提升企业注销便利度，深入落实企业简易注销改革，推进“证照分离”改革全覆盖，229 项涉企经营许可事项推行“证照分离”。取消 279 项证明事项，90% 以上已实现告知承诺。推行“四级四同”行政许可事项和“三级四同”公共服务事项通用目录清单，实现 522 项省域内通办、56 项跨省通办，省级政务服务事项网上可办率达到 98%。深度开展对 331 件涉及营商环境政策制度的专项清理，实施《青海省公共信用信息条例》，全面建立了优化营商环境的“1＋N＋M”政策体系，牵引形成了青海营商环境 2.0 版，全面实行电子证照，大力推行建设工程保证保险。

对外开放不断发展，进出口贸易逐步恢复。成功举办首届“中国（青海）国际生态博览会”、“2021 青海生态文明国际交流合作论坛”、首次对外贸易线上对接会（亚太地区专场）活动。西宁综合保税区顺利通过预验收，正式进入国家级封关验收的冲刺阶段，海东、西宁跨境电商综试区加快建设。2021 年前三季度，全省进出口总值达到 20.5 亿元，比上年同期增长

30.2%，增速排名全国第11位，进出口总值已恢复至2019年第三季度的七成左右（见图5）。进出口中，一般贸易进出口19.9亿元，增长28.4%，占外贸总值的97.1%；保税监管场所进出境货物进出口4957.1万元，增长3.8倍；其他贸易进出口496.4万元，下降11.9%。贸易主体中，民营企业继续领跑进出口，对外贸增长的贡献最大。民营企业进出口总值12.2亿元，增长50.4%，占外贸总值的59.5%，对全省外贸增长贡献率达85.4%。国有企业进出口总值8.1亿元，增长10.7%，占全省进出口总值的39.5%。

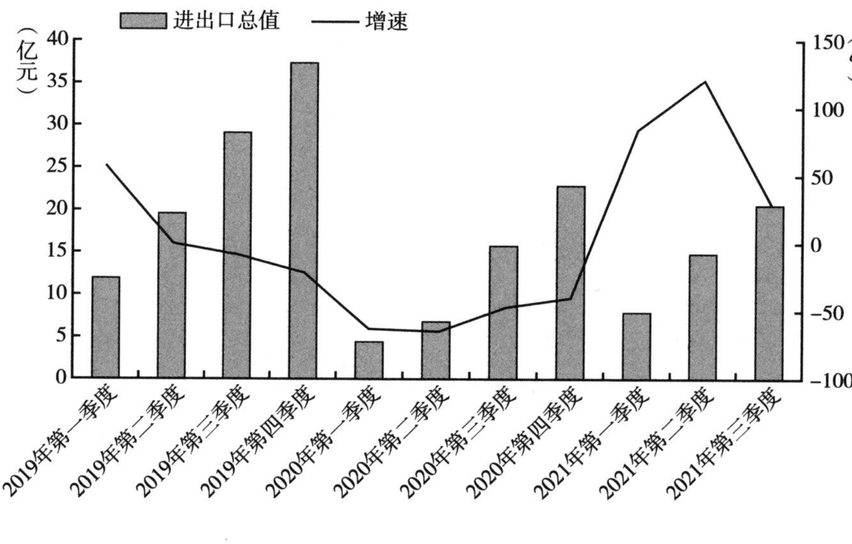

图5　2019年至2021年第三季度青海省分季度对外贸易情况

资料来源：西宁海关网站，xining. customs. gov. cn/。

二　青海经济发展面临的主要困难

2021年，青海经济取得稳中有进的成就，但在全球经济复苏迟缓、疫情演化不确定性增强、国内经济下行压力持续增大的情况下，经济发展的外部风险逐渐增多，全省经济发展在投资规模、能耗指标、科技支撑、绿色金融等方面仍面临诸多困难。

（一）投资增长压力持续增大

2021 年以来，青海投资呈现“高开低走”态势，且降幅仍有增大的趋势。第一季度，全省固定资产投资同比增长 18.1%，比 2019 年第一季度增长 21.2%，两年平均增长 10.1%。上半年，全省固定资产投资比上年同期下降 1.5%。前三季度，全省固定资产投资比上年同期下降 7.2%，两年平均下降 4.6%。从产业角度观察，第一、第二产业投资下降较多，其中，第一产业投资下降 22.9%、第二产业投资下降 27.0%、第三产业投资增长 4.2%。投资下降的主要因素：国际大宗商品价格持续上涨，以硅、锂等为主要建设材料的新能源电站投资成本增加，抑制了企业的投资意愿；大项目、新入库项目实施进展缓慢；地方财力相对薄弱，各类项目建设资金筹措困难；经济大环境下行压力大导致企业投资信心逐季度回落；等等。

（二）能耗“双控”指标不断趋紧

由于产业发展尚不充分，产业格局尚在调整，在迈向现代化的进程中，青海仍然需要一定的能耗指标推动工业化、城镇化发展。在建立“世界级盐湖产业基地”的过程中，因青海盐湖资源以氯化物型为主，氯平衡是实现盐湖资源综合利用的关键，需建设与之相匹配的能源化工项目以实现氯的平衡。按照稳定钾、扩大锂、突破镁的思路构建盐湖资源循环利用产业链，青海需配套建设金属镁一体化、氯碱化工等一批重大项目。经测算，仅“十四五”时期支撑建设盐湖产业基地的项目就 40 余项，新增能耗约 2500 万吨标煤。然而“十四五”时期，国家给青海下达的新增能耗指标仅有 480 万吨标煤，发展的需求将增加青海的能耗总量，提高碳达峰峰值，增大减排中和的压力。

（三）科技支撑能力尚需提升

当前，青海已经初步构建了一系列符合省情、有一定集聚优势的产业链，但受制于起步相对较晚、区位偏远、人才匮乏、科技支撑能力不强等多重因素，产业链出现“断短窄散”等现象，如保障清洁能源电力就地消纳及外送效率的储能技术亟须发展、有色金属冶炼效率提升技术匮乏、氯碱产业关键性技术突破存在障碍、低温条件下电池储能下降明显导致新能源汽车推广受挫等，在一定程度上影响了青海减排增效。近年来，青海创新发展取得了一些成效，但与经济发展的现实需求和周边省份相比，青海创新发展的动力还很不足，全省研究与试验发展经费（R&D）投入强度低，排名全国后五位，与全国平均水平的差距还在不断扩大。全省有 R&D 活动的企业占比偏低，科技创新人才短缺，产业升级过程中企业高级经营管理人才，专业技术开发、设计、管理人才，高技能人才短缺和“人难进、人难留”的问题仍较突出。

（四）绿色金融赋能亟待加强

近年来，青海绿色金融体系在支撑国家公园示范省创建工作方面取得较好的成绩，有力地推动了青海生态保护“国之大者”的责任履行，同时，供需两侧不旺也导致金融的赋能效应发挥不够，主要体现：绿色产业中企业发展水平较低，获取金融资本的意愿不强、需求降低；科创资本既欠缺汇集渠道，又缺乏市场化运营；省内以间接融资为主，缺少股权投资基金、融资租赁、证券期货、金融科技及服务机构等业态，金融产品、金融工具的组合应用不到位。

（五）外贸突破提升动力不足

自共建“一带一路”倡议被提出以来，青海外贸进出口领域呈现结构优化、稳定增长的良好态势，但受限于外贸企业数量不多、进出口产品较匮乏、外贸平台不完善、政策不健全等，外贸进出口对于整体经济的拉动作用依然非常有限。2021 年前三季度，全省进出口总值仅占地区生产总值的 0.85%。从增速来看，青海外贸进出口第一季度、上半年、前三季度分别为 83.3%、120%、30.2%，虽然增速排名分别位列全国的第 5、第 2、第 11，但这些数据的变化一方面体现出基数效应，另一方面说明青海的外贸进出口稳定性较差。无论是从总量还是从增速来看，青海外贸进出口获得较大突破、稳定拉升经济的动力依然不足。

三 2022年青海经济形势分析与预测

2021 年以来，全球多极化发展趋势较为明显，国际力量对比出现新的变化，全球经济增长呈现温和复苏的态势。2022 年，随着国家重大战略的深度实施和“一优两高”战略部署的持续推进，青海经济运行虽然面临错综复杂的国际经济环境和国内改革发展稳定的艰巨繁重任务，但有望保持稳中有进的发展态势。

（一）发展环境分析

1. 从国际环境来看，世界经济仍将错综复杂，挑战与机遇并存，有助于青海产业转型发展

2022 年，中国的国际政治经济影响力仍将持续提升，但全球经济形势仍然错综复杂，各项挑战交织。一是全球新冠肺炎疫情的演变趋势和衍生影响仍较复杂。印度、巴西等国家疫情依然较重，毒株变异提升防控难度，东南亚和欧洲部分国家疫情扩散蔓延风险增加，外防输入压力导致部分产业链供应链顺畅运转难度较大。二是世界经济复苏动能仍不均衡。发达经济体复苏态势好于发展中经济体，受全球市场阶段性供需错配、美联储和欧洲央行维持刺激政策力度、市场投机炒作推波助澜等影响，全球通货膨胀明显升温，部分能源资源产品、农产品价格上涨压力还将持续增大，一些基本面脆弱的新兴经济体面临资本外流、被动加息等困难，我国金融、商品市场平稳运行难度增加，面临较大的输入型通货膨胀风险。三是中美贸易摩擦仍在加剧。中美贸易谈判虽有望获得重大进展，但单边主义和贸易保护主义抬头造成全球贸易开放程度下降将是长期现象。对于青海来说，大宗商品价格持续上涨，对全省原材料开采和加工企业的短期收入与利润将产生拉高作用，产业转型升级、结构调整面临前所未有的资金储备利好，为青海实现由低端产业向高中端产业演化提供了内生动力。此外，疫情导致国际海上贸易的不稳定因素增加，但也为青海外贸进出口深度融入“一带一路”建设提供了更多、更丰富的国际路径。

2. 从国内环境来看，我国经济大势向好的前景明显，有利于推动青海需求增长，实现高质量发展

2021 年，面对严峻复杂的全球疫情和外部环境以及国内经济恢复发展中的矛盾问题，各地区各部门认真贯彻落实党中央、国务院的决策部署，统筹发展和安全，持续巩固拓展疫情防控和经济社会发展成果，扎实做好“六稳”工作，全面落实“六保”任务，立足当前、着眼长远，精准实施宏观政策，我国经济总体保持恢复态势。前三季度，国内生产总值同比增长 9.8%，两年平均增长 5.2%，其中第三季度同比增长 4.9%，两年平均增长 4.9%；居民消费价格指数（CPI）同比上涨 0.6%，涨幅比上半年扩大 0.1 个百分点；全国城镇新增就业 1045 万人，完成全年目标的 95.0%。

新冠肺炎疫情发生至今，拉动经济的“三驾马车”分化明显，净出口表现最佳，投资次之，消费显著落后。2020 年我国进出口规模创历史新高，贸易顺差达 3.7 万亿元，这主要是因为疫情冲击后全球需求复苏，医疗设备和物资、远程办公等特定行业的出口大增，最先复工复产的中国企业短期内占据了更大的市场等，但这种高增长持续难度较大，对外贸易增速回落是大概率事件。下半年全国各地的拉闸限电现象，对工业生产、制造业投资与出口均造成了不同程度的负面冲击。受疫情重创的服务业虽然逐渐恢复，但在 8 月疫情有些许反弹后，社会消费品零售总额同比增速由 7 月的 8.5% 陡降至 8 月的 2.5%，又逐步回升至 9 月的 4.4%。总体来看，因 2021 年我国经济整体恢复较快，2022 年上半年增速下滑是大概率事件，在施行适当宽松宏观政策包括加大减税降费力度及适当降息降准等措施后，下滑程度应能控制在预期范围内。2022 年，疫情对国内的影响将显著减弱，供给侧快速恢复后，需求侧仍然需要一段时间恢复。青海在坚决贯彻落实国家各项宏观政策的同时，有望在融入新发展格局内循环中获取发展动力，尤其盐湖钾肥、锂资源开发、旅游、餐饮、住宿等行业，将迎来较大的发展机遇。

3. 从全省发展态势来看，政策、项目等利好因素将充分释放，经济底盘更加牢固

青海 2021 年前三季度经济增速及 2020 年、2021 年两年平均经济增速均不及全国平均水平，说明经济结构合理程度与全国仍有一定差距，依赖投资现象明显，经济增长压力依然较大。但青海经济发展基本面向好的趋势依然没有改变，且呈现基础更加牢固的特点。一是以习近平同志为核心的党中央更加关注青海的发展。2021 年以来，习近平总书记在参加十三届全国人大四次会议青海代表团审议和来青海考察时两次为青海的发展擘画了蓝图，无论是强调“四地”的建设，还是要求青海在碳达峰、碳中和方面先行先试，无不说明党中央对青海未来发展的殷切希望，将极大地提升青海在全国社会主义现代化建设中的重要地位，并为青海人民建设家园注入强大自信和不竭动力。二是国家重大项目的实施为青海提供了一系列发展机遇。“碳达峰碳中和”已被纳入生态文明建设整体布局，黄河上游生态保护和高质量发展上升为国家战略，新时代西部大开发、西部陆海新通道、兰西城市群、长江经济带发展、支持青海等涉藏工作重点省发展、对口援青、乡村振兴等重大战略深度实施，必将为青海带来更多政策红利，推动青海高质量发展。三是“五个示范省”建设推进有力有序。随着国家公园示范省、清洁能源示范省、绿色有机农畜产品示范省、高原美丽城镇示范省、民族团结进步示范省创建稳步推进，青海以组合拳的架构，以创建促提升、以示范带发展，聚合形成具有青海特色的发展格局和优势，激发青海发展的新动能、新活力。

（二）主要发展目标预测

2022 年，青海在“一优两高”战略部署的指引下，将全面贯彻落实“碳达峰碳中和”目标及“黄河流域生态保护和高质量发展”等国家重大战略，全省经济有望保持平稳增长态势，发展质量进一步提升。

1. 经济运行持续保持稳中有进

2021 年前三季度，青海经济运行总体平稳。农牧业生产平稳，种植业结构持续优化，特色农牧业发展效益显著；工业稳定增长，新兴产业支撑作用增强，新能源产业、新材料产业、盐湖化工产业和生物产业发展迅速；文旅市场回暖，交通运输、邮政电信业都实现了快速恢复性增长，人民币存款余额保持正增长，贷款由负转正，服务业稳定恢复。第四季度，随着重大项目逐步落地，稳投资取得成效，消费进一步恢复，青海 2021 年地区生产总值应可以实现 5.0% 以上的增长。2022 年，预计青海地区生产总值增速仍有望保持 5.0% 以上的中高速平稳增长水平，经济质量稳步提升。

2. 固定资产投资有望稳定回升

拉动青海经济增长的“三驾马车”中，投资仍然是主要动力。从 2021 年前三季度的经济数据观察，青海 GDP 增速落后全国平均增速的主要原因在于投资的“高开低走”。因此，力促投资稳定回升和持续优化投资结构是当前和今后一个时期的重要任务。第四季度，通过全力落实新增项目，强化进度目标和重点项目调整，固定资产投资仍有较大的回升空间。2022 年，在国家重大战略、重大规划、重大政策的引领下，随着西宁大学、西宁至青海湖至茶卡铁路先期工程、玛尔挡水电站、G109 小峡口段改建工程、海西州德令哈 220 万千瓦“多能互补”、海西州“源网荷储”一体化、青海郭隆至甘肃武胜第三回 750 千伏线路工程、青藏铁路西宁至格尔木段提质工程、海南州光储一体化实证基地项目等一系列重大项目的实施，全省投资，特别是工业固定资产投资有望稳定回升。

3. “四地”建设推进步伐持续加快

2021 年 7 月 30 日，中国共产党青海省第十三届委员会第十次全体会议通过了《中共青海省委关于深入学习贯彻习近平总书记考察青海重要讲话精神奋力谱写全面建设社会主义现代化国家青海篇章的决定》，随着《建设世界级盐湖产业基地行动方案》《青海打造国家清洁能源产业高地行动方案》等陆续发布，青海在“四地”建设的道路上将更加奋步疾蹄。通过产学研金融合发展，不断破解盐湖资源综合开发利用中的各项难题，挖掘盐湖

“极值”，青海将加快推动以镁、锂、钾等资源为核心要素的循环经济产业集群提升效能，实现盐湖产业高质量发展。在清洁能源装机比重领先全国、绿电消纳稳步提升的基础上，加快扩大海南、海西两个清洁能源基地建设，以科技创新引领清洁能源集约化发展、新型电力系统构建、高效储能体系打造，青海清洁能源产业高地建设不仅将推动生态环保迈上新台阶，还将对全国“双碳”目标的实现做出重大贡献。“大美青海”“天境祁连”“天空之镜”等一系列旅游品牌已经响彻全国，《关于加快把青藏高原打造成为全国乃至国际生态文明高地的行动方案》将进一步激发青海生态文明建设的动能，“山更绿、水更清”会串联起更多的旅游目的地，形成更多具有世界影响力的精品旅游线路。青海不断集聚高原特色有机农牧业优势资源，加快现代化农牧业体系建设，随着高原特色绿色有机农畜产品、牦牛藏羊原产地可追溯、农畜产品特色品牌等六大行动的有效实施，电子商务发展的赋能增强，“青字号”高原农畜产品的品牌将更加响亮。

4. 消费信心提振促进动能释放

2021 年，针对消费动能不足的现象，青海实施了一系列促进消费的政策措施，包括投放促消费资金、服务业引导资金，发放亿元生活消费券等，积极搭建高效供需平台，通过创新消费方式，营造良好消费环境，不断满足居民个性化、多样化、品质化消费需求，促进了消费的回暖和结构的升级。前三季度，全省实现社会消费品零售总额 695.9 亿元，同比增长 10.5%，较 2019 年前三季度增长 0.9%，两年平均增长 0.4%。在城镇消费保持稳步增长的同时，乡村消费增长持续加速。2022 年，随着新型城镇化建设的深入推进、人民收入水平的不断提升、政府政策支持力度的进一步加大和全域全季旅游对大众消费的持续推动，消费信心将持续提振，全省居民消费动能进一步释放，消费结构将不断优化，预计 2022 年社会消费品零售总额增速将恢复到 5.0% ~6.0% 的合理区间。

5. 服务业贡献进一步加大

新冠肺炎疫情对第三产业打击巨大，对产业结构优化造成了明显的冲击。截至 2021 年 8 月底，累计接种新冠疫苗已超过 800 万人次，并正式启动疫苗加强针接种，随着疫情防控成果持续巩固，免疫屏障将基本筑起。同时各级疾控、医疗机构在国家层面指导下和具体实践中，应对疫情防控的措施将更加科学化、合理化、成熟化，疫情对青海省服务业发展的影响将逐渐减小。2022 年，第三产业中现代物流、电子商务、信息传输、软件和信息技术等新经济、新业态的带动作用将明显增强，餐饮、娱乐、旅游业将进一步释放动能，青海在碳达峰、碳中和方面先行先试及国家重大项目的落地实施也将为金融服务提供强力支撑。总体来看，第三产业的同比增长水平有望在 2022 年末达到 7% 以上。

四　促进青海经济发展的对策建议

2022 年，青海省应加快贯彻落实习近平总书记关于青海“四地”建设的重要指示精神，努力打造生态文明高地，深入推进“一优两高”战略，持续优化经济结构，大力发展特色经济，强化项目支撑，促进消费提质增效，深度融入“双循环”新发展格局，扎实推动共同富裕进程，全面实现高质量发展。

（一）强化规划引领实施，打造生态文明高地

切实贯彻落实《关于加快把青藏高原打造成为全国乃至国际生态文明高地的行动方案》，高质量打造国家公园示范省。一是完善制度体系。加快编制“十四五”生态文明建设规划，出台省级国土空间规划，推进“三线一单”落地实施，完善“天空地”生态环境监测网络体系，开展青海省生态文明先行区建设评估。二是加快实施重点生态工程。扎实推动黄河流域生态保护和高质量发展，强化突出问题整治，开展节水控水行动，开展“清废”行动，遏制“两高”项目盲目发展。统筹山水林田湖草冰沙，加快实施三江源、祁连山等重点地区生态治理，启动“绿水青山”工程。三是整治环境突出问题。推进木里矿区以及祁连山南麓青海片区生态环境综合整治三年行动，巩固边坡整治成果。打好污染防治攻坚战，推进节水型社会建

设，落实重点城市大气污染防治季节性差异化管控措施，推广西宁“无废城市”建设试点经验，推动固体废弃物综合利用示范建设，开展“全域禁塑”行动，确保生态环保指标巩固向好。四是加强绿色金融体系建设。大力发展绿色信贷，推动金融机构加大对绿色农牧业、工业节能减排、环保、清洁能源、清洁交通、资源节约与循环利用，以及自然保护、生态修复和灾害防治等项目的绿色信贷支持力度。推动资本市场支持绿色投资，加大对符合条件的绿色企业的上市培育支持力度。积极融入碳市场交易，促进生态产品价值实现，促进重点生态功能区农牧民群众增收，巩固脱贫成果，推动乡村振兴，扎实推动青海共同富裕进程。

（二）推动项目实施进程，力促投资稳定回升

紧紧围绕“十四五”规划目标，坚持问题导向，抓重点促增长，全力抓好重点项目建设进度，力促投资稳定回升。一是全面加快重大工程建设进程。加大西格提质、西青察铁路、共和机场等重大项目前期推进力度，务实推动重大项目投资有效接续。向国家争取更多电力投资项目，加快清洁能源示范省建设进度。二是强化项目督促落实。做好“万千百亿”重大项目库跟进储备，优化项目审批手续，全面落实抓项目稳投资的相关政策，按照年度工作任务分解，加强在建项目协调保障，严格执行项目推进机制，积极开展专项督查，确保形成更多投资实物量。三是大力提升招商引资水平。在推动各类已签约项目落地的基础上，进一步提升招商引资水平，结合青海“一带一路”建设和“对口援青”机制，积极引进承接东部省区，尤其是对口援青省市产业，重点抓好高新材料、先进装备制造、现代生物医药及数字经济等领域的集群式、链条式招商。

（三）加快培育新型消费，全面提升消费动能

强化顶层设计，加快培育新型消费，进一步推动线上线下消费融合，确保消费拉动经济增长的动能充足。一是推动消费刺激数字化。在扩展下达消费专项资金、鼓励重点商贸企业开展促消费活动的基础上，妥善运用

大数据分析技术勾勒本省居民“消费画像”，使消费刺激更具有针对性、更加精准化。将消费刺激数字化作为一种通用性的政策措施，设立基金，推进消费升级，对冲宏观经济风险。二是实施以旅促消行动。充分开拓、应用“省内游”模式，持续输出“大美青海”等旅游品牌。打造完善红色游、文化行、生态观等精品旅游线路，加强文旅融合，全面提档升级旅游配套基础设施和服务，加大自驾车旅游基地建设力度。推进 VR、AR、MR、物联网、大数据等新一代信息技术在文博旅游领域的运用，发展在线旅游，在适宜地区构建集营销、商业、餐饮、演艺、金融、地产等为一体的旅游产业生态链。三是积极培育新型消费热点。大力培育发展以家政物业、健康养老、电子商务、快餐服务、休闲娱乐、体育健身、媒体广告等为重点的新兴消费，不断满足多元化的消费需求。采取“审慎包容”的管理思维，灵活制定支持政策，支持生鲜配送、社区团购等新业态的良好发展，提升消费品质。四是大力开展消费宣传推介活动。充分利用各级政府微信公众号和村务微信群等，引导形成合理消费预期，积极开展消费宣传推介活动，促进供需有效对接，同时积极引导形成健康理性的消费理念和消费文化。

（四）推进“一带一路”建设，着力培育外向型经济

以新能源、新材料、特色轻工、民族手工业品和农畜加工等特色商品为贸易重点，以新能源开发为合作要点，积极推进青海外向型经济发展，不断扩大进出口规模。一是着力完善外贸扶持政策。在继续落实好《青海省外贸转型省级基地认定程序和支持标准》等政策措施的基础上，持续优化政策结构，推动外贸领域“放管服”改革，加快“政府 + 信保 + 银行”融资模式落地实施，增强外贸企业资本运作实力。二是大力推动外贸平台建设。加快推进西宁综合保税区、格尔木国际陆港、中国（海东）跨境电子商务综合试验区高质量建设，提升配套设施数量及服务水平。出台组合型政策，吸引、引导优质国内外进出口企业入驻，结合各市州资源优势，培育出口导向型企业，不断丰富外贸平台运营产业类型，强化青海出

口特色。三是加强基础设施建设合作。紧紧依托青海新能源产业发展迅猛的优势，在国际能源供给局势动荡之际，积极引导省内相关企业赴外投资，加强畅通中尼、中巴经济走廊及与南亚各国的基础设施建设，构建新能源相关技术输出平台，对外复制“塔拉滩”等光伏治沙模式，传导青海生态文明建设的新理念、新成效。

（五）紧抓“双碳”目标机遇，打造青海绿色品牌

实现碳达峰、碳中和是一场广泛而深刻的经济社会系统性变革，青海应紧抓变革的历史性机遇，打造青海绿色品牌。一是全面实施节能减排行动。坚决遏制“两高”项目盲目发展，落实好全年能耗“双控”预案，实施煤炭消费减量替代、煤改电、煤改气行动，积极超额完成新能源消纳责任权重，用好国家推动新增可再生能源消费在一定时间内不纳入消费总量的政策，切实完成节能减排指标。二是完善以新能源为主体的新型电力系统。借助国家技术专项着重实施增量配网建设，开展柔性交直流输电技术、储能技术等技术的研发与应用，统筹推进网源荷储协调发展，提升本省清洁能源开发效能，降低企业用电成本，加快打造“绿色电价洼地”。三是布局建设更大规模清洁能源基地。依托清洁能源资源丰富和发展迅速的优势，争取在清洁能源集约化发展、打造多源协同高效储能体系、深化能源市场化改革、推动绿电交易等方面走在全国前列并稳固领先地位。四是设立“双碳”重大专项。以“揭榜挂帅”等形式，招募省内科研团队与国内外科研机构开展联合攻关，重点关注储能技术、绿氢 + 氢冶炼、近零碳交通运输体系等领域。五是探索建立碳账户和绿色责任账户。先行探索建立碳账户和绿色责任账户，针对自然人和企业分别设计不同的资产负债表，结合征信系统，将生态贡献、碳排放、其他污染物排放、经济增长效应等内容放入账户中，清晰地界定每个主体的减排责任，设置奖励机制，从微观基础方面提升减排效果，营造“全民双碳”的发展氛围。

参考文献

龚六堂：《年中观察：2021 年中国经济形势分析与研判》，《人民论坛》2021 年第 21 期。

清华大学中国经济思想与实践研究院（ACCEPT）宏观预测课题组：《2021 年中国宏观经济形势分析与预测——“十四五”开局之年：加快完成疫后恢复是重中之重》，《改革》2021 年第 6 期。

肖立晟等：《中国经济基本面、央行干预与人民币汇率预期》，《世界经济》2021 年第 9 期。

信长星：《2021 年青海省政府工作报告》，《青海日报》2021 年 2 月 9 日，第 1 版。

“中国季度宏观经济模型（CQMM）”课题组：《2021—2022 年中国宏观经济预测与分析》，《厦门大学学报》（哲学社会科学版）2021 年第 3 期。

B.2

2021~2022年青海社会发展形势分析与预测

"青海社会发展形势分析与预测"课题组*

摘　要： 2021年是开启全面建设社会主义现代化国家新征程的第一年，也是中国共产党成立100周年，青海省委、省政府以习近平新时代中国特色社会主义思想为指导，全面贯彻党的十九大和十九届历次全会精神，深入落实习近平总书记视察青海时的重要讲话精神，坚持稳中求进工作总基调，科学精准落实宏观政策，推进"一优两高"和"五个示范省"建设，各项社会事业取得了新进步。2022年青海省将通过扎实推进乡村振兴战略、着力提升社会保障能力等举措，持续促进青海跨越式发展和社会大局和谐稳定。

关键词： 社会发展　社会治理　乡村振兴　青海省

2021年是实施"十四五"规划、开启全面建设社会主义现代化国家新征程的第一年，也是中国共产党成立100周年，青海省委、省政府以习近平新时代中国特色社会主义思想为指导，全面贯彻党的十九大和十九届历次全会精神，深入落实"四个扎扎实实"重大要求，坚持稳中求进工作总基调，

---

* 课题组组长：索端智，青海省社会科学院党组书记、院长、教授，研究方向为民族社会学。课题组成员：拉毛措，青海省社会科学院社会学研究所所长、研究员，研究方向为民族社会学；文斌兴，青海省社会科学院社会学研究所副所长，助理研究员，研究方向为人口社会学；朱学海，青海省社会科学院社会学研究所助理研究员，研究方向为农村社会学。

立足新发展阶段，贯彻新发展理念，构建新发展格局，进一步筑牢生态安全屏障，推动脱贫攻坚与乡村振兴有效衔接，扎实做好“六稳”工作、全面落实“六保”任务，科学精准落实宏观政策，推进“一优两高”和“五个示范省”建设，巩固拓展疫情防控和经济社会发展成果，强化科技和人才支撑，扩大高水平对外开放，确保“十四五”开好局，以优异成绩庆祝建党 100 周年。

一　2021 年青海社会发展形势与亮点

（一）脱贫攻坚与乡村振兴有效衔接

一是有效巩固脱贫攻坚成果。全力支持脱贫县谋划衔接工作，做好脱贫与帮扶的平稳过渡，切实加快项目实施，提高财政资金使用效率，青海省财政厅提前下达 2021 年财政专项扶贫资金 27.1 亿元，支持发展产业、稳岗就业、村内小型基础设施建设等，确保政策连续性、确保脱贫群众不返贫、确保脱贫县巩固拓展脱贫攻坚成果同乡村振兴有效衔接。二是培育农牧区新型经营主体。持续加强合作社、家庭农场等新型经营主体培育，在财政、金融、保险、税收等方面持续强化政策支持，丰富农牧区产业发展类型。深入实施农村创新创业带头人培育行动，大力扶持培育了一批扎根乡村、服务农业、带动农民的创新创业群体，探索形成以创新带创业、以创业带就业、以就业促增收格局。三是加快乡村旅游发展。截至 2021 年 8 月，全省共有全国休闲农业与乡村旅游示范县 8 个、重点县 2 个、示范点 15 家；全国特色景观旅游名镇、名村 10 个；全国乡村旅游重点乡镇 3 个、重点村 33 个，省级乡村旅游重点村 135 个；乡村旅游点 2325 家，乡村旅游民宿 443 家。2021 年 1 ~8 月，全省乡村旅游接待游客 1900 万人次，实现旅游收入 26.3 亿元。

（二）全省就业形势稳中向好

一是聚焦重点群体加强就业帮扶，围绕已脱贫人员、边缘贫困人口就业，制定《青海省巩固拓展脱贫攻坚成果实施乡村振兴战略农牧民培训就业行动计划》，截至2021年5月底，全省脱贫人口就业规模达10.08万人，完成年度目标任务的50.4%；围绕高校毕业生全力促进就业创业，举办第十届中央企业专场招聘活动和大中城市联合招聘高校毕业生春季专场活动，安排部署困难毕业生一次性求职创业补贴发放等工作。二是聚焦技能提升加强职业技能培训，印发《2021年全省职业技能提升行动工作方案》，组织开展职业技能提升质量年活动，统筹推进职业技能提升行动，围绕企业职工、就业重点群体和脱贫劳动力广泛开展以工代训，持续推进各类专项培训计划。6月底全省各级人社部门组织补贴性职业技能培训，覆盖人群将近5.1万人次，完成年度目标任务的51%。三是聚焦就业规模加强公共就业服务，组织开展“就业援助月”“春风行动”“残疾人就业帮扶”“民营企业招聘月”等专项活动，截至6月底，累计组织6973家企业举办313场专场招聘会，提供招聘岗位21.24万个，为44家重点企业1949个急缺用工岗位提供服务。

（三）多层次社会保障体系不断健全

一是社会保险覆盖面进一步扩大。坚持统筹推进促改革、保发放，以参保扩面为根本，扎实推进养老保险制度改革。截至6月底，全省企业职工养老保险、城乡居民养老保险、机关事业单位养老保险、失业保险、工伤保险参保人数分别达到128.9万人、262.4万人、33.25万人、53.18万人、90.5万人，及时足额发放各项社会保险待遇137.8亿元，其中调整补发48.96万名退休人员1～6月基本养老金5.75亿元，月人均增加196元。二是民政兜底保障作用有效发挥。注重加强组织领导和统筹协调，建立低收入人口认定监测预警和救助保障机制、防止返贫动态监测和帮扶机制，目前全省已摸排低收入人口110万人次，核定低保边缘和支出型贫困对象16.5万人。着力健全兜底脱贫的长效机制，全面落实各项民政救助政策，扎实做好低收入家庭、支出型贫困家庭精准认定，动态监测和救助帮扶工作，牢牢守住防止发生规模性返贫的底线。截至2021年9月，全省新增城乡低保和特困对象15758户38513人，退出18875户67221人。三是全面加强社会救助工作。制定印发《关于贯彻落实〈青海省改革完善社会救助制度实施方案〉的通知》《关于社会救助改革创新试点的通知》等文件，统筹抓好社会救助领域9项改革试点工作，及时将符合条件的困难群体纳入低保、特困、临时救助等保障范围，系统推动社会救助由被动向主动、由粗放向精准、由分散向集中、由单一向多样、由人工向智能转变。2021年1～9月，全省共发放社会救助资金17.66亿元，34.96万名城乡低保和特困供养对象获得可靠保障，12.47万临时遇困群众得到及时救助。

（四）三江源国家公园正式设立

2021年10月12日，国家主席习近平在《生物多样性公约》第十五次缔约方大会领导人峰会发表主旨讲话时指出，中国正式设立三江源、大熊猫、东北虎豹、海南热带雨林、武夷山等第一批国家公园。青海省以习近平生态文明思想为指导，深入贯彻落实习近平总书记重要指示精神和党中央、国务院决策部署，以“一年夯实基础工作，两年完成试点任务，五年设立国家公园”为着力点，着眼保护自然、服务人民、永续发展，坚持空间整合和体制整合并举、自然资源管理和国土空间管控并举、生态修复与生态执法并举、生态保护与民生改善并举、政府主导和社会参与并举、制度发力和科技支撑并举，通过加强顶层设计、理顺管理体制、创新运行机制、强化监督管理、完善政策支撑等一系列原创性改革，高位推进体制试点各项任务。截至2021年10月，三江源国家公园体制试点31项任务已全面完成，“九龙治水”、执法监管“碎片化”问题得到有效解决，实现自然资源资产管理和国土空间用途管制“两个统一行使”，在园区内设立生态管护公益岗位，17211名生态管护员持证上岗，实现了“一户一岗”全覆盖，探索出“政治引领、统一管理、源头治理、系统保护、共建共享”的成功路径，形成了“借鉴国际经验、符合中国国情、具有三江源特色”的可复制可推广经验。

（五）社会治理能力进一步提升

一是不断推进民族团结进步示范省建设。青海省全面贯彻党的民族政策，铸牢中华民族共同体意识，深化民族团结进步示范省建设。截至2021年9月，全省8个市（州）、29个县（市、区）建成全国民族团结进步示范县（市、区）；所有县（市、区）建成全省民族团结进步先进县（市、区），青海省成为第一个所有市（州）建成全国示范的省、第一个建成全国示范县（市、区）数量近2/3的省，提前实现了“三年打基础、八年创先进”的先进区创建目标，民族团结进步事业发展走在前列。二是创新社会治理模式。各地区各部门注重与时俱进，针对新问题采取新方法、探索新规律，确保基层社会治理在不同阶段、不同时期都能迸发生机和活力，工作的创新性和有效性稳步增强。全省共划分网格22428个，配备专兼职网格员58825名，乡镇（街道）网格化服务覆盖率达100%，村（社区）覆盖率达98%。在具体工作中，西宁“红色物业”、海东“网格呼叫、党员报到”、黄南“一核三治”、海南乡村治理“贵南样板”、果洛达日“以牧治牧”都是全省以治理方式解决公共服务弱项的有益尝试。三是加强平安青海建设。坚决贯彻总体国家安全观，牢固树立系统观念，对标“十四五”目标任务，对标“两步走”战略部署，把平安建设放在“两个大局”中考量，放在构建新发展格局大背景下考虑，切实抓好平安青海建设各项工作。统筹发展和安全两件大事，既运用发展成果夯实平安建设的实力基础，也塑造有利于经济社会发展的安全环境。建设人民满意的平安青海，坚持人民至上、生命至上，坚持自治为基、法治为本、德治为先，健全完善共建共治共享的工作机制，推动“枫桥经验”具体化、实践化。

（六）新型城镇化和城乡融合取得新进展

青海省发改委印发《青海省2021年新型城镇化和城乡融合发展工作要点》，系统部署了促进农牧业转移人口有效有序融入城市、提升城市群和都市圈承载能力、促进城市和小城镇协调发展、加快建设现代化城市、提升城市治理水平、加快推动城乡融合发展6个方面22条重点任务。一是发挥重大工程引领作用。建设西宁至青海湖至茶卡（察汗诺）铁路、G0611张汶高速门源至扁都口段、西宁市生活垃圾焚烧发电、省级重大疫情救治基地等一批重大标志性工程和有温度的民生项目。二是发挥重大政策保障作用，提出实现跨省异地就医住院医疗费用直接结算定点医疗机构乡镇全覆盖，出台支持企业开展新型学徒制培训并按规定给予培训补贴，积极探索农村集体经营性建设用地入市等一系列具有“含金量”的重大政策。三是发挥重大改革推动作用，着力推进西宁市“无废城市”试点、城乡低保一体化试点等一批试点示范建设，提出健全城镇建设用地增加规模同吸纳农牧业转移人口落户数量挂钩机制，设立工商资本入乡促进机制等若干激发城乡发展活力的改革任务。

（七）新冠肺炎疫情防控成果持续巩固

青海全省卫生健康系统深入学习贯彻习近平总书记重要指示批示精神，不折不扣落实国务院联防联控机制、省疫情防控指挥部各项疫情防控部署，全面压实“四方”责任，筑牢织密疫情防控网，全力做好重要节点、重点场所、重点人群防控，牢牢守住了疫情“零输入”和19个月不发生本土疫情的底线。强力推进核酸检测能力提升和新冠疫苗接种工作，累计建成P2+核酸实验室126个，具备核酸检测能力的医疗卫生机构增至118家，13个城市检测联盟基地建成运行，组建省级支援队伍随时待命，各市（州）移动实验室陆续到位，培训采样人员3.3万余名、检测人员1300余名，全省核酸日最大检测量提升到20.89万份，已具备开展全员核酸检测的能力。实行“一市（州）一策”办法，严格执行“日调度、周通报、月评估”机制，全省1/10的医务人员投入疫苗接种保障工作，攻坚克难，担当作为，全力以赴抢抓进度，多措并举优化服务，严守底线保障安全，提前完成国家确定的接种任务，青海省成为全国第14个完成12岁以上人群全程接种任务的省份。截至2021年10月10日24时，全省累计接种新冠疫苗887.84万人次（第一剂次452.60万人，第二剂次435.24万人），未发生严重不良反应事件，取得了重大阶段性成果。

二　2021年青海社会发展存在的问题和挑战

（一）就业总量压力与结构性矛盾并存

2021年全省高校毕业生总量达历史新高，促进高校毕业生就业创业工作面临不小的压力。同时，全省大部分劳动者技能水平相对较低，产业工人技能转换能力较弱，短时间内难以满足技术更新及新产业发展的需要；部分民族地区农牧民群众受季节环境、地理位置、生活习惯等因素影响，外出务工的积极性不强。

（二）生态保护面临诸多现实困难

保护好青海生态环境是“国之大者”，青海对国家生态安全、民族永续发展负有重大责任。虽然近年来青海生态保护取得了一系列令人瞩目的成就，但是必须清醒地看到，全省生态文明建设机遇与挑战并存，推进生态文明建设还有不少难关要过，还有一些顽瘴痼疾要治，保护好青海的生态环境任重道远。

（三）保障和改善民生任务仍然艰巨

受国际和国内经济形势以及新冠肺炎疫情等因素影响，城乡居民的收入水平和生活质量在一定程度上受到影响，脱贫群众的生活受到的影响尤为突出，加之青海省经济总量较小、财力投入有限，且自然灾害频发多发、相对贫困人口比例较高，改善民生和提升群众生活品质的任务十分艰巨。

（四）新冠肺炎疫情防控形势依然较为严峻

随着新冠肺炎疫情防控进入常态化，当前青海省疫情防控形势依然较为严峻，全省上下需要全面贯彻习近平总书记和党中央、国务院部署要求，务必保持忧患意识，务必再接再厉，把外防输入、内防反弹作为疫情防控重中之重，不能懈怠大意和盲目乐观，团结一心、群防严控才能夺取抗疫最后的全面胜利。

三　2022年青海社会发展形势预测

2022 年，面对世界多极化、经济全球化、社会信息化和文化多样化的国际复杂环境，面对国家不断释放的政策红利，面对各族人民对高质量发展的期待，青海省将认真贯彻党中央各项方针政策，全面落实习近平总书记在中央第七次西藏工作座谈会和中央民族工作会议以及到青海考察时的重要讲话和指示精神，结合党史学习教育，紧密结合中共青海省委十三届十次全会关于奋力谱写全面建设社会主义现代化国家青海篇章的目标任务，凝心聚力，积极进取，开拓创新，不懈奋斗，社会各项事业将不断取得新成效。

（一）巩固拓展脱贫攻坚成果同乡村振兴将有效衔接

巩固拓展脱贫攻坚成果是实施乡村振兴战略的重要内容和基本要素，二者有效衔接成为新的时代命题。2022 年，青海省将积极把握国家战略转移的新部署，全面贯彻党中央关于实施乡村振兴战略的一系列方针政策，认真落实中央经济工作会议、中央民族工作会议、中共青海省委十三届十次全会精神，进一步推动巩固拓展脱贫攻坚成果同乡村振兴的有效衔接。一是进一步理顺职能分工，健全体制机制。明确各相关部门的职能分工，规避业务交叉和业务空白等问题；健全相关体制，有效促进组织、制度、机构、队伍的衔接。二是出台完善乡村振兴“十四五”规划方案，为巩固拓展脱贫攻坚成果提供持续保障。在青海省乡村振兴“十三五”战略规划的基础上，优化完善“十四五”规划内容，着力在巩固、质量、发展衔接上有所突破。三是强化产业衔接，注重培育新型农牧业经营主体。进一步深化产业强农思想，探索强化产业、发展产业的新途径，培育特色优势产业，打造产业品牌，通过培育新型农牧业经营主体，推动产业向规模化、集约化、特色化方向发展。扶持推动村集体经济做大做强，有效带动群众致富，巩固脱贫攻坚成果。四是建立健全帮扶常态化和防止返贫动态监测机制。利用大数据平台，建立监测机制，有效防止农牧区低收入群体返贫。

（二）就业质量与居民收入水平将进一步提高

提高就业质量与居民收入水平是青海省贯彻习近平总书记考察青海时的重要讲话精神的重要抓手。2022 年，青海省将认真落实中共青海省委十三届十次全会精神，坚守人民情怀，不断提高就业质量与居民收入水平。一是通过实施乡村振兴战略，充分带动农牧民就业创业。加大农牧民就业创业技能培训和富余劳动力转移就业力度，扩大产业规模，做大具有地域和民族特色的劳务品牌，创建更多创业就业平台。二是通过建立政策支持机制，着力突出重点群体就业工作。进一步做好高校毕业生和退役军人等重点群体的就业工作，加大对灵活就业、新就业形态的支持力度，进一步提高重点群体的创业就业技能水平和就业率。三是通过优化调整工资增长机制，着力提高低收入人群收入。探索结合地域特点，不断健全工资合理增长机制，逐步使低收入群体享受到社会发展带来的民生红利。

（三）教育领域政策制度将进一步健全优化

教育是关系国家发展、民族兴衰的百年大计，也是寄托亿万家庭对美好生活期盼的民生工程。2022 年，青海省将深入贯彻《“十四五”时期教育强国推进工程实施方案》和习近平总书记在清华大学考察时的重要讲话精神，进一步推进教育领域政策制度的健全和优化，全面深化教育综合改革，均衡优质教育资源，逐步提升教育教学质量，培养更多优秀人才。一是推动优质教育资源均衡化。通过建立和完善制度机制、调整城乡学校建设布局、补齐办学条件短板等举措，逐步解决地域间、城乡间的教育资源不均衡问题。二是推进“双减”意见落地。探索有效“双减”的举措，建立科学的“双减”管理办法，治理和规范各类校外培训活动，力争实现切实减轻义务教育阶段学生作业负担和校外培训负担、全面提高学校教学质量的目标。三是推进教育评价制度改革。落实立德树人根本任务，坚持德智体美劳五育并举，建立、完善和优化各类评价标准，进一步注重和提升素质教育质量。四是推进考试招生制度改革。着力推进普通高等学校、初高中和职业高中等不同学校在考试招生、教学方式、教育制度等方面的综合改革，促进教育更加公平、更高质量发展。

（四）健康青海建设将进一步推动实施

健康青海建设是一项复杂的系统工程，也是一项涉及全民健康的民生工程。2022 年，青海省将继续坚持以人民为中心的思想和服务理念，在实施“健康青海 2030”行动计划的基础上，进一步推动实施健康青海建设。一是进一步健全完善健康青海的体制机制。从政策层面到实践层面，建立、完善、优化、发展健康生活、健康服务、健康保障，营造健康环境，让百姓分享更多健康红利。二是进一步加强公共卫生体系建设，筑牢人民健康防线。继续深化完善疾病预防控制体制、传染病直报和预警系统，加大公共卫生基础设施和技术研发投入力度，着力提升常态化疫情防控能力，构建完善的公共卫生服务和应急体系，为人民健康保驾护航。三是进一步提高医疗服务水平。建立完善“健共体”城乡健康管理新模式，注重发挥“互联网 + 医疗健康”作用，完善分级诊疗、双向转诊制度，有效均衡医疗资源，提升州级县级公立医院和基层医疗服务能力，切实满足群众多层次、个性化、多样化和高标准的健康需求。四是进一步提高全民健康素养。强化宣传引导和教育，注重提高群众养生保健和疾病预防意识，推广普及文明健康、绿色环保、积极向上的生活方式，重视群众的精神卫生、心理健康和医学康复，扎实推进健康青海建设，全面提升人民群众的健康水平。

（五）多层次社会保障体系将进一步健全

社会保障是民生安全网、社会稳定器，与人民幸福安康息息相关，关系国家长治久安。2022 年，青海省将进一步认真贯彻落实党的十九大报告中提出的“按照兜底线、织密网、建机制的要求，全面建成覆盖全民、城乡统筹、权责清晰、保障适度、可持续的多层次社会保障体系”的指示精神，结合青海实际，着力健全多层次社会保障体系。一是进一步健全完善多层次养老保险体系。着力完善城乡居民基本养老保险制度，全面落实城乡居民基本养老保险待遇确定和基础养老金正常调整机制，健全职业年金、企业年金等补充养老保险制度，规范发展商业养老保险等第三支柱养老保险，建设更加积极稳健的失业保险制度和多层次工伤保障制度体系。二是进一步健全社会保险统筹制度。落实基本养老保险全国统筹制度，健全企业职工基本养老保险基金省级统筹制度，推动职工基本医疗保险省级统筹，着力提升社会保险统筹层次。三是进一步健全完善困难群众生活保障措施。持续改善低收入、特殊群体等困难群众生活，建立健全动态、灵活、长效的保障措施。四是进一步健全养老托育服务体系。进一步健全老有所养、幼有所育的政策体系，积极探索建立和优化符合高原特点的养老模式，推动养老产业发展，提升养老服务水平。探索托育联合体发展模式，完善养老托育服务综合监管体系。

（六）国家公园示范省建设将进一步推动

推进国家公园体制试点，是习近平生态文明思想的重大实践成果，它推动我国走向社会主义生态文明新时代。2022 年，青海省将认真贯彻习近平生态文明思想和一系列决策部署，强化责任担当，勇于开拓创新，推动国家公园示范省建设取得新成效。一是进一步加强责任担当价值理念宣传。不断深化对“三个最大”省情定位的认识，牢固树立尊重自然、顺应自然、保护自然的生态文明理念，切实担负起保护“中华水塔”、当好地球卫士的重大责任，以加强自然生态系统原真性、完整性保护为基础，以实现国家所有、全民共享、世代传承为目标，加快建设国家公园示范省。二是进一步总结国家公园示范省建设的经验。全面推进三江源国家公园建设，理顺国家公园财权事权责任划分，优化国家公园管理机构设置和职能配置，完善国家公园管理局与地方政府长效工作机制。通过不断完善空间布局，建立以国家公园为主体的自然保护地新体系；通过深化改革创新，建立自然保护地统一分级管理新体制；通过加强制度建设，构建自然保护地高效运行新机制；通过提升管理水平，推进自然保护地治理能力现代化；通过坚持绿色发展，促进人与自然和谐共生；通过拓宽资金渠道，完善多元化投入保障机制。三是进一步建立健全国家公园示范省建设机制。通过创建青海湖国家公园、昆仑山国家公园，推动建设国家公园集群，在推动青藏高原国家公园群建设中做出更多青海贡献。四是推动形成自然保护地管理新体制。通过制定实施国家公园示范省建设总体规划和自然保护地发展总体规划，探索建立自然保护地标准规范和监管制度体系。以优化自然保护地布局为基础，统筹推进自然保护地调查评估和优化整合，构建自然保护地体系统一分级管理新体制。

（七）党史学习教育成效将进一步凸显

开展党史学习教育，是党中央站在全面建设社会主义现代化国家新征程新起点上向全党发出的新动员令，青海省严格按照党中央部署，扎实开展党史学习教育，在进一步坚定理想信念、不忘初心、牢记使命、发扬伟大建党精神、满怀信心踏上新征程等诸多方面取得显著成效。2022 年，青海省将认真贯彻落实习近平总书记在党史学习教育动员大会和建党 100 周年大会上的讲话精神，进一步凸显党史学习教育成效，奋力掀开青海各项事业的新篇章。一是理想信念更加坚定，党性基础更加牢固。弘扬建党精神，坚持党建引领，深化“四史”宣传教育，进一步提升党员的党性修养，加强党性锻炼，筑牢初心使命，巩固党史学习教育成效，为推动青海经济社会发展奠定坚实的党性思想基础。二是聚焦工作重点，责任担当意识进一步增强。紧紧围绕省委中心工作，在打造全国乃至国际生态文明高地、加快建设世界级盐湖产业基地，打造国家清洁能源产业高地、国际生态旅游目的地、绿色有机农畜产品输出地，铸牢中华民族共同体意识，实施乡村振兴战略等一系列重点工作中的责任担当意识明显增强，为推进各项工作顺利有序科学开展创造更加良好的条件。三是坚守人民情怀，为群众办实事解难题能力进一步提升。强化公仆意识，将党史学习教育同解决实际问题结合起来，努力提升为民服务的能力和水平，立足岗位，倾听群众呼声，切实为民办实事，增进青海各族人民群众的民生福祉，进一步增强人民群众获得感、幸福感、安全感。四是保持昂扬意气，青海精神得到进一步彰显。更好地传承中国共产党人的精神，不懈奋斗，意气风发，在新征程上进一步彰显西路军精神、“两弹一星”精神、开路精神、青藏高原精神、柴达木精神、“玉树抗震救灾”精神、尕布龙赤子精神和“登高望远、自信开放、团结奉献、不懈奋斗”的新青海精神，进一步贡献青海力量，描绘青海美好的发展蓝图。

四　促进青海社会发展的对策建议

2022 年，青海省各级党委、政府要深入贯彻习近平总书记视察青海时的重要讲话精神，通过扎实推进乡村振兴战略、着力提升社会保障能力等举措，切实促进青海跨越式发展和社会大局和谐稳定。

（一）扎实推进乡村振兴战略

在建成全面小康社会背景下，青海省应立足“十四五”规划和 2035 年远景目标，有效衔接精准脱贫，扎实推进乡村振兴战略。一是贯彻落实巩固拓展脱贫成果同乡村振兴有效衔接的决策部署，落实“四个不摘”要求，保持现有帮扶政策、资金支持、帮扶力量总体稳定，进一步健全巩固拓展脱贫成果同乡村振兴有效衔接的政策体系，建立健全返贫动态监测机制。二是注重总结精准扶贫实践经验，提高乡村振兴战略实施起点。注重把脱贫攻坚中的成熟经验应用到实施乡村振兴战略当中，强化驻村干部选派、村集体经济和对口帮扶机制等典型经验的推广，增强脱贫地区经济实力，进一步缩小城乡差距，推动乡村走可持续发展道路。三是进一步完善城乡一体的市场与产业体系。着力培育高原特色农牧业新型经营主体，充分利用政策、市场等多种资源，深入推进三次产业融合发展，通过不同产业链延伸、渗透，提升农牧业综合收益，拓展农牧民增收渠道。四是加强乡村振兴人才支持。加大艰苦边远地区和急需紧缺人才供给力度，继续落实工资倾斜政策，稳步提高基层干部职工待遇，稳定基层工作力量。积极推进农牧区专技人才培养工作，组织实施专家基层服务行、博士后科技服务团等帮扶项目，巩固拓展人才智力支持脱贫攻坚成果。

（二）着力提升社会保障能力

社会保障是实现人民群众高品质生活的重要前提，青海省应持续推进社会保障领域改革，充分发挥社会保障兜底作用。一是扎实做好参保扩面工作。通过以扩促稳、以稳保扩，督促落实失业保险扩围政策，进一步扩大失业农民工保障范围。二是扎实做好待遇保障工作。根据中央部署和青海实际，适时调整提高工伤保险待遇，持续做好退休人员基本养老金、失业保险稳岗返还和技能提升补贴发放工作，对符合代缴政策的贫困人员按规定代缴城乡居民养老保险费，确保各项社会保险待遇按时足额发放。三是扎实推进社会保障领域改革。做好机关事业单位养老保险制度改革中期评估工作，落实青海省城乡居民养老保险费代缴工作，不断完善工伤保险省级统筹制度。四是扎实做好基金安全保障工作。继续开展对玉树等州县的“三年帮扶行动”和社会保险经办风险排查工作，同时做好城乡居民基本养老保险基金委托投运营工作，加大打击欺诈冒领社保待遇行为力度，着力防范基金运行风险。五是进一步提升社会保障事务经办水平。通过分层级集中轮训窗口工作人员，着力规范服务行为，切实提升青海省社保经办服务水平。加强与税务等部门的协调合作，着力开展“线上＋线下”服务，丰富参保缴费便民渠道，做好跨统筹地区基本医疗保险关系转移接续工作。六是深入推进医药卫生制度改革。加快推进高原医学研究中心建设，持续推进综合医改各项任务，全方位做好重大疾病防控，建立健全卫生应急体系，进一步优化医疗卫生服务管理，传承弘扬中藏医药事业，推进卫生健康事业高质量发展。

（三）不断推进高质量就业

就业是民生之本，是人民群众提高收入、改善生活的基本前提和重要途径，青海省要围绕“促进就业稳民生”，多措并举，不断提高人民群众就业水平和质量。一是持续做好脱贫人口转移就业工作。突出易地扶贫搬迁安置区群众就业帮扶，实现就业扶贫巩固拓展常态化。继续发挥“拉面产业”“枸杞采摘”等劳务品牌带动就业的作用，推动农牧区劳动力转移就业。发挥公益性岗位托底作用，优先安置就业困难人员上岗，确保零就业家庭动态清零。二是聚焦重点就业群体，增强各级公共就业服务机构服务能力。实施涉藏地区和祁连山片区劳动力职业技能提升工程，持续对有就业培训意愿、有劳动能力的已脱贫建档立卡贫困劳动力开展职业技能培训，努力实现有培训需求的已脱贫劳动力职业技能培训全覆盖。着力开展“就业援助月”“春风行动”等专项活动，拓展就业困难人员就业渠道。以“职业技能提升行动质量年”活动为契机，大力实施各项培训计划方案，全面推进职业技能建设。三是加强就业监测。强化就业动态大数据监测，密切跟踪稳就业形势变化，加强高校毕业生、脱贫劳动力等重点群体就业形势监测，做好实名管理，统筹推进防范规模性裁员和失业风险应对工作。四是加大就业领域改革力度。调整优化失业保险稳岗扩围政策，延长失业保险稳岗扩围政策实施期限，持续实施失业保险技能提升补贴政策。完善灵活就业人员社保缴费方式，进一步放开对灵活就业人员参保的户籍限制。五是切实保障农民工合法权益。围绕保障农民工合法权益，加快各项工资支付保障制度推进进度，健全欠薪源头治理机制，以保障农民工工资支付工作考核为抓手，加大违法欠薪查处力度和拖欠农民工工资“黑名单”曝光力度。加大仲裁调解力度，积极化解农民工劳动人事争议。

（四）全面加强社会救助工作

社会救助对维护社会公平正义、实现社会和谐稳定具有重要作用，青海省要进一步加大社会救助领域改革力度，强化部门间协调协作，着力构建全社会共享共建的社会救助制度。一是织密织牢社会救助制度体系。建立完善特困人员照料服务、临时救助快速响应机制和分层分类的救助制度，形成以基本生活救助、专项社会救助、急难社会救助为主体，以社会力量参与为补充的具有青海特色的社会救助体系。积极推进城镇低保扩面工作，扩大低保边缘和支出型贫困对象救助范围，完善政策措施，降低救助门槛，优化认定条件，充分发挥民政、医疗、就业、住建等部门资源和政策优势，综合施策、全面施救，保障好城镇低收入群体的基本生活。二是完善社会救助部门间工作衔接机制。健全社会救助部门协调联动机制，推进各项社会救助政策系统集成，平衡社会救助资源供给，对社会救助保障对象，根据实际情况落实好医疗、住房、教育、就业等专项社会救助政策，实现救助信息聚合、资源统筹、效率提升，切实保障人民群众切身利益。三是加强对低保对象的动态监测和预警救助。健全社会救助家庭经济状况核对机制，将符合条件的救助对象及时纳入相应救助范围。依托省政府数据共享交换平台体系，完善社会救助资源库，建设全省统一的低收入人口动态监测信息平台和数据库，做好低收入对象数据的推送和共享工作。紧盯社会救助工作中的风险点、薄弱点和监管盲区，运用日常监督、专项监督、抽查监督等灵活形式，动态核查违规享受救助待遇人员，维护救助制度权威性，保障困难群众切身利益。四是加大对特困群体的救助力度。健全完善针对特困供养人员、重度残疾人、孤儿和事实无人抚养儿童等特殊人群的照料服务政策措施，加强物质帮扶、日常照料、心理疏导等服务供给，探索特殊人群打破地域限制、机构市场运营、资源共享、强化监督的集中供养服务模式。

（五）深入推进人才强省战略

加快推进人才发展、提高人才总体水平是社会健康发展的必然要求，青海省要加大改革力度，着力培养各层次优秀人才，不断优化人才队伍结构，为经济社会实现跨越式发展奠定坚实的人才基础。一是分类推进人才评价与职称评审制度改革。加大技能人才评价制度改革力度，全面推行职业技能等级认定制度，做好技能人员水平评价类职业资格退出国家职业资格目录相关工作，贯通高技能人才与专技人才职业发展。全面推进高教、卫生、艺术、体育、审计等方面的系列职称制度改革，着力探索网上职称评审扩大试点工作，应用“互联网＋职称评审”信息管理系统，提升职称工作管理服务水平。深化事业单位收入分配制度改革，不断提高义务教育教师待遇，确保教师工资不低于当地公务员。落实高校、科研院所薪酬制度改革相关政策，健全科研人员职务科技转化奖励机制。二是加强农村实用人才带头人培养。培养一批善于经营、精于管理、勇于创业，能够带领农牧民致富的领军人物，充分发挥他们在各领域的发展优势和示范带动作用。选拔各类农村实用人才参加以生产技能、经营管理和信息技术为主要内容的培训，提升农村实用人才的专业技能和综合素质，在农牧业领域和农牧区培育一批有较高技术水平的新型职业农民。三是加强高技能人才队伍建设。积极申报建设国家级高技能人才培训基地和技能大师工作室，搭建高技能人才队伍培养平台。充分发挥各类职业技能竞赛作用，利用全国乡村振兴职业技能大赛等国内人才赛事活动，选拔职业技能过硬的人才。着力组织实施重点人才工程等项目，开展全国杰出专技人才、青海省优秀专技人才推荐选拔工作，壮大青海省高技术人才队伍。

（六）持续巩固党史学习教育成果

学史明理、学史增信，深入开展党史学习教育是坚定理想信念、巩固执政基础的重要举措，青海省要利用党史教育的契机，提高党员干部政治站位，激发他们为民办实事的热情，切实增进人民群众福祉。一是深入贯彻中央、青海省委党史学习教育动员大会精神，按照“学党史、悟思想、办实事、开新局”的总体要求，严格落实主体责任，切实加强对学习教育的组织领导，着力在健全学习教育机制、创新学习教育模式，拓展学习教育载体、严肃学习教育纪律上下功夫、出实招，扎实推动党史学习教育入脑入心、见行见效。二是党史学习教育要紧密结合“我为群众办实事”。各级党政机关在党史学习教育过程中要聚焦人民群众“急难愁盼”问题，扎实开展“解忧暖心传党恩”等具体实践活动，凝心聚力通堵点、疏痛点、消盲点。利用党史学习教育，持续了解基层实情、掌握民意诉求，及时发现并解决问题，努力以党员干部的“辛苦指数”换取人民群众的“幸福指数”，推动党史学习教育成效转化为践行初心使命、增进民生福祉的实际成效。三是持之以恒正风肃纪。认真履行全面从严治党主体责任，坚持把纪律和规矩挺在前面，严格执行党的纪律，强化监督执纪问责，坚决纠治民生领域的不正之风，转作风、正行风，综合运用监督执纪“四种形态”，不断加大对形式主义、官僚主义的整治力度，建立健全容错纠错机制，营造践行初心、求真务实、真抓实干的良好风气。

参考文献

《2021 年青海省政府工作报告》，《青海日报》2021 年 2 月 9 日，第 1 版。

《中共青海省委十三届十次全会召开》，《青海日报》2021 年 7 月 31 日，第 1 版。

周飞舟：《从脱贫攻坚到乡村振兴：迈向“家国一体”的国家与农民关系》，《社会学研究》2021 年第 6 期。

经 济 篇

Economics Chapters

B.3 2021~2022年青海"一带一路"建设与形势分析发展报告

孙发平　杨 军　刘 畅*

摘　要： 2021年，青海贯彻新发展理念，坚持高质量发展，主动服务和融入国家重大战略，以"十四五"规划为引领，"一带一路"建设稳步推进，取得了新进展。本报告通过研究2021年青海"一带一路"建设进展，认为目前青海"一带一路"建设主要存在外资利用水平较低、高层次人才匮乏、外贸增长方式粗放等问题。2022年，青海需进一步聚焦重点，利用好国内国外两个市场、两种资源，持续深化对外开放，推进"一带一路"高质量发展。

关键词： "一带一路"　新发展格局　青海省

* 孙发平，青海省社会科学院副院长，研究员，研究方向为区域经济学；杨军，青海省社会科学院办公室副主任、副研究员，研究方向为区域经济史；刘畅，青海省社会科学院助理研究员，研究方向为区域经济协调发展。

2021年，青海省以习近平总书记考察青海时的重要讲话为指引，牢固树立新发展理念，加快融入以国内大循环为主体、国内国际双循环相互促进的新发展格局，推动全省开放型经济向更全面、更充分、更高水平迈进。“一带一路”建设的政策环境持续优化，外向发展定位进一步明晰，路网通道日臻完善，对外贸易发展水平稳步提升，平台建设实现新突破，人文交流走深走实，外向型发展的基础进一步夯实。

一 2021年青海“一带一路”建设进展

2021年，青海省全面落实“一带一路”建设年度重点工作分工方案，面对新冠肺炎疫情对全省外贸外资造成的巨大冲击，主动作为，迎难而上，采取有效措施，外资同比大幅增长，外贸恢复成效显著，“一带一路”建设稳步推进。

（一）战略导向更加明晰

2020年12月，中共青海省委十三届九次全会审议通过了《中共青海省委关于制定国民经济和社会发展第十四个五年规划和二〇三五年远景目标的建议》，明确了青海省融入新发展格局，全方位深层次参与国内、国际双循环新发展格局的重点任务，“一带一路”建设的路径更具体、指向性更明确、开放发展的方向更明晰。

2021年3月，习近平总书记在参加十三届全国人大四次会议青海代表团审议时强调，要坚定不移走高质量发展之路，结合青海优势和资源，贯彻创新驱动发展战略，加快建设世界级盐湖产业基地，打造国家清洁能源产业高地、国际生态旅游目的地、绿色有机农畜产品输出地，构建绿色低碳循环发展经济体系，建设体现本地特色的现代化经济体系。“四地”建设对新时代青海推进“一带一路”高质量发展提出了更高的要求，在夯实发展根基的基础上，为拓展合作新领域提供了根本遵循。

2021年上半年，在青海省“十四五”规划纲要的基础上，青海省进一步深入对接国家“一带一路”规划，编制《青海省“十四五”“一带一路”建设规划》（以下简称《规划》），为“十四五”期间青海省参与“一带一路”建设的政策沟通、设施联通、贸易畅通、资金融通、民心相通制订了重点任务与发展目标。《规划》立足习近平总书记重要讲话精神和青海省“十四五”规划纲要，将“四地”建设的目标要求与青海省“一带一路”建设深度融合，在战略导向层面形成了经济社会发展与“一带一路”建设互融互促的目标定位，为青海利用好双循环新发展格局重要战略机遇期、实现全方位高水平开放发展指明了方向。

（二）路网通道建设日臻完善

2021 年，青海服务“一带一路”建设的设施联通基础不断夯实。在公路方面，以向西南延伸连接中印缅经济走廊、向西北延伸连通中国—中亚—西亚经济走廊以及青川大通道三条主线为引领，同仁至赛尔龙、扁都口至门源、格尔木至老茫崖等公路建设稳步推进，大河家至清水、茶卡至察汗诺、贵德至大武等公路项目有序开工。在铁路民航方面，格库铁路青海段列车实现每天开行全程运行，西成铁路建设步伐加快，青藏铁路西宁至格尔木段质量提升工程可行性研究获批，西青茶铁路开工建设，西宁机场三期扩建和玉树机场改扩建工程全面复工并稳步推进。在物流枢纽建设方面，依托西宁、格尔木两个国家级枢纽城市，西宁市城北客运站、格尔木昆仑物流园、格尔木客运中心站等客货运枢纽建设加快，综合运输通道和交通枢纽节点布局不断完善。在中欧班列开行方面，青海省商务厅为进一步促进青海企业发展开拓渠道，注册成立易联达供应链服务有限公司，在西宁组织发运首趟“铁转公”中欧班列，开行线路由青海省西宁市出发，经新疆霍尔果斯口岸，到达哈萨克斯坦阿腾科里铁转公线路货场。该班列的开行为丰富青海省国际班列运输模式、推动中欧班列常态化运行、融入“一带一路”建设增添了新的动力。

（三）对外贸易发展水平稳步提升

2021 年，青海对外贸易回温迅速，稳步发展，贸易畅通渠道不断拓展，出台《外经贸发展专项资金支持跨境电商综合试验区建设实施办法》《青海省人民政府关于促进综合保税区高水平开放高质量发展的实施意见》，高水平开放与对外贸易高质量发展的重要作用进一步凸显。加强重点外贸企业“一企一策”服务，推动“政府＋信保＋银行”短期出口信保融资模式落地实施。2021 年，青海省外贸进出口总额达到 31.3 亿元人民币，同比增长 36.4%，增速排名全国第 5 位。从进出口类型来看，一般贸易进出口占进出口总额的 97.1%，增长 36%；保税监管场所进出口增长 3.8 倍，其他贸易进出口 496.4 万元，下降 11.9%。全省 8 个市州均有进出口业务，其中，西宁市进出口 22.5 亿元，增长 32.4%；海西蒙古族藏族自治州进出口 3.2 亿元，增长 54.3%；海南藏族自治州进出口 1.2 亿元，增长 2.2 倍；玉树藏族自治州进出口 4605 万元，增长 3.4 倍；海北藏族自治州进出口 5.7 万元。从主要进出口商品方面来看，2021 年 1～8 月，青海省冬虫夏草出口总值增长 69.5%，出口值占全国冬虫夏草出口总值的 50% 以上，列开展冬虫夏草出口业务 8 省区第一。金属矿及矿砂、机电产品、农产品、铬铁进口额占进口总额的 92.4%。焦炭及半焦炭、织纱线、织物及制品、农产品、机电产品出口占出口总额的 90.7%。①

（四）开放平台建设实现新突破

2021 年，青海推进“一带一路”建设的平台支撑能力不断提升。一是规划曹家堡机场口岸发展。积极协助疫情防控常态化时期口岸国际航班复航事宜，支持国际货运航线开通和国际客运航线增开。进一步深化口岸公共卫生核心能力建设，规划建立进出境旅客“无感通关”和“共同判图”等便捷监管模式，规划建设航空口岸自助通关设施、智能验证通道，切实提升口岸通关效率。

二是助力格尔木陆港建设发展。研究制定“西宁海关服务格尔木外向型经济发展五项措施”，支持格尔木充分发挥“一带一路”枢纽型节点城市

① 资料来源：青海省商务厅、西宁海关。

带动作用，打造完备的国际陆港，实现格尔木与各类国际贸易、国际航线、公路、铁路、水路等的有效连接，建设国内一流陆港。青海省商务厅与甘肃省、宁夏回族自治区、陕西省洽谈，签订《关于畅通中尼印国际物流通道合作意向书》，以“通道+平台”模式促进物流商贸通道高质量发展，加速推进格尔木国际物流枢纽建设。

三是全力支持西宁综合保税区建设。制定《西宁综合保税区建设海关工作推进方案》，出台“西宁海关支持西宁综合保税区发展七项措施”，从加强政策研究指导、提前做好验收准备、制订系统部署计划、分层次开展培训4个方面协助建设西宁综合保税区，并通过进一步开展政策咨询、协助招商引资等，推进西宁综合保税区尽快建成运营。2021年10月15日，西宁综合保税区通过预验收。

四是多措并举，提升跨境电商发展质量。支持西宁市、海东市建设国家跨境电子商务综合试验区，积极做好跨境电子商务网购保税进口业务监管准备工作，支持指导跨境电商平台、跨境物流、海外仓建设，助推跨境电商企业尽早落地和业务开通，促进“丝绸之路青海道”焕发新的活力。

五是积极开展青海绿色生态自贸试验区申建政策研究，助力青海发挥生态优势，做好“绿色文章”。首届中国（青海）国际生态博览会成功举办，近30位驻华外交官、国际组织及跨国公司代表，22个省（区、市）组成政府或经贸代表团，国内外相关领域20多家商协会和近800家企业应邀参会。圆满举办第22届青洽会，23个国家部委和中央企业、金融机构及商协会领导，30个省（区、市）代表团，13000余名嘉宾客商参会参展，展会知名度和影响力持续提升。①

（五）人文交流活动走深走实

2021年，青海服务“一带一路”建设的民心相通基础更加稳固。成功举办六五环境日国家主场活动，发布《青海共识》《青海倡议》。举办青海

① 资料来源：青海省商务厅。

文化旅游节，发布青海省打造国际生态旅游目的地文旅宣言。青海民族大学部省培育项目“解锁丝路文脉·探索地方精粹”来华留学生校园文化活动启动，借助教育部丝绸之路国际产学研用合作会议平台，发展19名共建“一带一路”国家和地区高端专家成为青海硕士研究生和博士研究生联合培养导师。从省级层面组织实施一批高级别科技合作项目，加大对已有相关合作基础的科研院所、高校和企业的支持力度，在巩固合作基础的同时，深化交流，提升合作的影响力。通过共建实验室、技术转移、促成科技园区之间的合作等方式，丰富交流内容。持续开展卫生方面的援助与合作，组派第20批援外医疗队赴布隆迪执行援外医疗任务。圆满举办环青海湖国际公路自行车赛、玉珠峰登山大会等国际大型赛事。

二　存在的主要问题

虽然2021年青海融入“一带一路”建设成效显著，各项事业稳步发展，但是受地理区位、对外通道、产业结构等多重因素影响，全省对外开放水平相对较低，“引进来”和“走出去”步伐仍然较慢，统筹利用国内国外两种资源、两个市场的能力有待提升，外贸依存度低、外向型经济发展水平不高等问题依旧存在。

（一）外资的利用水平较低，资金到位率有待提高

受青海深居内陆、气候高寒、基础设施建设水平不均衡等条件的制约，资源开发利用的成本较高且效率低，外向型经济不具备良好的发展基础，起步晚、发展慢，吸引外来资本投资的市场竞争力较弱。从2020年外商投资企业注册登记情况来看，全省企业数总计664户，实际发生进出口业务的企业只有144家，仅占总数的21.7%，进出口总额达到千万美元的企业仅8家，大多数企业进出口额在百万美元以内，规模整体偏小。合同使用外商直接投资额7148.05万美元，比上年下降9.0%；实际使用外商直接投资额2552万美元，下降65.0%。全年对外承包工程业务完成营业额1.76亿美

元，下降54.6%，对外劳务合作派出各类劳务人员285人，投资总额为75.27亿美元。外资投资规模小、企业少、稳定性不强，外资对地区经济发展的影响非常有限。吸引外资的手段，目前还停留在招商引资的较低发展阶段，尚未完成招商引资的第一次战略性转变。①

外向型经济发展中，通过引进大型项目，不仅可以为地区争取发展资金，充实经济建设，还能通过优势、前沿项目的引入，带动产业升级。但从青海外向型经济发展来看，出口产品以硅铁、纺织品、农畜产品、民族用品等初级产品为主，种类单一，订单量小且出口市场分散，国际竞争优势尚在培育当中，制造业和高技术产业产品出口缺乏，从招商项目看，投资额超过亿美元的大型项目数量有待增加。

（二）高层次人才匮乏，制约外向型经济高质量发展

高尖端人才是影响科技发展的重要因素。青海校企合作的科研成果转化程度不高，没有发挥科研投入在企业创新活动中的带动作用，人才培养、鼓励制度有待完善。科技人员整体素质不高，高学历、高职称的科技人才比例偏低，掌握核心技术、具有领军能力、国际化的高层次人才和重点产业、优势产业的创新型人才尤其缺少，科技人才队伍的能力有待进一步提升。在科技上虽然有所投入，但是投入的资金比例较低，高科技复合型人才匮乏，且省会城市西宁吸引了多数人才，不利于其他市州人才政策发挥效用，人才供求结构性矛盾突出，尤其缺乏懂技术、懂经贸、懂管理以及具备外贸发展所需的语言和文化素养的专业型人才。

（三）对外贸易增长方式粗放，创新驱动能力不强

从青海省2021年进出口主要商品种类来看，对外贸易对资源依赖程度较高，存在科技创新水平不高、生产经营模式粗放、资源利用加工程度低等问题，缺乏技术、管理、品牌等核心竞争力，外向发展参与程度低，

---

① 资料来源：《青海统计年鉴2021》。

对外贸易政策受益面小，对接市场能力弱，产品和企业尚未形成较强竞争力，参与国际市场的竞争能力不足。外贸起步晚，综合保税区、陆港、跨境电商综试区等项目还在建设初期，建设及运营的专业性、技术性不够，总体进展缓慢。

近年来，西宁市、格尔木市依托几家大型的国有企业进行科技创新活动取得了一定的成绩，获得了一批发明专利及科技成果，但由于科研力量欠缺，科技创新持续提升能力不足。在与高水平科研院所持续合作方面有一定困难，可提供科技、金融、市场服务的中介机构缺乏，在构建“产学研金”一整套科技发展与成果转化体系上缺乏重要环节的支撑。科技创新资源薄弱，科技服务体系、机制不健全，科技引导金融合作服务企业的力度不够，高新技术企业、科技型企业的培育力度和创新水平还不能满足经济发展的要求，企业创新主体地位还有待强化。

（四）支撑企业外向发展的能力薄弱，营商环境有待进一步优化

外向型经济发展需要政府相关服务及监管部门具备较强的外向型企业服务水平与能力，既能让本土企业“走出去”，也要具备使外部企业“进得来”的服务能力。按照企业的所有制性质制定扶持政策的局面尚未彻底被打破，青海省多数大型生产型企业在其国际化发展过程中，得到了政府的大力支持，但中小型民营企业由于自身发展条件和规模的限制，难以通过政府提供的渠道获取资金支持。融资渠道不通畅是制约外贸发展的重要短板，使得外贸企业在国际竞争中资金不足的问题较为突出。青海省外贸企业目前的融资渠道以银行融资为主，对于有国际化发展意向的企业，特别是对于中小企业而言，银行融资难、融资贵始终是阻碍其国际化发展的重要因素。

（五）对共建国家调查了解不足，信息不对称掣肘合作发展

对共建“一带一路”国家的经济发展水平、政治制度、自然资源、人口构成、宗教信仰、地缘关系等进行具体而深入的研究，能够为青海省政府及相关企业外向发展决策提供有益参考。但因各种因素制约，青海省整体缺

乏对共建“一带一路”国家的针对性研究，特别是缺乏对共建国家政策制度、风土人情、营商环境的相关调查研究，企业在共建“一带一路”国家进行投资时存在畏难情绪，对潜在风险和挑战估计不足、应对不充分，制约了企业的外向发展。

三 2022年青海“一带一路”建设形势分析

围绕建设“一带一路”和发展更高层次开放型经济，我国的外向型经济已经形成新的发展格局，同时，国内外发展环境的不断变化、疫情防控常态化要求不断加强等因素的影响，对青海抓住用好“一带一路”建设机遇、创新发展思路、进一步提升对外开放水平具有重要意义。

（一）发展环境

从国际环境来看，新冠肺炎疫情的影响广泛深远，全球产业供应链发生深刻变化，世界贸易增速大幅放缓，经济全球化遭遇逆流，世界经济陷入低迷期。同时，新一代信息技术快速发展，新一轮科技革命和产业变革深入演进，相互交织。国际力量对比深刻调整，“东升西降”成为发展大趋势，全球处于各国竞争优势重塑、国际经贸规则重建、全球力量重构的叠加期。在这样的发展环境下，我国“一带一路”建设蓬勃发展，截至 2021 年 11 月，中国已与 140 个国家、32 个国际组织签署 200 多份共建“一带一路”合作文件，“一带一路”已成为世界上范围最广、规模最大的国际合作平台和公共产品。①

从国内发展形势来看，从 2016 年“一带一路”建设工作座谈会为“一带一路”建设指明方向，到 2018 年“一带一路”建设工作五周年座谈会对下一阶段“一带一路”建设工作提出绘制“工笔画”新要求，再到 2021 年 11 月习近平总书记在第三次“一带一路”建设座谈会上的重要讲话，提出

① 资料来源：《一带一路，开创共同发展的光明未来》，《人民日报》2021 年 7 月 9 日，第 6 版。

推动共建“一带一路”向高质量发展转变，国内“一带一路”建设在高标准、可持续、惠民生的目标引领下，将不断培育新的经济增长点，持续推进沿线省区高水平对外开放取得新进展。第四届中国国际进口博览会期间，超过 1000 家中外企业达成 200 余项合作意向，与共建“一带一路”国家的贸易合作尤其丰硕，“走出去”“引进来”双方向意愿强烈，各省区参与“一带一路”建设的积极性不断增强，通过“一带一路”建设，对外开放在地区经济发展方面的成效也将不断凸显。

（二）发展机遇

2022 年，青海将迎来抓住用好国家重大战略叠加、全方位高水平开放发展的重要机遇。从“一带一路”建设的情况来看，随着国家重大交通干线和西部陆海新通道的布局建设，青海地处古丝绸之路南线、唐蕃古道、藏羌彝走廊的战略枢纽功能更加凸显，在“一带一路”六大国际经济合作走廊中的重要地位日益突出，为新时代推动内陆省份全方位扩大开放创造了有利条件。

一是青海在国家发展战略中的重要性不断提升，开放发展机遇期进入新阶段。自共建“一带一路”倡议被提出以来，随着新时代西部大开发形成新格局、黄河流域生态保护和高质量发展、东西部协作和对口支援等国家战略深入实施，青海的战略重要性一再提升，随着国家积极参与全球治理程度不断加深，通过加快优势领域的发展步伐融入国家发展大局成为青海补短板强弱项的必然选择。

二是平台建设不断突破，外向型经济发展支撑越发稳固。随着西宁综合保税区的封关运营，西宁、海东跨境电商综合试验区运营逐步步入正轨，中国铁路青藏集团有限公司管辖内的最大编组站——格尔木南站正式启用，陆港产业培育取得实效，外向型发展的平台进一步拓宽、要件进一步完善。疫情防控常态化背景下，数字经济基础设施建设日趋完善，跨境电商、国际化特色化展会搭建数字经济平台，迎来线上线下融合发展新机遇。

三是“四地”建设目标明确，外向发展标识度更加清晰。“四地”建设为青海的特色产业发展指明了方向，为青海特色产业的品牌建设赋能，明确了特色产业的发展定位，提升了发展质量。盐湖产业、清洁能源等规模较大、具备较强市场竞争力的产业迎来新一轮产业集群发展、参与国际市场竞争能力提升的战略机遇。绿色有机农畜产品产业发展以农业供给侧结构性改革为主线，以市场需求为导向，立足青海在农畜产品生产方面的优势禀赋，从农畜产品供给特色化方面填补青海农业发展体量小的短板弱项，打造绿色有机品牌，农畜产品外向发展的竞争力增强。国际生态旅游目的地在整合青海优质生态旅游资源的基础上，通过打造精品线路，增强旅游基础设施建设支撑力，提升生态旅游体验，在吸引国内外游客参观游览的同时，实现民生改善、产业融合的共赢发展。

四是“生态”名片搭桥，交流合作领域进一步拓宽。立足国际生态文明新高地建设，增强与“一带一路”沿线省区和共建国家在生态建设方面的沟通与合作，迎来共建生态绿色丝路新机遇。在生态保护、生物栖息地修复、生态功能增强、水权交易等方面与国内国际先行地区、优质企业合作需求增加，创新以国家公园建设为引领的区域协调发展模式，为青海提升国际影响力带来发展机遇。

（三）发展趋势

随着对外开放程度的不断加深，构建与国际接轨的制度规则体系的迫切性增强，青海省亟待建立对标国际通行规则的投资管理制度，精准聚焦市场主体需求，健全贸易自由便利的政策制度体系。目前，申建中国（青海）自由贸易试验区已经提上日程，为自由贸易区申建工作夯实基础，成为青海外向型经济发展的主要任务。从产业方面来看，在贯彻落实“四地”建设要求的基础上，以产业生态化、生态产业化发展为核心，依托机场口岸、综合保税区、跨境电商综试区等开放平台，围绕盐湖化工、生物医药、清洁能源、绿色有机农业、跨境电商、会展经济、数字经济等特色产业、战略性新兴产业、高新技术产业打造产业发展先导区、示范区，应当是今后青海外向型经济发展中产业发展的主要趋势。从制度层面来看，以贸易投资自由化便利化为目标，优化提升口岸通关效率，建立完善外资引入环境，提升外资利用水平，创新绿色金融产品和服务，探索建立与自贸试验区建设相适应的制度、金融、监管、服务体系，应当成为今后一段时期内的主要发展内容。

2022 年，青海参与双循环新发展格局建设及与共建“一带一路”国家和地区的合作交流应继续走实，参与兰西城市群、新时代西部大开发、黄河流域生态保护和高质量发展等国家战略的程度进一步加深，西宁、海东、格尔木作为青海参与“一带一路”建设的重点城市，在与共建“一带一路”国家和地区友好城市缔结，与国内外地区和企业开展产业合作、科教人文交流等方面的先锋作用应得到进一步的发挥。

四　青海高质量推进“一带一路”建设的对策建议

当前，在国外市场受疫情影响、对外贸易发展稳定性不足的情况下，如何在变局中开新局，在危机中谋求转型发展，拓展外向发展新思路是青海“一带一路”发展亟待解决的问题。因此，要进一步加强与共建“一带一路”国家和地区在对外经贸、产业投资、基础设施、人文交流等多领域全方位的合作，明确目标，立足发展定位与自身优势，开启外向发展新格局。

（一）推进制度型开放，优化营商环境

制度型开放是对外开放的支撑要素，覆盖规则、管理、标准等具体内容，重在形成与对外开放市场相适应的开放型经济监管和服务体系，对对外开放的质量和进度有重要的影响。

一是打造市场化、国际化的营商环境。应认真贯彻落实《青海省优化营商环境条例》，确保企业在市场准入、要素获取、项目招标、税费减免、资质许可等方面享有公平竞争的市场环境。持续深化“放管服”改革，加大对服务贸易发展的支持力度，确保投资者权益得到有效保障，完善促进外商投资便利化的政策举措，构建符合国际规则、具有青海特色的营商环境评

价指标体系。

二是加强市场监管和服务。不断提升市场的服务水平，提供满足市场主体成长的监管服务体系，为企业国际化发展减少阻力。健全外资企业合法权益保护机制，加强与跨省和跨境企业在信用风险防范、信息安全保障方面的沟通协作。

三是深化要素市场化配置改革。充分运用市场机制盘活存量土地和低效用地，引导劳动力要素有序流动，统筹职工学校、中介培训、社会培训体系，提升从业人员的技能和素质。

四是实施更加开放的行业准入措施。全面落实国家贸易和投资便利化政策，确保“非禁即入”有效落实，有序放宽文化、医疗等行业的准入限制，激发市场活力。

（二）以平台建设为引领，发挥开放发展新优势

合理布局对外开放平台，在融入发展战略的基础上，最大限度地发挥发展优势，以高水平对外开放发展为契机，打造国际合作和竞争的新优势。

一是以建设世界级盐湖产业基地为引领，坚持盐湖资源保护与绿色开发同步推进。从盐湖绿色开发的顶层设计入手，坚持规划引领，设计更加符合青海定位和盐湖开发实际的可持续发展方式，推动盐湖形成省内循环经济发展的示范和样板。坚持以打造世界级盐湖产业基地为目标，构建起一套引领性、科学性、综合性较强的盐湖资源绿色制造体系。构建产业规模居前、创新能力领先、绿色低碳循环、国际影响凸显的世界级盐湖产业基地。围绕盐湖资源的开发利用，形成高质量企业集群，争取更大更稳定的行业话语权与技术标准制定主动权，推动盐湖产业向下游延伸，在补链、强链的同时，增强盐湖发展与地区发展战略的联动，形成资源高质量开发利用与带动地区发展之间的良性循环。

二是推动综合保税区创新发展，增强对外贸易和产业转型发展的支撑力。充分发挥综合保税区的各项功能，以加工制造为基础，鼓励加工贸易企业以及上下游配套企业向综合保税区集中，支持企业承接境内区外委托加工

和服务外包业务，加快引进新一代信息技术、生物技术、新能源、新材料等行业重点企业入区。促进综合保税区跨境电商业务发展，用足用好跨境电商综合试验区各项政策措施，支持企业在跨境电商零售进口方面探索经营模式、延伸业务范围。支持境内外金融机构在综合保税区内设立分支机构或办事处，探索离岸金融、跨境支付、信托、债券等金融创新。

三是建设跨境电商平台，培育壮大跨境电商经营主体。完善线上服务功能，建设线下产业支撑平台。西宁市依托国家级电子商务示范基地建设，加快推进线下跨境电商产业集聚区、产业园和物流基地建设，海东市持续推进曹家堡保税物流中心（B 型）升级，探索多元功能叠加，优化检验检疫流程。

（三）持续优化外贸结构，提升外贸发展水平

进一步优化外贸结构，培育以技术、品牌、质量和服务为核心的竞争新优势，在稳定增长的同时实现外贸可持续发展。依托青海在生态农牧、盐湖化工、中藏医药、清洁能源等产业方面的优势，提升产业的附加价值与竞争力。提高出口产品质量，引导和推动本土企业产品出口，提升盐湖化工、农畜产品等特色产品的出口比例。实施外贸企业品牌计划，拓展光伏光热制造、锂电储能、有色合金材料、特色化工、藏毯绒纺、生物医药、高端装备制造等品牌商品的国际市场。保护国家地理标识产品，提升现有优质企业的品牌价值，推动“柴达木枸杞”“热贡唐卡”“青绣”“青海拉面”等品牌优势的扩大，鼓励企业在国外设立自主品牌专卖店和产品展示中心，支持企业在境外注册商标。

在重点培育具有国际竞争力的本土企业的同时，积极引进东部地区大型外贸企业，发挥成熟外贸企业对本土企业外向型发展的带动作用。充分发挥经济开发区、产业园区吸引外资和产业集聚的优势，积极引导重点企业开拓国际市场，不断扩大千万美元出口企业主体规模。

（四）突出生态名片，探索绿色发展新空间

将绿色生态理念贯穿“一带一路”建设，以打造国际生态文明高地为

引领，多领域推动交流合作，建设绿色文明“一带一路”。

一是依托国际生态文明高地建设，推进生态经济合作发展。在国家公园建设领域培育对话机制，依托国家公园论坛、中国生态环保大会等平台，深化与共建“一带一路”国家和地区在绿色发展机制、气候变化应对等领域的交流合作，推动建设国际合作示范基地，推动发展和保护协同发展。加大参与长江经济带、黄河流域生态保护和高质量发展建设的力度，以降低碳排放、推进碳汇市场建设为目标，以推进低碳发电、能源结构改革为切入点，就应对气候变化与环境治理，与中东部省份加强合作。

二是立足绿色有机农畜产品输出地建设，提升青海农畜产品知名度。始终坚持推进农业供给侧结构性改革，紧紧围绕特色优势主导产业，实施“青字号”农畜产品品牌培育行动，积极打造青海牦牛、藏羊、青稞、油菜、马铃薯、枸杞、沙棘、藜麦、冷水鱼、蜂产品等区域公用品牌，以品牌促销售，积极拓展省外市场。以标准化生产基地建设推动农产品高质量生产，提高有机及绿色农产品比例，提升产品质量、增强市场竞争力，围绕中尼印商贸走廊建设和西部国际陆海新通道，加大绿色有机农牧业产品的出口力度。

三是发挥建设国际生态旅游目的地的带动作用，优化旅游基础设施，丰富旅游产品体系。充分利用高原旅游资源开发中生态兼容性基础设施建设、旅游产品生产营销、旅游经营管理人才培养等方面已积累的先进丰富的经验，结合中尼印国际商贸走廊建设，加强生态旅游业合作，进一步拓展甘新青大环线旅游，按照国际生态旅游目的地发展方向，加强与尼泊尔、印度在生态旅游资源开发建设方面的合作，尤其要将青海、西藏和尼泊尔相关生态文化旅游资源整合，建设国际自驾游、玉珠峰国际登山训练基地等，借助青藏公路、青藏铁路，打造涵盖自驾游、铁路游、登山游、宗教朝圣游等全域生态旅游内容的环喜马拉雅国际旅游带。

（五）深化区域交流协作，培育外向发展新优势

紧抓国家重大区域发展战略机遇，加强与国内各区域合作，推动兰西城

市群高质量发展，以区域交流协作促进外向发展。

一是以建设国家清洁能源产业高地为契机，在清洁能源消纳、储能技术、清洁能源产业链强链补链、新型电力系统构建等多个领域广泛开展国内外合作，积极探索国内外清洁能源企业合作途径，加大清洁能源产业前端企业引进力度，与头部企业开展人才培养、技术攻关等方面的交流与合作。发挥青海在清洁能源产业示范性基地建设方面的优势，把握行业前沿发展动态，力争成为清洁能源先进技术的输出地、行业规范的示范地、能源输出的主力基地。

二是务实推进甘青两省合作共建，加强综合交通互联互通、生态环境联防联治、市场一体化发展，推动在能源行业、绿色循环产业、公共服务领域的合作，谋划建设跨区域、跨领域的重大基础设施和产业项目，共同争取国家在兰西城市群布局民生、产业创新等领域的项目，支撑兰西城市群开放创新发展。

三是依托城市群建设，提升开放发展的基础能力。持续推进西宁—海东都市圈、格尔木国家物流枢纽建设工作，积极发展跨境电子商务，培育贸易新业态新模式和建设海关特殊监管区域，推进国际物流通道建设，加快完善西宁、海东重点物流园区联运转运功能。推动甘青两省联合拓展国际友好城市，推进中欧班列联合编组。促进文化合作交流，打造青甘丝绸之路历史文化旅游区，推动高校合作，壮大兰西城市群发展力量。

（六）发挥优势，积极拓展共建“一带一路”国家市场

在国家战略引领下，加强区域合作，与国内相关省区共同努力，依托区位优势与中尼印经济走廊、澜湄合作计划、中巴经济走廊、西部陆海新通道等国家区域战略，充分发挥青海地区优势，全力保障国家重点战略能源、资源进口，深化石油、天然气领域的合作，全面推动青海农业、林业、清洁能源、矿产资源等多领域的国际合作，逐步建立开放型经济体系。

根据青海外贸的发展情况，培养稳定、可持续发展的贸易合作伙伴，在巩固现有贸易关系稳定发展的基础上，加强与尼泊尔、巴基斯坦以及东南亚

五国的贸易联系。争取中央支持，将青海纳入中国面向南亚的开放通道体系，加大对青藏线沿线物流基础设施建设的力度，针对吉隆口岸尼泊尔境内基础设施条件比较落后的现状，在口岸基础设施、交通运输、能源供应、食宿条件和邮政通信等方面进行改善，加强与西藏的沟通，提前谋划编制面向南亚的国际贸易陆路通道建设规划。

面向尼泊尔、巴基斯坦等国的主要口岸，应主动建设集多式联运、集散分拨功能和集货、清关、仓储、销售、配送等功能于一体的海外仓。依托海外仓在出口国重要城市商业繁华地段开设中国精品商品馆，展示销售包括青海特色产品在内的出口商品。

（七）丰富海关服务功能，提升助推外向型经济发展的能力

海关作为进出口把关部门，直接影响外向型经济的发展效率和企业外向发展的积极性，只有提升通关便捷性、降低通关手续繁杂程度和通关费用，才能最大限度地减少外向型经济发展阻力，助推外向型经济蓬勃发展。

一是推动政策研究，规划先行。政策研究不仅要跟紧国家对海关工作提出的新要求、新方向，更要加强对先行省区出台政策的研究学习和借鉴，通过先进经验与青海实际相结合的方式，探索出适合青海外向型经济发展、陆港建设的政策体系，为青海更好地融入“一带一路”建设打好基础，营造良好的政策环境。

二是充分考虑企业发展利益，持续促进口岸提效降费。使用新技术、新手段参与海关工作，在时间与费用上压缩空间，推行“查检合一”，确保企业合规性通关面临的“时”“事”压力持续减小。创新面向企业的优惠政策，在优惠政策推广过程中积极学习、快速反应、及早见效，确保不因惠企政策的滞后影响企业的外贸发展与青海外向经济的发展环境。复制推广“先出区、后报关”“多报合一”等国内自贸区改革试点经验，支持跨境电商、外贸综合服务体等新业态的快速发展。

三是支持完善口岸功能。在加强国门安全保障的基础上，支持以货运、人员包机促航空口岸临时开放，并积极争取将格尔木机场升级为国际机场，

设立航空口岸；支持格尔木强化铁路枢纽口岸功能，支持格尔木深度融入西部国际陆海新通道和中欧国际货运班列扩大运营。强化统计服务支持，提高进出口相关数据的统计分析水平，促进数据的开发利用，定期形成参考价值大的进出口数据分析报告，更好地服务全省外向型经济发展。

参考文献

哈英萍：《“一带一路”背景下青海海东物流发展探究》，《现代工业经济和信息化》2021 年第 8 期。

韩素娟：《“一带一路”背景下青海省产业结构转型升级研究》，《青海民族研究》2021 年第 1 期。

《青海省国民经济和社会发展第十四个五年规划和二〇三五年远景目标纲要》，《青海日报》2021 年 2 月 10 日，第 1 版。

孙发平：《双循环视角下青海高质量推进“一带一路”建设的思考》，《攀登》（哲学社会科学版）2021 年第 1 期。

徐思等：《“一带一路”倡议与中国企业融资约束》，《中国工业经济》2019 年第 7 期。

杨如春：《经济交往视野下青海丝绸之路经济带发展研究》，《特区经济》2021 年第 5 期。

B.4
2021～2022年黄河上游青海段文化旅游发展调查报告

解占录*

摘　要： 本报告总结了2021年以来黄河上游青海段文化旅游发展的主要做法及取得的成就，归纳了现阶段文化旅游发展中存在的问题，分析了2022年黄河上游青海段文化旅游发展面临的机遇和挑战，认为青海应该从做好文化旅游规划工作，为文化旅游发展做好政策指引；推动文旅与相关产业深度融合，丰富文旅产品供给；加强博物馆体系建设，打造新的文化旅游吸引物；促进科技助力，打造智慧文化旅游；加强交流合作，拓宽文化旅游发展新领域；继续增强文化旅游的普惠性质，助力乡村振兴；争取特许经营项目，推动文化旅游与生态保护有机结合；加强综合整治，建设和谐安全的文化旅游环境等方面入手，高质量推动黄河上游青海段文化旅游发展。

关键词： 文化旅游　黄河上游　青海段

2020年1月，习近平总书记在中央财经委员会第六次会议上强调，“要实施黄河文化遗产系统保护工程，打造具有国际影响力的黄河文化旅游带，开展黄河文化宣传，大力弘扬黄河文化”。青海以此为契机，以建设文化旅游名省为目标，坚持“宜融则融、能融尽融，以文塑旅、以旅彰文”的新

* 解占录，青海省社会科学院文史研究所副研究员，研究方向为青海历史与文化。

发展理念，把发展黄河上游青海段文化旅游作为全省国民经济新的增长点和推动经济社会协调发展、丰富人民群众精神文化生活、加快供给侧结构性改革的重要抓手，构建起特色鲜明、比较优势明显的特色文化旅游体系，推动了黄河上游青海段文化旅游的高质量发展。

黄河发源于青海玉树曲麻莱县，流经青海省称多、玛多、达日、甘德、班玛、久治、玛沁、河南、泽库、同仁、尖扎、同德、兴海、贵南、共和、贵德、天峻、祁连、刚察、门源、海晏，西宁市四区及大通、湟中、湟源、平安、循化、化隆、乐都、民和等34个县（市），青海黄河流域的国土总面积为27.77万平方公里。本报告主要对2021年以来，黄河上游青海段，即青海黄河流域的文化旅游发展现状进行了深入调研，总结了主要做法及取得的成就，分析归纳了存在的问题，提出了解决的对策和措施。

一　黄河上游青海段文化旅游取得的成就

2021年以来，青海认真贯彻省委、省政府关于文化旅游发展的各项工作部署，奋力推进“一优两高”，统筹“五个示范省”建设，强化“四种经济形态”引领，推动文化旅游高质量发展。面对新冠肺炎疫情带来的不利影响，一方面，紧紧围绕疫情防控要求，紧急按下“暂停键”，坚决防止疫情通过文旅途径传播扩散；另一方面，科学研判、深入分析疫情带来的冲击和影响，精心策划线上活动，积极应对疫情挑战，黄河上游青海段文化旅游取得了较大的发展。

（一）注重顶层设计，强化了对文化旅游发展的政策引领

黄河上游青海段抓住新时代西部大开发，黄河流域生态保护和高质量发展，长城、长征、黄河国家文化公园建设的契机，逐步建立完备的文化旅游政策、制度体系。2021年，青海高质量推动了《青海文化和旅游业发展“十四五”规划》《青海黄河文化保护传承弘扬规划》《长城国家文化公园（青海段）建设保护规划》的编制工作，为今后黄河流域青海段文化旅游的

高质量发展指方向、定调子、设标准。黄河上游青海段紧跟省委、省政府的步伐，积极参加全省文化和旅游工作会议、全省乡村旅游工作现场会等，并按照会议要求，研究“十四五”时期各地文化旅游发展规律，编制“十四五”时期文化、广电、旅游发展规划，安排部署各地文化与旅游的发展目标任务。根据出台的《乡村文化旅游建设指南》地方标准，参与当地乡村、牧区文化旅游建设，推动了青海黄河流域乡村文化旅游提档升级。

（二）推动融合发展，文化旅游提质增效明显

黄河上游青海段积极推进文化旅游与金融、科技、交通、餐饮等的融合发展，培育文化旅游新产品、新业态，文化旅游提质增效明显。2021 年，青海与文化和旅游部、国家开发银行签订支持深度贫困地区文化建设工作的实施方案、支持青海省文化产业发展的合作备忘录等，先后与 11 家省内金融机构、20 多家国内优秀企业和院校签订战略合作框架协议，加速了文化旅游升级和融合发展。黄河上游青海段积极参与，充分享受了文化旅游提档升级带来的红利。参与数字文旅建设，以“旅游大数据分析、产业运行监测、行业管理、景区客流统计”为主要内容的数字文旅大数据平台投运及二期建设项目通过验收，实现了黄河上游青海段全域旅游大数据互通共享，充分发挥了科技对文旅发展的放大、叠加、倍增作用。推动文化旅游交通线路建设，航空、铁路、公路三大交通网络日趋完备。航空方面，西宁机场、祁连机场、玛沁机场并立，并规划建设黄南机场；铁路方面，兰青铁路、兰新高速铁路、青藏铁路的部分路段经过青海黄河流域的东部地区；公路方面，青海黄河流域内全部实现高速公路通车，并形成了以西宁为核心、以各个市州县驻地为支撑、以重要景区景点为辅助的三级旅游集散体系。培育文化旅游企业、文化产业示范基地，创建 A 级景区，扩大了黄河上游青海段文化旅游主体队伍。据青海省文化和旅游厅官网相关统计数据，截至 2021 年 9 月，青海黄河流域有文旅企业 6000 多家；国家级文化旅游产业示范基地 10 家，省级文化旅游产业示范基地 60 多家；国家级 5A 级旅游景区 4 家，4A 级旅游景区 25 家，3A 级旅游景区 71 家，2A 级旅游景区 15 家；国家级

红色旅游经典景区3家，省级红色旅游经典景区4家；星级饭店300余家，旅行社500家；成功创建国家全域旅游示范区1家，省级全域旅游示范区8家；梳理100余条精品旅游线路，有不少景点、线路成为热门“打卡地”，一批赏美景、尝美食、享民俗、品文化的乡村旅游、红色旅游产品备受青睐。2021年6月，文化和旅游部发布中华文明探源之旅、黄河生态文化之旅、红色基因传承之旅、黄河乡村振兴之旅等10条黄河主题国家级旅游线路，黄河流域青海段有7条线路入选。从文化创意入手，积极鼓励支持文化旅游企业、文化能人、文旅从业者研发一系列具有地方特色、文化内涵丰富的文创产品、手工艺品、土特产品等，其逐渐成为文化旅游体验、文化旅游提档升级的重要抓手，为青海黄河流域文化旅游高质量发展提供助力。在2021中国特色旅游商品大赛和第八届四川国际旅游交易博览会上，“尕牛儿”GPS定位救援智能拐杖、“吉友”颜欢醋获大赛金奖，“贤哲”河湟陶韵茶具系列、“尕牛儿”趣味方言饼干餐具、“如意宝藏”如意宝古法香体膏、“祥玉斋”莲花八宝玉碗获大赛银奖，“金盘绣”盘绣腰带、“梅龙掌”青稞杂粮糊糊、“尕牛儿”狂野西部之项圈牵引绳套装等获大赛铜奖。11月，青海省文化和旅游产品创意设计协会成立，青海黄河流域文化旅游产品创意设计迈入规范发展新阶段。

（三）加强公共文化建设，文化旅游服务基础有效夯实

黄河上游青海段加强公共文化服务体系建设，服务文化旅游发展。西宁市博物馆、图书馆、文化馆和美术馆正式面向社会公众开放试运行。截至2021年9月底，青海黄河流域有文化馆（群艺馆）40余个，公共图书馆40余个，乡镇文化站300余个，村级综合性文化服务中心近4000个，实现全覆盖。文化惠民卡、文化进村入户等多项惠民工程深入实施。组织开展“戏曲进乡村”、大美青海文艺轻骑兵下基层演出、歌咏比赛等群众文化活动1700余场次，服务群众1100万人次。各级博物馆线上线下参观人数1614.6万人次。2021年10月，青海图书馆联盟成立，标志着黄河上游青海段图书馆行业迈入文旅融合高质量发展新阶段。艺术剧目的创作和演出也有

了较大的提高。反映河源地区生态保护情况的大型生态舞剧《大河之源》，参加“庆祝中国共产党成立100周年全国优秀舞台艺术作品展演”，在56个驻外机构和哥伦比亚国家电视台进行展播，海外浏览量达692.6万人次。首部平弦花儿剧《绣河湟》在中秋、国庆期间举办3场惠民演出，上座率达90%以上，线上直播观众达百万人次。组织开展“河湟艺韵”百年百场展演展播活动、“庆祝中国共产党成立100周年全省国有文艺院团汇演巡演”活动和“我为群众办实事”惠民演出活动，《七个月零四天》《生如夏花》《尕布龙》等“建党百年”全国优秀舞台艺术作品在省内外展演，惠及观众达百万人次。秦腔现代戏《湟水河畔》在西安人民剧院上演，荣获“优秀剧目奖”，并入选“2021年中国秦腔优秀剧目”。为切实保护好、传承好、弘扬好黄河文化，推动黄河文化中蕴含的中华优秀文化创造性转化、创新性发展，赓续中华民族创新创造、自强不息、团结奋斗的精神，青海省在互助土族自治县举办“2021首届黄河民歌集”系列活动。公共文化服务水平不断提升，“文化+旅游”的基础不断夯实，成为青海黄河流域文化旅游发展的重要支撑。

（四）切实融入乡村振兴战略，文化旅游的社会效益有效凸显

文化旅游已成为黄河上游青海段产业扶贫、促进乡村振兴的新支撑，吸纳就业的蓄水池，服务业发展的新龙头，成为当地群众致富的主要路径之一。黄河上游青海段充分利用乡村、牧区独特的人文景观、自然风光、宗教艺术和民俗文化资源优势，将特色旅游与乡村振兴、美丽乡村建设、休闲农牧业、民族文化传承与弘扬、传统医疗康养等内容有机融合，打造了一批特色鲜明、内容丰富的高原乡村旅游示范点。2021年，青海下达乡村旅游及旅游扶贫专项资金2000万元，在黄河上游青海段新培育3个全国乡村旅游重点乡（镇），5个全国乡村旅游重点村。积极推动乡村民宿多元化融合发展，涌现了互助纳顿庄园、湟源兔尔干24个庄廓、大通8大院、海晏文伽牧场星空房、尖扎能科景区帐篷营地等一批有特色、设施好、服务优的精品乡村民宿。据青海省文化和旅游厅官网相关统计数据，

截至2021年9月，青海省黄河流域有星级乡村旅游接待点542家，国家级乡村旅游重点村28个，省级乡村旅游重点村135个；推出6条乡村旅游精品线路，拉动旅游人气，促进乡村消费。黄河上游青海段还积极创建民族手工艺品加工生产扶贫基地、非遗扶贫就业工坊等，目前，青海黄河流域共有150多家民族手工艺品加工生产扶贫基地，33家非遗扶贫就业工坊，省级“青绣”培育企业60家，直接带动约10万人就业，间接带动从业人员30万人，工坊从业人员人均月收入达2360元，传统手工技艺已成为青海黄河流域各族群众有效增收的重要途径，切实增强了乡村振兴战略实施的内生动力。

（五）组织节庆活动，充实了文化旅游的形式和内涵

为了进一步弘扬传统民俗民间文化，营造喜庆祥和的节日氛围，满足群众对节日文化的需求，黄河上游青海段组织了不同类型、不同规模的节庆活动，并将此作为丰富文化旅游形式和内涵的抓手，推动节庆活动与旅游深度融合发展，拉动文化旅游消费，培育经济增长新引擎。2021年2月，互助土族自治县组织了2021年元宵节狮王争霸赛。5月，青海举办了2021青海文化旅游节，以绿色、生态、人文、体验的新文旅场景，黄河上游青海段各市州县积极参与，提高了黄河上游青海段文化旅游软实力和生态旅游品牌影响力。7月，举办了青海丝路花儿艺术节暨河湟文化艺术节之第四届青稞酒文化旅游节、2021青海·湟源排灯文化旅游暨河湟美食嘉年华活动。前者展示了河湟文化和青稞酒文化的独特魅力，为省外广大游客及全省各族人民献上了一场丰盛的文化大餐；后者展现了国家级非物质文化遗产——湟源排灯的无穷魅力。此外，青海还组织包括黄河上游青海段各市州县在内的全省力量，积极筹办2021“天佑德杯”第二十届环青海湖国际公路自行车赛、中国·青海（循化）国际抢渡黄河极限挑战赛等。体育赛事成为丰富人民精神文化生活、促进民族团结进步、推动经济社会发展、展示大美青海形象的重要载体，有力地推动了青海黄河流域文化旅游的发展。

（六）推动红色旅游发展，丰富了文化旅游的新业态

黄河上游青海段在弘扬红色文化、推动文化旅游发展方面做了很多工作，持续突出了红色旅游的政治效益、社会效益和经济效益，丰富了文化旅游的新业态。组织文旅部门深入调查当地红色旅游资源状况，全面摸清红色旅游资源家底，建立红色旅游资源目录。以“奋斗百年路，启航新征程”为主题，举办了全省红色旅游主题展，宣传了黄河上游青海段独特的红色旅游。发挥红色旅游经典景区、国家级爱国主义教育基地的作用，组织优秀讲解员开展宣讲，让红色文化活起来、动起来，真正进入群众中间，提高了红色文化在群众中的影响力。评定湟源县小高陵村、互助土族自治县班彦村、海晏县时代楷模纪念馆等景区为省级红色旅游经典景区。“雪域高原·红色青海”“神秘原子城·大国铸剑人”“体验脱贫成就、助力乡村振兴”等精品线路上榜“建党百年红色旅游百条精品线路”。此外，黄河上游青海段还推出环大美青海红色旅游体验、探访红军沟红色体验、走进循化红光村红色体验、三江源溯源红色体验、探秘原子城红色体验、梦幻海北红色深度体验、青海新农村建设体验、海东乡村生态体验、环夏都乡村生态体验等10条红色旅游线路，使红色旅游与生态文化、民俗风情、研学教育、乡村休闲等有机结合，开展了一批主题突出、特色鲜明、内容丰富、形式多样的文化旅游活动。

（七）加强文物和非遗的保护传承，提升了文化旅游的魅力

2021年，青海印发了《关于建立文物保护行政执法与公益诉讼检察协作配合机制的意见》，持续深化文物保护行政执法与公益诉讼检察协作配合，共同强化文物行政执法协同机制，该文件在黄河上游青海段得到较好的落实。喇家遗址入选“百年百大考古发现”。3月，由青海省文物局主办，青海省博物馆和黄河上游青海段多家文博单位共同成立了青海博物馆联盟，整合协调和促进不同属性、不同类型博物馆的发展，有效盘活了黄河流域青海段的文物资源，实现了青海黄河流域文化旅游在更广泛领域

的交流合作。印发《2021年青海省非遗保护工作要点》，制定《青海省非物质文化遗产条例》，进一步推动黄河流域青海段非遗保护创造性转化、创新性发展。2021年，年保玉则传说、阿柔逗曲、贵南藏族刺绣、青海藏族黑牛毛帐篷制作技艺、尖扎达顿宴、化隆唐卡、尤阙疗法、青海青稞酒传统酿造技艺、贵德六月庙会等项目入选第五批国家级非物质文化遗产代表性项目名录。推出了互助土族自治县彩虹部落土族园景区非遗与旅游融合等多个优秀实践案例，采用“非遗进景区”“非遗进乡村旅游点”“非遗进商业街区”等多种融合方式，通过展示、展演、展销和互动体验，探索创新非遗传承传播新形式、新做法，有效扩大了非遗的影响面和辐射面，提升了文化旅游产品的内涵和魅力。

（八）加强宣传推介，提高了文化旅游的知名度

2021年，黄河流域青海段主要采用两种方式对文化旅游进行了推介宣传。一是充分融入、积极参与青海文化旅游节等重大活动，采用密集、“轰炸”的方式宣传推介文化旅游。2021年青海文化旅游节召开前，组织“媒说青海——百名媒体人看青海”活动，邀请97家省内外主流媒体、新媒体对文化旅游节系列活动进行了多视角、全方位、立体式、高密度的报道，黄河流域青海段各基层文旅部门和新闻单位积极配合，形成了全社会广泛关注、共同参与的良好氛围。这次宣传推介取得较好宣传效果：今日头条、抖音等平台开屏广告曝光量达400万，网络短视频达人视频总播放量超1500万次，总点赞量达35万次，抖音平台“大美青海”话题播放量数据增加2000万次；“百名导游讲青海”应用观看量达1万人；官方抖音、快手号短视频总播放量达140万次，形成宣传热潮。各大主流媒体、网络媒体、App新闻、微信、微博、论坛、视频网站等新闻渠道，共监测到相关2021青海文化旅游节新闻传播4196条。移动、联通、电信三大通信运营商通过新华网、凤凰网等各大媒体开展网络直播活动，使青海文化旅游节直播点击量达254.67万次，成为本次文旅节宣传推介的一大亮点。在机场、火车站LED旋转电子屏、重点住宅小区门禁道闸系统、重点住宅小区楼宇电梯间电视、

市区阅报栏、出租车顶灯、西宁公交车体西宁公交站候车亭、公交车语音播报系统等统一部署2021青海文化旅游节活动广告；青海电视台、青海交通音乐广播、西宁交通音乐广播等媒体线上播放2021青海文化旅游节视频、音频宣传广告。青海“数字文旅”大数据平台显示，2021年青海文化旅游节前后（5月7~24日），关键词“大美青海”网络搜索度环比增长32%；入青自驾车达20.3万辆，较2020年增长86.73%。二是采用常规方式，黄河上游青海段参与“大美青海　生态旅游邀你来”系列活动，与国外省外交流合作，组织文化旅游企业参加文博会、投洽会、青洽会、旅游专列（包机）等活动进行现场推介，同时利用融媒优势，充分利用移动、联通、电信及微信、抖音、网络等平台，发布旅游宣传视频，加强宣传，产生了积极的效果，赢得了各界的广泛关注。

（九）注重人才培养，推动了文化旅游高质量发展

人才是文化旅游发展的关键与核心。2021年，青海持续通过“三区”人才计划、“西部之光”访问学者、传统文化进校园、非遗项目专项培训及导游、乡村旅游从业人员培训、开设青海文旅讲堂、在省内外大专院校开设文化专业课程等方式，广泛培训培育各行、各业、各类文化旅游人才，不断壮大文旅人才队伍。黄河上游青海段主动作为，积极参加，通过各类比赛和培训，提高了文化旅游从业人员的专业素养和实际操作能力，为文化旅游的发展提供了智力支持和人才保障。2021年举办了以“青海故事我来讲，大美青海我代言”为主题的青海省第十届导游大赛，涵盖了导游理论基础、法律法规、景区讲解、导游实操等全方面的导游专业知识，同时设置情景模拟、应急处置比赛环节，对导游在实际带团过程中遇到的生态环保、安全经营、食品卫生、应急救援、文明旅游等各方面的知识进行了考核，由专业评委进行评分与指导，提升了导游人员的从业自豪感和自信心，提高了导游从业的专业化、规范化水平，完成了以赛代训的目标。2021年，青海举办文化旅游行业信用体系建设和全国旅游监管服务平台安全管理及操作使用培训班、人事业务能力提升培训班、社会艺术水平考级管理工作培训班、星评员

暨旅游住宿业相关标准宣贯培训班及青海文旅大讲堂各 1 期，1 人入选“西部之光”访问学者。

（十）加强市场监管，营造了和谐的文化旅游环境

黄河上游青海段文化旅游紧紧围绕文化旅游市场秩序监管、文化旅游市场安全生产、新冠肺炎疫情防控、旅游厕所建设等重要内容，针对宾馆饭店、景区景点、歌舞娱乐、公共文化服务等重点场所，通过开会布置、联合执法、督导检查、投诉处置等方式，保证了文化旅游市场安全、正常运行，营造了健康和谐的文化旅游环境，推动了文化旅游较好发展。为抓好文化旅游市场秩序整治工作，各级文化市场与行政执法局、市场监督管理部门、民族宗教委员会等单位，针对“未经许可经营旅行社业务”“不合理低价游”“欺骗诱导购物”等突出问题，对玉器店、土特产店、藏药店等旅游购物经营场所及部分省内外旅行团开展了联合执法检查。对导游、土特产店、玉器店侵害消费者合法权益的违法行为进行了严肃处理和线索移交，在主要购物场所门口张贴了消费警示，公布了维权投诉电话，明确了购物场所诚信经营、明码标价等相关要求，对跨部门联合查处整治文化旅游市场各类乱象起到了示范警醒作用。按照文旅场所防控指南要求，在清明、五一、国庆等假期，针对 A 级旅游景区、文化娱乐市场、星级旅游饭店场所等落实落细落严“预约、错峰、限流”，以及实扫码、戴口罩、测体温等疫情防控措施。对景区景点的旅游厕所管理及运维情况进行了督查，详细检查了旅游厕所设施设备维护、环境卫生清扫、管护人员落实等情况，确保每年 5 月中旬至 10 月中旬厕所正常开放使用。2021 年下达旅游厕所建设补助资金 2000 多万元，安排新建改建一批旅游厕所。

二　黄河上游青海段文化旅游发展存在的问题

通过努力，青海黄河流域的文化旅游发展取得了较好的成绩，但综合全流域文化旅游的发展情况来看，还有一些不足和短板。

（一）文化旅游发展不充分不明显

青海黄河流域整体对文化旅游资源的挖掘、利用不够，文化旅游产品同质化、低端化问题依然存在，文化旅游业态不丰富，文化旅游总体发展水平处于初级阶段，文化旅游收入占全省经济收入的比重仍然偏低。一是对文化旅游资源的开发利用程度较低。青海黄河流域文化旅游总量规模偏小，文化旅游规模在全国不具比较优势，缺乏国内细分、国际上叫得响的核心吸引产品，同质化、低端化问题突出。比如在乡村文化旅游开发中，千紫缘、上山庄、卡阳等都是花海、青海农村传统餐饮服务，没有形成“一村一品”，没有自己的特色。生态旅游目的地体系构建相对滞后，发展战略和发展路径不清晰，不同地区存在各自为战的情况。创新驱动能力、国际市场竞争能力与国内文化旅游发达地区相比存在差距，消费带动作用不够明显。二是文化旅游企业类型单一。如文化旅游企业主要集中于工艺美术等传统行业，青海黄河流域10家国家级文化产业示范基地中有6家从事民族民间工艺品生产销售，103家省级文化旅游产业示范基地（单位）中有近2/3的基地（单位）从事民族民间工艺品的生产销售。演艺娱乐、动漫游戏、创意设计等新型行业企业发育迟缓，产业化程度低。三是市场主体培育不足，补短板任务较重。文旅企业实力偏弱，依托现有资源，策划、设计、申报项目的能力普遍不足，发展缺乏长远规划，争取财政资金投入和社会资本融入的能力较弱。青海黄河流域文化旅游企业绝大多数是从业人员二三十人或营业收入不足500万元的微小企业，甚至有相当部分属于个体工商户、个人工作室，在资金、技术、管理、营销等诸多方面实力差、品牌影响力小、市场竞争力弱。文艺院团演出场所数量不足。四是文化旅游收入在一定程度上仍依靠门票收入，体验式、沉浸式旅游不多。

（二）文化旅游发展的地域不平衡性比较突出

由于青海东、西部地区经济发展水平、地理区位优势、交通等配套设施建设、人口分布、政府开发的力度等都不一致，青海东、西部地区文化旅游发展的差异较大，文化旅游的地域发展不平衡性突出，影响了青海黄河流域文化旅游的整体性发展。一般来说，在文化旅游的景区景点建设、文旅配套设施、宣传推介、智慧旅游发展、星级宾馆建设、旅行社、文化旅游接待人数、文化旅游收入等各个方面，地处青海东部的西宁市、海东市表现较好，海北州、海南州、黄南州次之，地处青南地区的果洛州及玉树称多、曲麻莱发展最慢（见表1、表2和表3）。

表1　2021年9月青海黄河流域部分地区2A级以上旅游景点数量

单位：个

地区	5A级景区	4A级景区	3A级景区	2A级景区
西宁市	1	11	25	0
海东市	1	4	13	11
海北州	1	4	4	0
海南州	0	6	6	2
黄南州	0	1	8	2
果洛州	0	0	14	1

资料来源：青海省文化和旅游厅网站。

表2　2021年9月青海黄河流域部分地区旅行社数目

单位：个

地区	西宁市	海东市	海北州	海南州	黄南州	果洛州
旅行社	467	21	7	2	2	3

资料来源：青海省文化和旅游厅网站。

表3　2021年1~9月青海黄河流域部分地区旅游接待人数和旅游收入

地区	游客		旅游	
	总人数（万人次）	同比增长（%）	总收入（亿元）	同比增长（%）
西宁市	2112.92	20.18	231.00	32.20
海东市	1557.97	20.49	59.07	18.47
海北州	380.99	0.9	17.84	0.90
海南州	765.97	15.00	28.46	17.40
黄南州	670.29	14.18	23.24	13.41
果洛州	50.96	—	3.75	20.00

资料来源：青海省文化和旅游厅。

（三）文化旅游交流合作尚需深入

2021 年，由于受到国际关系变化、新冠肺炎疫情等的影响，青海黄河流域文化旅游融入“一带一路”发展战略的速度放缓、力度变小、深度趋浅，影响了文化旅游的快速发展。这一年，青海仅在春节期间面向韩国、我国台湾地区等举办了“欢乐春节”的线上推介项目。9 月，先在西宁举办了以“共享发展机遇　共创美好未来”为主题的青海和台湾“两岸企业家共谋高质量发展论坛”，后又与美国犹他州可持续发展委员会主席、现任犹他—青海产业技术创新联盟执行主席的胡向前博士进行了文化旅游合作发展的交流座谈。目前，关于文化旅游的交流合作，在理论和实践上都未有实质性的突破和进展，对青海黄河流域文化旅游发展的影响小、推动小，远远不符合经济文化发展的要求，文化旅游交流合作还有很大的发展空间。

（四）生态保护对文化旅游发展的不利影响需要消除

生态保护与经济开发之间的冲突在一定程度上影响了文化旅游的发展，在果洛地区表现明显。以久治县为例，自年伯玉则景区开发以来，全县各族群众经商热情高涨，社会投资力度不断增大，城镇面貌显著改善，久治县经济呈现高速增长的态势。2017 年，全县旅游综合收入为 1.14 亿元，财政收入为 3600 万元，门票收入为 956.5 万元。2018 年年伯玉则景区被关停后，全县旅游综合收入不足 3000 万元，财政收入仅为 1800 万元，门票收入为零，文化旅游的发展受到很大的影响。因景区关停，全县 1/3 的宾馆、饭馆关张，一些群众因此背上了沉重的债务，直接影响民生。2021 年，三江源国家公园正式成立，处于核心区内的阿尼玛卿景区、年伯玉则景区等著名的景点景区的开发亟须另辟蹊径。

（五）新冠肺炎疫情对文化旅游发展的影响较大

2020 年，在新冠肺炎疫情的影响下，景区、文化场馆、文化娱乐经营场所、酒店、旅游团队等的业务发展都受到很大的阻碍，黄河上游青海段文化旅游受到的冲击较大，发展缓慢。2021 年以来，文化旅游部门通过召开专题会和座谈会、实地调研、问卷调查等形式，科学研判、深入分析疫情带来的冲击和影响，针对线下工作受到严重冲击的实际，精心策划抓好文艺创作、网上读书、网上观景、网上观展、网络宣传、网络培训、网络营销等线上活动，文化旅游复工复产表现良好，但仍达不到疫情前的水平。2021 年国庆期间，青海全省累计接待国内外游客 283.8 万人次，按可比口径同比恢复至疫情前同期的 93%，实现旅游总收入 26.7 亿元，仅恢复至疫情前同期的 83.7%。

（六）文化旅游的普惠性作用尚需增强

文化旅游的类型多样、层次丰富，对就业的带动作用明显，适合全社会广泛参与创业。文化旅游既有大量低门槛的就业，适合农牧民、妇女、农民工、毕业生、低收入人群就业，又有大量创业机会，适合不同类型的高层次人才创业，也适合大学生和返乡农民创业，具有很强的普惠性特点。但由于青海文化发展不充分，发展水平不高，投资不够，综合性旅游度假区、国际品牌酒店、大型主题公园、旅游产业聚居区不多，现有的景区景点开发水平低，经济效益差，带动能力弱，群众参与度低；旅游业与相关产业的融合不够深入，靠近西宁市、海东市的部分旅游景区景点仍然属于“门票经济”，游客看完就走，对服务要素拉动小，群众享受的实惠少；加上 2018 年以来，青海多个地区按照中央环保督察的工作要求，关停了景区景点及内部的旅游接待点、宾馆、饭馆，影响了一大批群众的收入。此外，近年来兴起的自驾游，不通过旅行社组织的线路，很多人自带吃食、帐篷旅游，在青海的消费水平低。黄河上游青海段的文化旅游还不能充分地做到带领群众致富，普惠性特点不够突出。

（七）文化旅游市场秩序仍需规范

文化旅游市场秩序需要规范是长期存在的问题。一段时间内，当文旅管理部门、市场综合执法部门、市场监管部门等联合执法、督察的力度加大时，这类失范的现象就少一点。如果管理稍微松懈，这类现象就会卷土重来，甚至会表现得更加突出，严重影响了文化旅游的声誉，阻碍了文化旅游的高质量发展。2021 年在人民网文化旅游产业“领导留言板”青海版块中，旅游方面的留言量“居高不下”。仅 2021 年上半年，青海省级主要领导留言版块的旅游领域中，涉投诉或表达不满的留言占比就近 70%，主要有以下几种现象。一是服务不尽如人意，来了不愿意再来。这些留言认为青海部分景区服务亟待提升，从购票、验票到景区内维持秩序的工作人员，面对游客鲜有“好脸色”，服务不到位导致游客体验感极差。比如一些 A 级景区服务质量不高，对游客服务不到位，存在收费不合理的现象。二是特产价格虚高，“印象大打折扣”。旅游购物场所及部分景区、乡村旅游接待点购物场所涉嫌虚假宣传、欺骗诱导购物。梳理人民网“领导留言板”发现，网友关于藏银、藏药、玉器购物的留言，成为青海旅游投诉内容的焦点。三是基础设施缺位，“路难走厕难求”。部分旅游厕所环境卫生较差，部分旅游沿线厕所配备较少，个别厕所未开放。沿国道 213，从默勒镇到祁连，不到 100 公里，几乎都是没有修过的路，砂石遍布，异常颠簸。不仅如此，一些重要道路沿途厕所少，更是让游客内急时心更急。仙米国家森林公园鱼儿山景区没有厕所，游客只好到附近小道或树林自行解决。四是景区质量不高，“满意度需提升”。部分旅游饭店服务质量不高，工作制度不严谨、流程不规范，内部管理混乱；部分旅游景区及乡村旅游接待点同质化，游玩项目特色不突出。来自甘肃的导游李梅表示，青海省内各花海景点同质化严重，基本以花海、徒步栈道、彩虹滑梯为主，游客反馈，看了一家没必要再去第二家。此外，各类非法旅游“黑车”等包车，存在严重的安全隐患；一些景点不能按照规定实行新冠肺炎疫情防范措施等。

三 2022年黄河上游青海段文化旅游发展形势与预测

2021 年，受贸易保护主义和民粹主义抬头影响，世界经济恢复缓慢。新冠肺炎疫情影响了世界各国的联系，阻断了全球供应链和消费链，加剧了全球旅游经济下行趋势，只有中国经济保持了正增长的态势。2022 年，随着新冠肺炎疫苗接种的推进及治疗新冠肺炎药物的推出，我国文化旅游经济仍将领跑全球，在国内经济环境较好的大背景下，青海黄河流域文化旅游仍将保持稳中有进、较高质量水平发展的态势。

（一）2022年黄河上游青海段文化旅游形势分析

2022 年，新冠肺炎疫情仍面临新的变数，世界经济形势仍然复杂严峻。但在青海，疫情得到有效的控制，随着各项政策的持续推进，青海黄河流域文化旅游将面临挑战和机遇并存的局面。

1. 文化旅游发展的国际环境不容乐观

2021 年世界总体经济形势不佳。一方面，全球旅游经济因为逐渐增强的贸易单边保护主义和保守主义，缺乏增长驱动，国际文化旅游开放程度和交流合作受到一定程度的影响；另一方面，新冠肺炎疫情在全球持续扩散，各国为了应对疫情采取了限制旅游的措施，导致旅游发展受到很大的阻碍。尤其是美英法等大国及共建“一带一路”国家、中国周边地区疫情仍然有增无减、继续蔓延，文化旅游的发展环境不太乐观。

2. 文化旅游发展的国内条件将保持积极态势

2021 年，各地区认真贯彻党中央和国务院关于疫情防控、经济发展等的各项决策部署，生产生活有序推进，文化旅游稳步发展。文化和旅游部抽样调查结果显示，2021 年前三季度，国内旅游总人次为 26.89 亿，比 2020 年同期增长 39.1%，恢复到 2019 年同期的 58.5%。旅游收入（旅游总消费）为 2.37 万亿元，比上年同期增长 63.5%，恢复到 2019 年同期的 54.4%。2022 年我国黄河流域文化旅游发展有较好的条件。一是国际国内双循环的机遇。近年来，受多重因素的影响，我国进一步扩大出口的难度日趋增加，必须以满足国内需求作为发展的出发点和落脚点，依靠构建完善的内需体系、形成国内循环来稳定我国经济增长。我国拥有 4 亿中等收入群体，有闲暇旅游的能力，其消费对我国经济持续平稳增长形成了有力支撑。文化旅游早已发展为大众化的消费，成为人民群众日常生活的重要内容。随着双循环新发展格局的发展，文化旅游必将融入其中。二是黄河流域生态保护和高质量发展的机遇。2021 年 10 月，中共中央、国务院印发《黄河流域生态保护和高质量发展规划纲要》，提出打造具有国际影响力的黄河文化旅游带，推动文化和旅游融合发展，把文化旅游产业打造成为支柱产业。黄河流域各省因此加强了区域间资源整合和协作，力图建设一批展现黄河文化的标志性旅游目的地，推进黄河流域的全域旅游发展，从而促进黄河流域高质量发展。三是新冠肺炎疫情防控到位的机遇。由于我国各地从严落实了疫情的各项防控措施，国内各项经济恢复较快，经济保持正增长的积极态势。随着新冠肺炎疫苗接种的广泛推进及治疗药物的推出，我国的疫情将得到有效的控制，国内文化旅游的环境将得到明显改善。

3. 文化旅游发展的省内环境持续向好

2021 年，习近平总书记在参加十三届全国人大四次会议青海代表团审议和在青海考察时发表重要讲话，要求青海“加快建设世界级盐湖产业基地，打造国家清洁能源产业高地、国际生态旅游目的地、绿色有机农畜产品输出地”。为增强经济发展内生动力，贯彻落实党中央关于新时代西部大开发、“一带一路”高质量发展、黄河流域生态保护和高质量发展等区域重大战略，青海为打造“四地”做了积极准备。8 月，中共青海省委印发《关于加快把青藏高原打造成为全国乃至国际生态文明高地的行动方案》。11 月，青海省人民政府与文化和旅游部联合印发《青海打造国际生态旅游目的地行动方案》，提出了青海打造国际生态旅游目的地的总体要求、重要行动和保障措施，要求全省各市州县结合实际，采取多种方式，逐步高质量推进国际生态旅游目的地建设。有了行动方案、政策支持，青海文化旅游发展的环境会有极大的改善，2022 年黄河上游青海段文化旅游发展必将取得良好的成绩。

（二）黄河上流青海段文化旅游发展前景预测

展望 2022 年，青海黄河流域文化旅游发展水平将进一步提高，质量将进一步提升，对青海经济的拉动作用将更加明显。

1. 青海黄河流域文化旅游有望恢复到疫情前水平并保持稳定增长

2021 年青海黄河流域文化旅游景区景点及旅游线路的打造，交通、餐饮、住宿等配套设施的建设，文化旅游资源的保护，文化旅游品牌的推介，旅游接待及旅游收入，疫情防控和旅游市场秩序的规范等，都保持了总体平稳发展的态势。以海南州为例，前三季度旅游接待人数、旅游收入较 2020 年均有较大增长。2021 年 1 ~9 月，海南州接待旅游人数为 759. 97 万人次，同比增长 15%；旅游收入为 28. 47 亿元，同比增长 17. 4%。海北州、黄南州、海东市、西宁市乃至全省文化旅游接待人数、旅游收入基本符合此增长状况。2022 年，随着新冠肺炎疫苗接种工作的进一步深入，青海黄河流域的文化旅游环境必将得到明显改善，文化旅游随之会稳定的发展，并有一定幅度的上升。

2. 青海黄河流域文化旅游的发展对当地文化发展的促进作用有力提升

文化和旅游是联系密切但又有区别的行业，文旅融合发展是适应文化和旅游消费不断升级的客观需要，其融合是在两个行业各自发展的基础上进行的，文旅融合发展是文化和旅游两个产业的共同所需。从发展实践看，旅游业强调文旅融合较多，在旅游产品开发、营销及后续运营过程中，都在努力体现文化特色、文化内涵和人文精神，以此提升旅游的内在魅力和生命周期。旅游业的发展也会促进文化的发展，尤其会促进基层公共文化服务体系的科学、健康发展。

3. 青海黄河流域文化旅游对打造国际生态旅游目的地体系的作用进一步提升

根据《2021 年青海文旅国庆假期大数据报告》，国庆长假期间，在青海各市州中，西宁、海东接待游客量名列第一、第二，成为假日文化旅游复苏的主要地区。而 2022 年，随着国内文化旅游环境的趋好，青海将认真实施《黄河流域生态保护和高质量发展规划纲要》，编制并落实“打造国际生态旅游目的地行动方案”，突出地域特点，强化区域间的资源整合和协作，发挥黄河上游青海段自然风光原始多样、民族文化多彩鲜明的优势，努力建设国家生态旅游示范区，为最终打造国际生态旅游目的地发挥积极作用。

四　加快黄河上游青海段文化旅游发展的对策措施

文化旅游是拉动经济发展的综合性产业，也是人民群众追求美好生活的直接体现，更是促进乡村振兴的主力军。青海应该在以下几个方面发力，推动青海黄河流域文化旅游高质量发展。

（一）做好文化旅游规划工作，为文化旅游发展做好政策指引

持续做好“青海文化和旅游业发展‘十四五’规划”“青海黄河文化保护传承弘扬规划”“长城国家文化公园（青海段）建设保护规划”的编制工作，突出科学性、协同性、前瞻性、融合性和生态性的特点。这几个规划将为黄河上游青海段文化旅游发展、黄河文化保护传承、长城（青海段）建设保护等提供重要的保障和支撑。“青海文化和旅游业发展‘十四五’规划”要总结“十三五”期间文化旅游发展成果与问题，全面把握青海文旅未来的发展趋势，兼顾文旅融合、空间优化、科技创新、全域思维等战略方向。“青海黄河文化保护传承弘扬规划”要聚焦黄河上游青海段开展考古发掘、文物保护、非遗传承、文艺创作、黄河文化旅游带建设等内容。这两个规划应该相辅相成，互相衬托，为推动未来 5 年黄河上游青海段文化旅游的发展提供前瞻性的、可操作的发展目标与路径。此外，属于青海黄河流域的西宁市、海东市、海北州、海南州、黄南州及果洛州等行政区，也应该根据需要编制符合当地实际的文化旅游发展“十四五”规划，以便各地的文化旅游发展有目标、有措施、有协作、有保障，能够行稳致远。

（二）推动文旅与相关产业融合，丰富文旅产品供给

优化文化旅游空间发展布局，整合青海黄河流域内各种资源要素，促进城乡、农牧区区域协调发展。优化文化旅游投资环境，努力吸引各类社会投资，通过各种途径，扶持、培育规模较大、类型多样的文化旅游发展的市场主体，如景区景点开发的龙头企业、文化旅游商品创意的龙头企业、民俗宗

教文化传承弘扬的龙头企业等。积极服务游客，推动文化旅游与其他产业融合，催生新业态、延伸产业链、创造新价值。针对不同群体、不同层次的需求，优化旅游产品结构，丰富旅游产品供给，构建类型多样、高低搭配、特色鲜明、品质优良、适销对路的旅游产品供给体系，推出更多个性化的文化旅游产品和线路，开发体验性、沉浸式、互动特点明显的旅游项目。重点打造以A级景区、乡村旅游、牧区体验游、红色旅游、民俗节庆活动等为主要载体的旅游产品，满足个性化、特色化、多层次需求。推动文化与旅游的深度融合，让文化提升旅游产品的内涵和魅力，让旅游推动公共服务体系、旅游基础设施建设，促进文化公共服务与文化旅游发展双赢。把提高服务品质与改善文化体验结合起来，建设具有国际影响力的旅游景区、度假区和生态旅游目的地体系，创建文化和旅游融合发展的国家级示范区、文旅新区、文旅小镇、文旅产业园区、文旅综合体、文旅景区和精品文化旅游带。

（三）加强博物馆体系建设，打造新的文化旅游吸引物

继续加强博物馆体系建设，使其成为青海黄河流域文化旅游的吸引物、新名片。应根据地方历史文化特色，兴建不同类型、不同规模、不同性质的博物馆。可建设反映某个行业发展历史的博物馆，如农业区应建设反映青海黄河流域农业发展历史的博物馆，牧区应建设反映青海黄河流域畜牧业发展的博物馆，公路交通方面应建设反映青海古代道路和现代交通发展的博物馆等。在民族聚居区应建设反映不同民族或者不同地方特色的民俗文化博物馆，如海北应该建设反映阿柔部落、达玉部落、华热部落历史和民俗的博物馆。此外，还应该在相应的地区，建设反映不同考古文化、不同宗教文化、非遗等内容的博物馆和体验中心。要按照开放式建设的思路，让博物馆和体验中心有机地融入当地的历史文化开发、旅游体系建设和群众的生产生活。形成博物馆为景区景点建设的组成部分、群众的生产生活也是景区景点重要内容的有机组合体。发挥博物馆宣传、研究、展陈等作用，积极在各地开展各种名目、各种类型的博物馆展出，宣传推介青海黄河流域历史、文化内容，吸引更多的游客、访客，推动文物保护和文化旅游发展双赢。

（四）促进科技助力，打造智慧文化旅游

加快推进以数字化、网络化、智能化为特征的智慧旅游，推动黄河上游青海段文化旅游发展理念创新、业态创新、服务创新、模式创新、管理方式创新。加强青海黄河流域数字文旅大数据平台建设，提升重点旅游景区的数字化、智能化水平，集成大数据分析、旅游舆情、文旅资源统计、景区运营分析、景区实时监控、交通自驾游线路分析、省文物局数据分析、全省旅游指数统计分析、公众评价分析等功能，使其充分服务于文化旅游，有效推动黄河上游青海段文化旅游的发展。深化“互联网 + 旅游”，使互联网与文化旅游资源创新融合，发展虚拟文化旅游，助力产业升级，激发新消费需求，开发虚拟文化旅游产品，满足游客虚拟旅游产品需求。加强声光电等多媒体技术的发展，推动线上线下融合、演出演播并举，丰富文化旅游产品的展出、宣传、推介手段。支持旅游景区、度假区等开发建设智能化旅游服务系统，提高旅游信息基础设施建设、产品提升服务、企业治理等智慧化水平，推进预约、错峰、限量常态化，提高旅游目的地的管理效能。

（五）加强交流合作，拓展文化旅游发展新领域

继续用好用足青海文化旅游节、“一带一路”文化创新发展论坛、国家级文化生态保护实验区建设工作座谈会、藏羌彝文化产业走廊协同发展论坛、中国景区创新发展论坛等多个文化交流活动平台，加强与国外、省外地区之间的联系。坚持壮大国内文化旅游市场和扩大对外文化旅游贸易并举、高水平“走出去”和高质量“引进来”并重，加强文化旅游国际合作。继续用好用足“一带一路”、文化旅游周等国际交流合作平台，加大“请进来”“走出去”力度，开展与美国、英国、法国等发达国家及共建“一带一路”国家之间的文化旅游合作。努力打造如“丝路旅游带”“唐蕃古道旅游带”“河源旅游带”“黄河流域旅游带”及青海黄河流域市州县与周边地区的特殊文化旅游带等国内文化旅游合作交流平台，培育形成强大国内市场，积极服务国内大循环战略。

（六）继续增强文化旅游的普惠性质，助力乡村振兴

充分发挥文化旅游的经济带动作用，推进文化旅游的普惠性建设。创新资源形态，依靠大项目打造旅游吸引物，建设一批综合性旅游度假区、大型主题公园、旅游产业聚居区等，使游客慢下来、留下来、住下来，尽量延长游客逗留时间，有效促进食住行游购娱消费。努力开发黄河上游青海段传统服饰、饮食、音乐、舞蹈等非遗项目，结合养殖、种植等农牧业活动，开发农牧区休闲游，使文化旅游服务于乡村振兴。农牧区休闲游要尽量挖掘当地的历史文化内容，并将其融入文化旅游产品，突出在地化、个性化、差异化特征。努力促进大众文化旅游，充分发挥好旅行社的作用，组织好游客的旅游线路和时间，让游客的旅游活动充分融入整个旅游体系。规划好自驾游文化旅游线路，可在自驾游营地周围修建不同标准的消费设施，尽量消除自驾游自己消费带来的消极影响。

（七）争取特许经营项目，推动文化旅游与生态保护有机结合

三江源国家公园成立后，园区内坚持生态保护优先，禁止大规模开发，并关闭了一些旅游景区景点和项目。要合理利用以前建设的公共文化服务设施和旅游基础设施，在国家公园一般缓冲区内，努力争取游牧行、生态体验、研学旅游、科学考察、极限挑战等特许经营项目，让国家公园内的牧民在保持原有生产生活要素、不破坏生态环境的前提下，通过“游牧 + 旅游”“生态管护 + 旅游”“研学向导 + 旅游”等形式，增收致富。让特许经营项目与生态保护有机结合，彻底解决生态保护与文化旅游开发之间的矛盾冲突。

（八）加强综合整治，营造和谐安全的文化旅游环境

依法整治文化旅游市场，规范文化旅游市场秩序。加强与公安、工商等相关部门的联动，形成综合整治的有效机制、长效机制。坚持问题导向，重点打击“黑社”“黑导”“黑车”“黑网站”等非法现象，提升服务质量，

改善黄河上游青海段文化旅游供给品质。推进文化旅游市场信用体系建设，打造以信用监管为基础，以“双随机、一公开”监管为形式、以重点监管为补充的新型监管机制。鼓励黄河上游青海段各市州县结合实际，创新社会监督模式，如可设立社会监督员的岗位，对旅行社、导游、景区景点、饭店、交通、购物等旅游要素的各个环节和方面，进行明察暗访、实名举报。设立文化旅游产品品质榜单，开展文化旅游服务群众评判活动。建立健全文化旅游服务等级退出机制、文化旅游信用信息公示机制、文化旅游目的地警示机制。持续推进文化旅游厕所革命，按照海拔、地域等的不同，设计建设风格多样、服务不同的旅游厕所，并使之高效运作。继续加强旅游标识牌的建设。严格遵守防疫规定，维护文化旅游环境的健康、安全、有序。

参考文献

雷欣钰：《以青海“美”点亮国际生态旅游目的地建设》，《青海日报》2021年6月15日，第4版。

徐立江、武传鹏：《用好青海红色资源　讲好青海红色故事》，《青海日报》2021年8月31日，第8版。

张多钧：《青海，心中向往的诗与远方——青海打造国际生态旅游目的地》，《青海日报》2021年7月24日，第9版。

王宥力：《打造国际生态旅游目的地》，《青海日报》2021年6月30日，第21版。

B.5
“十四五”时期青海省中小企业高质量发展报告

“十四五”时期青海省中小企业高质量发展报告课题组*

摘　要：　改革开放以来，在国家以公有制经济为主体、多种经济成分共同发展的政策指引下，青海省不断优化中小企业发展环境，加大政策扶持力度，完善服务体系，助推中小企业异军突起，快速发展，在稳增长、促改革、调结构、惠民生、防风险方面发挥了重要作用。本报告以工业中小企业为研究对象，深入分析青海省中小企业发展现状及存在的问题，研判经济形势，在系统分析研究的基础上提出“十四五”时期全省中小企业发展的重点领域和战略措施，为政府及相关部门宏观决策、完善规划提供了必要的借鉴和参考。

关键词：　中小企业　重点领域　青海省

一　研究背景

中小企业是国民经济和社会发展的重要力量，在我国经济社会发展中具

* 课题组组长：洪涛，青海省工业和信息化厅党组书记、厅长，研究方向为工业经济、信息化和国资国企改革发展。课题组成员：陶兴德，青海省工业和信息化厅党组成员、副厅长，研究方向为中小企业与非公经济发展；曲平，青海省财政厅二级巡视员，研究方向为中小企业财政支持政策；宋积晟，青海省海西州人民政府副州长，研究方向为中小企业发展；田斌，青海省工业和信息化厅中小企业发展局副局长，研究方向为中小企业发展政策和法规规章；赵云凯，青海省中小企业技术创新服务中心副主任，研究方向为中小企业转型升级；王建明，青海省中小企业技术创新服务中心办公室主任，研究方向为中小企业服务体系；党海青，西宁市企业技术创新服务中心咨询工程师（投资），研究方向为中小企业发展领域。执笔人为陶兴德。

有大企业无法替代的特殊地位和重要作用。习近平总书记高度重视中小企业发展，在党的十九大报告中强调“必须坚持和完善我国社会主义基本经济制度和分配制度，毫不动摇巩固和发展公有制经济，毫不动摇鼓励、支持、引导非公有制经济发展”，在2018年民营企业座谈会上指出“在全面建成小康社会、进而全面建设社会主义现代化国家的新征程中，我国民营经济只能壮大、不能弱化，不仅不能‘离场’，而且要走向更加广阔的舞台”。习近平总书记一系列重要讲话，为中小企业发展指明了方向，提供了遵循。改革开放以来，青海省中小企业蓬勃发展，实现从少到多、由弱变强的转变，在稳定增长、促进创新、增加就业、改善民生等方面发挥了重要作用，成为推动经济社会发展的重要力量。

“十四五”时期是青海省开启全面建设社会主义现代化国家新征程、向第二个百年奋斗目标进军的第一个五年，是全省奋力推进“一优两高”战略、加快“四地”建设、打造“五个示范省”的重要时期，也是加快推动中小企业高质量发展的机遇期、攻坚期。聚焦高质量发展主题，围绕做好“六稳”工作、落实“六保”任务，深入研究青海省中小企业发展面临的问题，加强顶层设计，强化政策支持，优化发展环境，凝聚发展合力，对促进青海中小企业高质量发展，进而推动全省经济平稳健康发展具有十分重要的意义。

二　青海省中小企业发展现状

（一）中小企业规模不断壮大

1. 企业数量稳步增长

2018年青海省工业中小企业数量达5879户，占全部工业企业总数的99.58%，数量及比重较2013年分别增长1758户和0.18个百分点。从总量看，青海省工业中小企业数量增长较缓，年均增长7.36%，其主要原因是2008年国际金融危机、国内宏观经济下行、新旧动能转换等多种因素的叠加影响，中小企业投资意愿低迷，民间投资增长速度由2013年的27.8%下降到4.6%，民间投资推动中小企业增长的力量持续减弱。从企业规模看，小型工业企业增长较为明显，规模以上工业中小企业增长甚微，中型工业企业出现负增长（见表1），其主要原因是小型工业企业成长慢，中型和规模以上工业企业后备资源不足，中型工业企业持续发展能力较弱，在经济下行、去产能的背景下，部分中型工业企业倒闭或被兼并重组，升规数量与退出数量相互抵消，净增量不足。

表1　2013年、2018年青海省工业企业数量及增量

单位：户

统计指标	2013年	2018年	增量
工业企业	4146	5904	1758
大型企业	25	25	0
工业中小企业	4121	5879	1758
中型工业企业	99	74	-25
小型工业企业	4022	5805	1783
规模以上工业中小企业	496	537	41

资料来源：《青海省第三次全国经济普查公报》《青海省第四次全国经济普查公报》。

2. 工业总产值持续攀升

2019年青海省规模以上工业中小企业实现工业总产值1086.26亿元，占全省规模以上工业总产值的46.00%，较2011年增长18.98%。2011～2013年，规模以上工业中小企业产值平稳增长，2017年增速突然下跌，2018年开始上扬，形成"V"形增长曲线（见图1）。其主要原因：中美贸易摩擦加剧，通过国内市场波及青海中小企业生产运营，与此同时，在"去产能"政策背景下，"低效低能"中小企业退出市场，产值增速突然下降。2017年后，随着发达国家经济增长和国内外市场需求逐步回暖，在煤炭、钢铁等领域"去产能"取得阶段性成果和原材料行业需求回暖影响下，潜在生产力得到释放，新的增长点逐步形成，中小企业产值增速开始上升。

3. 资产规模不断扩大

截至2019年底，青海省规模以上工业中小企业资产总计3139.65亿元，

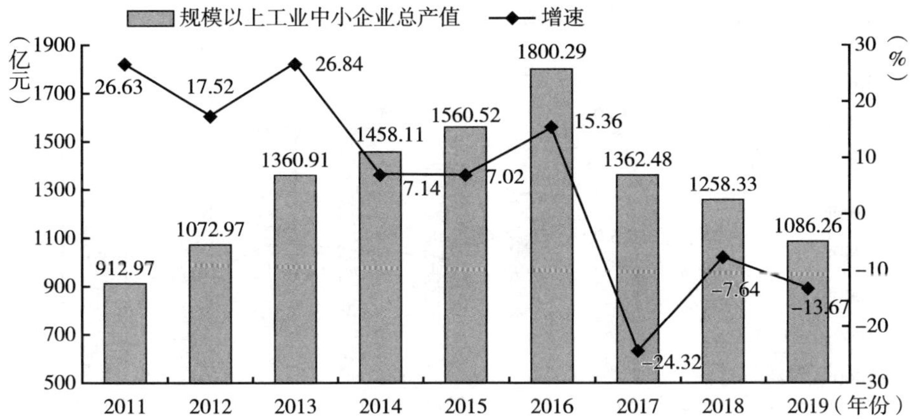

图1　2011～2019年青海省规上工业中小企业总产值及增速

资料来源：2012～2020年《青海统计年鉴》。

占全省规模以上工业资产的46.19%，较2011年增长81.37%。其中：中型企业资产总计939.42亿元，小型企业资产总计2200.23亿元，分别比2011年增长的11.98%和146.59%；规模以上工业中型、小型企业资产分别占全省规模以上工业资产的13.82%和32.37%。青海省规模以上工业中小企业资产增速2012年突降，2013年上涨后趋于平稳（见图2）。其主要原因：2012年我国经济进入新一轮调整期，一方面受经济不景气的影响，青海中小企业投资增长回落；另一方面由于加快淘汰落后产能，总资产增速突然下降。2013年开始，青海省推进经济结构调整效果初步显现，经济回稳，实体经济、中小企业、民营经济贷款增幅明显加大，规模以上工业中小企业投资形成的总资产开始增长，并趋于平稳。

（二）中小企业结构持续优化

1. 行业门类分类

截至2018年底，青海省工业中小企业分布在除烟草制品业以外的40个工业大类。在工业中小企业中，有采矿业490个，制造业4709个，电力、热力、燃气及水生产和供应业680个，分别占8.33%、80.10%和11.57%。

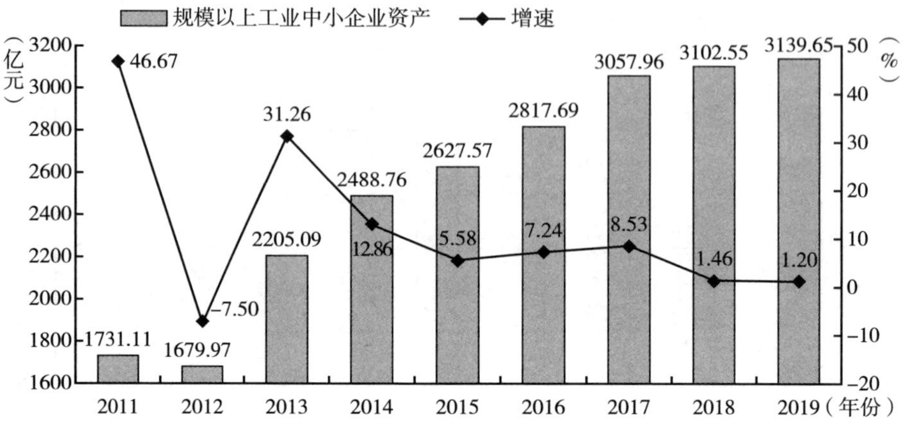

图2　2011～2019年青海省规上工业中小企业总资产及增速

资料来源：2012～2020年《青海统计年鉴》。

2018年，采矿业中小企业占比较2013年下降8.97个百分点，制造业中小企业占比较2013年增长7.81个百分点，电力、热力、燃气及水生产和供应业中小企业占比较2013年增长1.16个百分点。①

2. 登记注册类型分类

截至2018年底，全省工业中小企业数量按登记注册类型划分，内资企业占99.38%，其中，国有企业占0.71%、集体企业占0.71%、股份合作企业占0.20%、联营企业占0.05%、有限责任公司占20.50%、股份有限公司占2.18%、私营企业占74.16%、其他企业占0.87%。港、澳、台商投资企业占0.26%，外商投资企业占0.36%。

3. 地域分布情况

青海省工业中小企业地域分布差异较大，主要集中在产业基础较好、城市配套设施完善的西宁、海西、海东等青藏铁路沿线城市和重点园区，2019年规模以上工业中小企业为560户，其中西宁市229户，海西州162户，海东市88户，海南州、海北州、黄南州、果洛州81户，分别占全省的40.89%、28.93%、15.71%、14.47%。

① 资料来源：《青海省第三次全国经济普查主要数据公报》《青海省第四次全国经济普查公报》。

（三）生产经营情况不容乐观

1. 经营能力较弱

省内工业中小企业产品附加值较低、市场占有率较小，在用工、用地、环保等生产成本上升和市场需求减少的双向挤压下，导致总资产贡献率、成本费用利润率、销售利润率逐年下降，2019 年青海省中型工业企业总资产贡献率为 2.03%、成本费用利润率为 -1.66%、销售利润率为 -1.57%，均低于全国平均水平。

2. 运营水平较低

受自身管理不完善、应收账款回款慢、流动资金不足等综合因素影响，部分中小企业不能正常运转，2019 年规模以上中型、小型工业企业流动资产周转率分别为 0.93%、1.05%，较 2011 年分别下降 0.31 个和 0.27 个百分点。

3. 亏损面较大

“十三五”以来，省内中小企业受原料、劳动力、资金等成本逐年递增，能源价格持续上涨影响，利润下降，亏损面不断扩大，2019 年全省规模以上工业中型、小型企业亏损面分别为 60.47%、34.21%，比 2011 年分别扩大 35.47 个和 8.6 个百分点，高于全国 43.57 个和 18.41 个百分点。

4. 创新能力不足

省内工业中小企业创新投入、研发人员配备等指标均低于大型企业，2018 年省内规模以上工业中小型企业 R&D 经费支出 2.9 亿元，占规模以上工业企业的 43.36%；R&D 投入强度、R&D 人员占就业人员的比重分别为 0.30% 和 1.33%。

三　青海省中小企业发展存在的问题

（一）企业自身存在的问题

1. 经济总量小，发展基础薄弱

改革开放以来，青海中小企业从小到大、由弱到强，规模不断发展壮

大，但总体来看，中小企业总量小，发展底子薄，规模以上中小企业数量是陕西的1/10、新疆的1/5、甘肃的1/3、宁夏的1/2，排在西北地区末位，与苏浙沪闽粤等沿海地区差距悬殊。

2. 法人治理结构不完善，经营管理体制落后

青海中小企业在经营管理上普遍存在以下三个方面的问题。一是企业管理制度不健全。大多数中小企业现代管理制度不完善，部门设置或者管理模式比较混乱，企业在信贷融资时因存在信息不对称现象，难以完成融资，影响企业发展。二是企业缺乏激励和约束机制。目标责任制、内部考核和薪酬管理制度不完善或不科学，不能调动工作人员的积极性，吸引人才能力有限。三是公司治理存在缺陷，内部监督不能有效发挥作用。

3. 人才匮乏，创新能力不足

省内工业中小企业从事 R&D 活动的科研技术人才匮乏，严重制约企业科技活动发展。调研发现，中型和小型工业企业研发人员仅占规模以上工业企业研发人员总数的15.1%和14.7%，无研发人员的中小企业占六成以上，很少有工业中小企业设立科研部门，关键技术主要靠外部单位提供，或者临时雇用科研机构技术人员指导，创新能力弱。

4. 点散、面广、产品趋同现象严重

全省工业中小企业点多面广，布局分散，集聚程度不高，大多数企业产品趋同，企业之间协作程度不高，过度的行业竞争、内部竞争和分散的布局导致集约化程度低下，特色产业优势不明显。

（二）企业外部存在的问题

1. 发展环境亟待优化

一是政策引导和运用能力不足。惠企政策推送不够及时精准，行政审批过程、政府决策信息、产业政策透明度不够，中小企业知晓率和熟知度低。二是行政效能不高。项目落地保障机制和承诺办结制度、容缺受理等机制不健全，行政服务中心部分进驻事项依然存在“人进事不进、事进权不进”“体外循环、两头受理”等现象。三是企业诉求渠道不畅。中小企业维权服

务和政务热线整合运行机制还不健全，企业在合理表达诉求、行政效能投诉、违法行为举报、公共服务咨询等方面缺少有效的表达途径。

2. 服务体系不完善

推动新型工业化的生产性服务业还处于起步阶段，信息服务、现代物流、检测平台、科技服务、电子商务等服务业发展水平不高，金融、技术、公共创新平台建设缓慢，对支撑和推动全省工业中小企业高质量发展的作用不充分。

3. 融资难、融资贵问题依然突出

银行业金融机构出于风险防控和资产质量控制的双重考虑，惜贷、慎贷现象加剧，青海省工业中小企业普遍信用等级低、盈利能力弱，缺乏符合银行要求的抵押、质押资源，为银行分担风险和补偿风险的能力不够，获得银行贷款难度大。调研分析，在获得融资的400家企业中，59.6%的中小企业融资渠道为银行贷款，18.4%为民间借贷，13.4%为其他渠道，利用股权融资、债券融资、风险投资的企业仅占8.6%。

4. 大中小企业融通不足

省内大中小企业融通发展特色载体较少，中小企业自身实力不强，因国企与民企之间、大企业与中小企业之间、各专业模块之间在技术、规模、管理等方面存在差异，大企业向中小企业开放资源较少，在产业链、供应链、创新链、价值链等维度缺乏深层次协同，大中小企业融通发展格局尚未形成。

四　青海省中小企业发展机遇与挑战

（一）发展机遇

1. 从国际看

新一轮科技革命和产业变革深入发展，推动国际分工发生重大变革，全球产业链、供应链、价值链发生深刻重组，国际间双边、区域经济合作保持上升势头，和平互利、开放融合仍是未来世界发展主流，中小企业国际合作将更为广泛，为青海省中小企业创新发展营造新的市场空间。

2. 从国内看

一是加快形成“双循环”新格局，为青海省中小企业发展注入新活力。实施“加快形成以国内大循环为主体、国内国际双循环相互促进的新发展格局”重大战略，国内国际市场布局、商品结构、贸易方式不断优化，居民消费水平和层次不断提升，现代物流体系不断健全，将有利于青海省中小企业在产业链、供应链找准切入点，融入“双循环”新格局，顺利成为新一轮产业转移的主要承接者，化解富余产能，激发新的活力，不断迈向产业价值链高端领域。二是新一轮国家发展战略加速实施，为青海省中小企业发展拓展新空间。加快推进“一带一路”建设，将促进青海省优势产业参与国际合作，提升中小企业对外开放水平。实施《黄河流域生态保护和高质量发展规划纲要》，将推动青海省与沿黄流域产业链供应链的合作交流，促进产业转型、绿色发展。深化同北京、上海、浙江等对口援青省市的协作机制，推动对口援青和东西部协作升级加力，将拓展青海省中小企业发展空间。三是推进国家战略科技力量建设，为青海省中小企业加快转型升级赋予新动能。“十四五”时期，将加快推进信息化、人工智能、5G、新材料、新能源等领域的科技创新，技术创新市场导向机制不断完善，企业创新主体地位不断强化，促进各类创新要素向企业集聚，为青海省中小企业转型升级提供新的动力。四是政策加力护航中小企业发展，为青海省中小企业发展释放新红利。全面实施《中华人民共和国中小企业促进法》《关于促进中小企业健康发展的指导意见》等符合新发展理念的支持政策，深入推进供给侧结构性改革，深化落实“三去一降一补”任务，为青海省中小企业优化升级提供有力的政策保障。

3. 从省内看

一是明确了发展方向。“十四五”时期，青海省围绕“一优两高”战略部署，将统筹“五个示范省”建设、强化“四种经济形态”引领，全力推进质量变革、效率变革、动力变革，构建具有青海特色的现代化经济体系，进一步推动中小企业高质量发展。二是政策环境进一步优化。近年来，省委、省政府高度重视中小企业发展，制定出台了一系列促进中小企业发展的政策措施，形成了比较完善的财税、金融、社保、公共服务、创业创新等政策体系和更加宽松公平的政策环境，将激发中小企业发展活力。三是“新基建”支撑转型升级。“十四五”时期，青海省将加快5G网络、大数据中心、充电桩等新型基础设施建设，为中小企业数字化转型、智能升级、融合创新发展提供有力支撑。四是具备发展的坚实基础。改革开放以来，青海省中小企业数量快速增加，资产规模、收入规模、就业吸纳量等不断提升，在社会贡献、创业创新、转型升级等方面取得了突破性进展，涌现出中利光纤、中钛青锻、小西牛、金诃藏药等一批“专精特新”中小企业，为中小企业发展奠定了坚实基础。

（二）面临的挑战

1. 从国际看

国际经济政治格局复杂多变，单边主义、保护主义、霸权主义对世界和平与发展构成威胁，逆全球化趋势持续，传统国际循环明显弱化。新冠肺炎疫情影响广泛深远，世界经济陷入低迷期，生产和贸易活动出现萎缩，全球产业链供应链遭遇冲击、面临重构，将给青海省中小企业参与发展外向型经济带来更多的压力和挑战。

2. 从国内看

一是经济下行压力加大。我国经济发展已进入新常态，“三期叠加”影响持续深化，国内投资、出口、消费增速放缓，新冠肺炎疫情使我国经济再次受到影响，制造业下滑，旅游服务业收缩。面对错综复杂的外部环境和经济下行压力，青海省中小企业脆弱性逐渐显现，收入与成本两端受到挤压，经营困难，稳步增长压力进一步加大。二是区域竞争激烈。区域性竞争从城市竞争向以产业链为主体的竞争升级，周边西安、兰州、银川等城市对资源的拦截效应更加明显，新能源、中藏药、枸杞及民族服饰等产业与周边区域同质化竞争突出，青海省中小企业需要进一步差异化定位，融入区域发展。

3. 从省内看

一是新旧动能转换较慢。长期以来，青海省中小企业以铁合金、有色金属、能源化工等传统产业为主，产业层次较低，产业链偏粗、偏重、偏短，依赖低成本要素投入的粗放发展模式尚未转变，战略新兴产业尚在培育发展阶段，新动能对经济发展的驱动力依然不足。二是资源环境承载力约束显现。青海省是影响全国甚至世界生态安全的“生态阀”，禁止开发区和限制开发区占全省面积的90%，在全国的生态地位非常重要，生态环境极为脆弱，产业承载能力有限，发展与节约资源和生态环境之间的矛盾进一步凸显，生态优势转化为经济优势的任务更加艰巨。三是要素保障供给压力大。青海省要素市场发育尚不充分，要素价格传导机制不畅，中小企业用地指标趋紧，用电、用工成本较高，科技创新、现代金融、新能源等现代生产要素支撑能力较弱，保障中小企业高质量发展面临新的挑战。

五 青海省中小企业发展的重点领域

紧紧围绕青海省“3+3+4+10”现代产业体系①，积极参与“四地”和“五个示范省”建设，加强技术改造升级，提升价值链，完善产业链，推动产业由低端走向中高端。

（一）鼓励发展优势产业

盐湖资源综合利用产业，积极承接盐湖集团等大企业扩散的配套任务，在原辅材料供应、销售、技术改造等方面与大企业形成专业化协作关系，重点发展药典级钾盐、镁锂合金、硼酸镁晶须等下游精深加工产品，培育一批

① 构建“3+3+4+10”现代产业体系，即壮大盐湖资源综合利用、新能源、新材料3大优势产业，改造提升有色冶金、绿色建材、装备制造3大传统产业，培育新一代信息技术、军民融合、节能环保、现代生产性服务业4大新兴产业，做优做强牛羊肉、乳制品、枸杞、沙棘、藜麦、青稞、虫草、中藏药、矿泉水、藏毯10个特色生态产业。

大中小融通发展的示范企业，助力打造世界级盐湖产业基地。新能源产业方面，重点发展聚光器、高效电池、逆变器、分布式光伏发电站、高温真空集热管、太阳能跟踪控制系统、太阳能光热储能电池、齿轮箱、发电机等光伏光热风电产业，助力打造国家清洁能源产业高地。新材料产业方面，重点发展正负极、隔膜、电解液等锂电新材料，铝基、镁基、铜基、钛基、锂基、镍基等新型合金材料，蓝宝石外延片及芯片、碳化硅晶片及外延片等新型光电材料，高端无卤阻燃材料、甲醇蛋白纤维、特种纤维等新型化工非金属材料，促进新材料产业链纵向延伸、横向拓展，相互融合发展。

（二）转型升级传统产业

冶金产业方面，加快技术和产品创新，提升铝、铁、铜、铅、锌、钛等的采选冶炼技术工艺水平，重点发展铝、镁、铜、镍、钛精深加工产业，提高就地加工转化能力，增强高端领域高附加值金属产品供给能力，促进产业链纵向延伸、横向拓展、集群化发展。绿色建材产业方面，积极参与工业固废、城市建筑垃圾等协同无害化处置，重点发展硅酸盐基、硫酸盐基及铝酸盐基等具备特种功能的高质量水泥产品，钢化玻璃、中空玻璃、幕墙玻璃等高附加值玻璃产品，碳酸钙型防火板材、新型 PVC 环保装饰材料等新型建筑材料，推动建材产业向环保、节能、绿色新型建材方向发展。装备制造产业方面，重点发展高精度齿轮、大型异型轴类件、大型铸锻件、汽车零部件、模具、量具等基础零部件和工具产品，运输车、工程自卸车、环卫设备、污水处理设备、石油机械等专用设备，大型高效耕作机械、收获机械、多功能联合收获机等现代农业机械。

（三）培育壮大新兴产业

新一代信息技术产业方面，重点发展电子元器件、电子产品等电子信息制造业；加快中小企业智能化改造，建设一批智能制造单元、智能生产线、智能车间、智能工厂，促进云计算、大数据、物联网、区块链等新一代信息技术和实体经济深度融合；瞄准 5G 发展方向，大力发展软件服务外包、信息系统集成、网络技术中介等信息服务业。节能环保产业方面，加强中小企业节能改造、余热回收利用，着力建设绿色工厂、绿色产品等示范项目；实施“城市矿山”工程，加强废旧资源综合利用基地建设，积极推进工业废弃物及废旧金属、塑料、玻璃、纸、机械零部件等资源的回收利用；开展节能减排专业化服务，重点发展生态环境监测、大气质量监管、节能和环境影响评估论证等节能环保服务业。

（四）提档升级特色生态产业

紧紧围绕建设绿色有机农畜产品示范省战略，加快发展牛羊肉制品、乳制品、枸杞、沙棘、藜麦、青稞、虫草、中藏药、矿泉水、藏毯十大特色产业。农畜产品加工业，依托牦牛、青稞、藜麦等高原特色农牧业资源，重点发展乳清粉、休闲肉食品、青稞麦绿素等高端消费品，提高农畜产品附加值，助力打造绿色有机农畜产品输出地。生物医药方面，依托枸杞、沙棘、中藏药、虫草生物资源，积极推进产业链上下游企业合作，重点发展中藏药成药、沙棘黄酮、枸杞精油等生物医药产品，推动中藏药加工业提档升级。矿泉水方面，重点发展面向中高端市场的饮用天然矿泉水及印刷包装等配套产业。民族特色产品方面，重点发展藏毯、土族刺绣、堆绣、绒毛画、昆仑玉、唐卡等民族特色产品，形成布局合理、绿色低碳、特色鲜明的藏毯及纺织产业集群。

六　青海省中小企业发展的战略措施

（一）推进中小企业集群化发展

塑造中小企业聚集新空间，立足地域特点、资源优势、产业基础、重点城镇和园区布局，构建以青藏铁路沿线西宁、海东、格尔木、德令哈市重点城镇为主轴，以海南、黄南、海北州重点城镇为两翼，以玉树、果洛州重点城镇为多点的“一轴两翼多点”中小企业发展空间布局。推动智慧集群建设和试点，鼓励和支持有条件的地区开展“智慧集群”建设和试点，加快新一代信息技术在产业集群、企业集群中的应用，形成创新、协同、精益、开放、共享的产业体系，提升产业集群、企业集群系统效率和竞争能力。推动产业集群品牌建设，支持具有较高市场占有率的特色产业集群制定团体标准，鼓励集群企业创建和培育企业品牌，加强区域品牌知识产权保护，大力培育地理标志、集体商标、原产地注册、证明标志等集体品牌。

（二）促进产业链融通发展

加强大中小企业融通特色载体建设，依托重点产业园区，建设一批大中小企业融通发展特色载体，促进大中小企业在创新创意、设计研发、生产制造等方面相互合作，形成大中小企业协同共赢格局。培育产业协作配套融通模式，聚焦盐湖资源利用、新能源、新材料等产业集群，鼓励中小企业围绕大型企业上下游产业链布局开展生产活动，形成产业集群内大中小企业信息联通、产能对接、高效协作、以大带小、以小促大、以优助强的深度产业协作配套融通模式。推动技术协同创新融通模式，围绕新能源、新材料、锂电等战略性新兴产业，培育形成一批具有关键核心技术攻关能力、产学研相结合的协同创新平台，促进大中小企业之间多维度、多触点的创新能力共享，实现大中小企业技术协同创新融通。

（三）提升供应链现代化水平

打造智慧供应链平台，聚焦大宗商品、消费品、物流等领域，支持建设具有产业和市场优势的供应链大平台，整合研发、设计、采购、制造、销售、物流仓储、回收等供应链各环节，形成产业联动的生态圈，增强资源配置功能。提升产业链、供应链稳定性和竞争力，以青海省盐湖资源综合利用、新能源、新材料、装备制造等产业为重点，不断推动产业链供应链向上下游环节延伸，最大限度地提升整个产业链供应链的技术含量和竞争力。

（四）深化创新驱动发展

加强科技基础设施建设，争取国家重大科技创新平台落户青海，加强高水平创新中心、公共技术服务平台建设，开展技术服务、中试孵化、检测分析等一体化科技创新服务。深化产学研协同创新，支持关键核心技术攻坚，深化产学研协同创新，建立以企业为主体、以市场为导向、产学研深度融合的开放共享创新体系，促进科教协同、产教融合。加快科技成果转移转化，完善科技成果转化孵化体系，加强孵化器（众创空间）建设，孵化培育一批产业链核心环节的硬核科技企业。实施创新人才引育计划，着力培育科技企业家队伍，持续深化人才评价和使用机制改革，完善高层次人才服务机制，为全省中小企业发展提供强有力的人才支撑。

（五）数字化赋能中小企业转型

强化数字基础设施建设，提升网络通信设施能级和万物互联支撑能力，支持中小企业智能化改造，加快建设一批智能生产线、智能车间和智能工厂，提升产品创新能力和智慧化生产水平。打造数字经济平台载体，加快数字经济产业园发展，加强特色工业云平台、数字技术研发平台建设，不断提高数字技术研发及应用能力。推进制造业数字化发展，积极争取国家“5G＋工业互联网”优秀解决方案和试点示范，大力培育“两化”融合服务企业，推广应用物联网、云计算、大数据等先进技术，提升制造业数字化、网络化、智能化水平。

（六）推动绿色低碳发展

完善绿色制造体系，建立健全绿色制造标准体系，加强绿色工厂、绿色园区建设，构建高效、清洁、低碳、循环的绿色制造体系。壮大绿色产业，立足“三个最大”省情定位，强化能耗、水耗、环保、安全和技术等标准约束，促进传统产业绿色化转型，推动产业结构和布局与自然资源承载力相适应发展。发展循环经济，加快重点园区和中小企业循环化改造，构建盐湖资源综合利用、金属冶金、能源化工、节能环保等循环型工业体系，推进工业废弃物、生活废旧物资、农林废弃物等资源化利用，形成资源循环利用和生态环境保护相得益彰的经济结构。

（七）优化中小企业发展营商环境

进一步优化政策环境，改善中小企业经营法治环境，建立完善统计监测体系和中小企业服务体系，推行“政简易从”“一网通办”“一事通办”等制度，加快推进青海省“优化营商环境条例”、《青海省实施〈中华人民共和国中小企业促进法〉办法》等相关法律法规的“立改废”工作，简化办事机构，精简办事流程，压减中小企业开办、变更和注销时间，降低办理成本。

（八）加大中小企业财税支持力度

完善政策配套体系，聚焦中小企业发展的难点、痛点和堵点，健全支持中小企业发展的各项制度，解决中小企业实际问题，形成常态化、长效化机制。落实企业税费减免政策，深入贯彻落实国家各税费减免优惠政策，优化税制结构，治理各种不合理收费现象，规范中间环节、中介组织行为，减轻中小企业负担。加大财政资金支持力度，积极争取国家中小企业发展专项资金，扩大青海省中小企业专项资金规模，建立扶持中小企业发展的长效机制，培育一批具有示范引领作用的“专精特新”中小企业。

（九）增强中小企业融资服务能力

健全金融服务体系，推动商业银行发展，完善中小企业信用担保、金融中介服务、企业征信等体系，构建商业性金融、开发性金融、政策性金融合理分工和相互补充的中小企业金融服务体系。发展完善股权融资服务体系，加大中小企业股改培育力度，支持中小企业在新三板、创业板、沪深交易所及港交所等境内外资本市场挂牌上市，不断拓展中小企业直接融资渠道。加强政策引导，充分发挥政府职能部门的引导和协调作用，依托青海省中小微企业续贷周转资金池等融资平台，切实降低续贷成本。

（十）引导中小企业对外开放发展

鼓励中小企业高水平“走出去”，引导省内中小企业积极融入国家“一带一路”重大发展战略，支持重点中小企业在境外建立生产基地和工贸联盟，广泛寻求合作伙伴，推进中小企业开拓境外市场。促进中小企业扩大出口，加快推进西宁综合保税区、海东跨境电商试验区等对外开放平台建设，促进中欧班列常态化运行，继续实施“出口自主品牌培育计划”和“千万美元潜力企业培育计划”，培育一批区域性、行业性出口品牌，提高对外贸易质量和效益。加强招商引资工作，围绕青海省工业发展的重点领域，以产业园区为载体，加强与援青省市的对接，深入开展区域性定向招商、产业链招商、以商招商，力争引入一批补链条、强配套、填空白的项目和企业，持续增强发展后劲。

参考文献

习近平：《决胜全面建成小康社会　夺取新时代中国特色社会主义伟大胜利——在中国共产党第十九次全国代表大会上的报告》，新华网，2017 年 10 月 27 日，http：//www. xinhuanet. com//politics/19cpcnc/2017 - 10/27/c_ 1121867529. htm。

习近平：《在民营企业座谈会上的讲话》，新华网，2018 年 11 月 1 日，http：//www. xinhuanet. com/politics/leaders/2018 - 11/01/c_ 1123649488. htm。

信长星：《政府工作报告——2021 年 1 月 30 日在青海省第十三届人民代表大会第六次会议上》，《青海日报》2021 年 2 月 9 日，第 1 版。

B.6

乡村振兴战略背景下深化青海农业供给侧结构性改革的思考和建议

杜青华*

摘　要： 农业供给侧结构性改革是当前我国经济新常态背景下实施乡村振兴战略、推动农业高质量发展的重要内容。当前青海农村牧区在深入推进农业供给侧结构性改革过程中主要面临农牧业生产经营"高成本"与"低收益"并存、农牧业新型经营主体带动辐射能力不强、农牧业社会化服务体系不健全、基层人才队伍流失严重等诸多瓶颈问题，需要从补齐农业农村现代化发展短板、盘活农牧业生产要素市场配置、创新金融保险支农体制机制、深化农牧业社会化服务体系建设、吸引外出务工劳动力返乡创业等方面着手，深入推进农业供给侧结构性改革。

关键词： 乡村振兴战略　农业供给侧改革　农业农村现代化

党的十九大报告明确提出，实施乡村振兴战略要按照"产业兴旺、生态宜居、乡风文明、治理有效、生活富裕"的总要求，坚持农业农村优先发展。农业供给侧结构性改革是当前我国经济新常态背景下实施乡村振兴战略，助力农业高质量发展，推进农业农村现代化发展，实现农业农村与城镇协调发展，全面建设社会主义现代化国家的重要举措。青海的农牧业供给侧改革经过多年不断的探索和实践，农牧区集体产权制度和承包地"三权分

* 杜青华，青海省社会科学院经济研究所所长、副研究员，研究方向为宏观经济与政策分析。

置”改革稳步推进，各类新型农牧业经营主体和新产业新业态不断发展壮大，农牧民收入增速连年高于城镇居民，城乡发展一体化和农牧业生产能力迈上新台阶。面对新形势，青海如何进一步抓住国家乡村振兴战略的发展机遇，深化农牧业供给侧改革，协调推进乡村经济、教育、卫生、科技、治理和生态等多维度的全面振兴是青海农牧业未来高质量发展亟须破解的重点和难点问题，也是当前亟待深入研究的现实问题。

一　乡村振兴战略与农业供给侧改革脉络梳理

党的十九大报告将实施好乡村振兴战略、解决好“三农”问题作为今后一段时期内全党工作的重中之重，在着力补齐“四化同步”和全面建成小康社会中农业和农村这块短板的基础上，助力农业高质量发展，让农业农村现代化成为我国新型工业化和城镇化的有力支撑。农牧业供给侧改革作为乡村振兴战略的核心议题，是推动农业高质量发展的重点所在，更是推动青海农村牧区乡村产业振兴的关键所在。

2015 年底召开的中央农村工作会议首次提出，要着力加强农业供给侧结构性改革，提高农业供给体系质量和效率，真正形成结构合理、保障有力的农产品有效供给。① 根据当时的农业发展大背景，中央推进农业供给侧结构性改革，就是想着手破解长期困扰农业发展，特别是种植业、畜牧业和渔业发展中长期存在的一系列结构性问题。按照 2016 年中央一号文件的表述，巩固提升粮食产能，推动粮经饲统筹，农牧渔结合，种养加一体，一、二、三产业融合发展，并在此基础上推动农业实现高质量发展。

在上述政策背景下，2017 年底召开的中央农村工作会议和 2018 年中央一号文件进一步强调，中国发展的不平衡不充分问题在乡村最为突出，走中国特色社会主义乡村振兴道路，就是要解决人民日益增长的美好生活需要和

---

① 《中央农村工作会议召开　提出加强农业供给侧结构性改革》，中国经济网，http://www.ce.cn/xwzx/gnsz/szyw/201512/25/t20151225_7869042.shtml，最后检索时间：2021 年 12 月 3 日。

不平衡不充分的发展之间的矛盾的必然要求。对乡村振兴战略与农业供给侧改革的关系，文件明确提出要实现农业高质量发展，就要以实施乡村振兴战略为总抓手，以深化农业供给侧结构性改革为主线，坚持农业农村优先发展。2018 年 9 月，中共中央、国务院印发了《乡村振兴战略规划（2018—2022 年）》，从发展壮大乡村产业、建设生态宜居美丽乡村、完善城乡融合发展政策体系等 11 个方面重点部署了未来五年我国乡村振兴战略的目标任务和发展路径。

土地制度问题是实施好乡村振兴战略、推动农业供给侧结构性改革顺利进行的核心问题。新修正的我国《农村土地承包法》（2018 修正）在落实农村土地所有权、承包权、经营权“三权分置”的基础上，明确规定国家保护进城农户的土地承包经营权，不得以退出土地承包经营权作为农户进城落户的条件，这进一步保障了进城农民工的土地权益。《农村土地承包法》同时规定：“农村集体经济组织成员有权依法承包由本集体经济组织发包的农村土地。任何组织和个人不得剥夺和非法限制农村集体经济组织成员承包土地的权利。”“土地经营权人有权在合同约定的期限内占有农村土地，自主开展农业生产经营并取得收益。”上述新修正的内容，从根本上解决了进城落户农民工的后顾之忧。

总体来说，乡村振兴战略是党中央在我国农业发展从数量提升向品质提升转变的背景下做出的重大发展战略选择。农业供给侧结构性改革作为乡村振兴战略的重要抓手，是推进农业农村现代化发展、切实推动农业产业兴旺、提高农业质量效益、实现农民生活富裕的关键举措。实施乡村振兴战略、推进农业供给侧改革既符合我国农业发展结构性矛盾突出的现实国情，也是我国农业发展正在经历的一场深刻的质量效益变革。

二　青海农业供给侧改革面临的主要挑战

农牧业作为青海国民经济的基础性产业，是深化供给侧结构性改革的重要领域。目前实施的农牧业供给侧结构性改革，内容主要涉及提高农业产业体系、生产体系和经营体系的整体效率，其核心是确保国家粮食安全、农民增收和乡村产业振兴，实现农业转型升级和现代化。本报告在调研过程中发现，农牧业生产经营“高成本”与“低收益”并存，农牧业新型经营主体带动辐射能力不强，农牧业社会化服务体系不健全，基层人才队伍流失严重等问题是青海农村牧区在深入推进农业供给侧结构性改革过程中的共性问题。

（一）农牧业生产经营“高成本”与“低收益”并存

从我国粮食进出口层面分析，2000 年以来我国逐步成为全球最大的农畜产品进口国，是大豆、油菜籽、棉花、猪肉、羊肉、奶粉等大宗农产品全球最大的净进口国，也是大蒜、生姜、罗非鱼、苹果、茶叶等农产品的最大净出口国。近年来，随着国际大宗农畜产品平均价格不断下降，我国农畜产品进口量持续增加，逐渐形成了国际国内农畜产品价格倒挂的格局。以 2021 年上半年为例，国产大豆的平均价格在 5500 元/吨左右，而进口大豆的平均价格则在 3700 元/吨左右，二者每吨价格存在接近 2000 元的差价。进口牛肉售价为 15 ~20 元/斤，但是国内牛肉的售价大多为 30 ~40 元/斤，短期内农牧业生产经济收益偏低的生产格局难以实现根本性突破。据行业估计，近年来通过不同渠道进入青海的进口牛羊肉总量平均保持在 2 万吨左右，对青海牛羊养殖及加工销售带来巨大冲击，进口牛羊肉在价格上的优势使得省内绝大多数养殖场长期亏损。受进口奶粉冲击，近年来青海生鲜乳收购价格也是一路下跌，大多数奶牛规模养殖场处于保本观望状态。

从自身发展条件分析，青海存在明显的国内农畜产品生产成本持续上涨与产品价格“天花板”效应的双重挤压现象。省内牧业人口和草场较集中的青南高寒牧区（主要包括黄南、玉树、果洛三州），受气候和地理条件影响，草场理论载畜量远低于低海拔地区。农业人口和耕地集中度最高的东部农业区（主要包括西宁、海东、同仁、互助、贵德、门源、尖扎等市县的黄土丘陵地带），人均耕地面积不足 0.5 亩，且 2/3 的耕地为山地和旱地，受土壤肥力整体偏低、耕地碎片化程度高、农业机械化水平偏低等多重因素影响，在现有的土地制度下，青海的农业种植成本和牧业养殖成本的下降空间非常有限。

受近年来国内的农资价格、人工成本、土地流转租金明显上涨等因素影响，包括青海在内的国内农畜产品生产已进入高成本时代。且农牧业的大部分利润在流通和销售环节，明显削弱了农牧业补贴政策的效果。特别是对于从事规模化种植和养殖的经营主体而言，土地流转价格已经成为其经营活动的主要成本。以互助土族自治县为例，土地流转价格从 2010 年的 200～300 元/（亩・年），上涨到 2020 年的 800～1200 元/（亩・年），10 年间单位土地流转价格已经上涨了 4 倍。在这种情况下，新型经营主体的盈利空间不断被快速上涨的流转租金挤压，加之种养业规模种植收益增速明显低于土地流转租金增速，农牧业生产利润下降趋势日益明显。

（二）农牧业新型经营主体带动辐射能力不强

近年来，随着全省土地草场流转加速推进，土地集约化程度也在逐步提高，全省土地草场主要流向农牧业示范园、农牧业合作社及种养大户，流转形式以转包和出租为主。青海省农业部门公布的行业数据显示，截至 2020 年底，青海省已培育 40 个省级农牧业产业化联合体，主要覆盖了牦牛、藏羊、青稞等特色产业，共带动 45886 户农牧户增收 3534 元，联合体内农牧业经营主体，销售收入更是达到了 49.8 亿元。① 根据调查，上述新型农业经济主体中绝大多数从事粮食、油菜、果蔬以及牛羊养殖的种养大户都以生产初级产品为主，产业链条短、产品附加值低、经营管理水平不高的问题很难在短期内得到有效破解。农牧业龙头企业与基地农牧户以一般的买卖关系为主，订单生产与股份合作等深度合作的机制还没有全面建立和运行，企业与农户之间的利益联结机制尚不完善。部分合作社注册以后就没有实质性地运行，成了“休眠合作社”。许多合作社存在内部制度不健全、运行不规范等问题，普通农牧户和贫困户很难真正参与合作社的经营。

---

① 《青海省已培育 40 个省级农牧业产业化联合体》，农业农村部网站，http：//www.moa.gov.cn/xw/qg/202012/t20201223_6358660.htm，最后检索时间：2021 年 12 月 3 日。

（三）农牧业社会化服务体系不健全

青海农牧业社会化服务体系经过多年的建设，在农牧业新技术、新品种推广，农畜产品质量监督，农牧业信息化建设和流通中发挥着越来越重要的作用，但与我国东部和中部的农业大省相比，社会化服务体系建设还处于起步阶段。农牧业科技服务和推广体系中政府序列的农技推广机构与省内的农业科研院所、高校和涉农企业没有形成合力，工作效率偏低；农牧业基础设施和技术装备水平整体偏低的问题已经从生产环节向产前、产后环节蔓延；农牧业科技推广技术人员团队不稳定，农牧业科技服务水平不高；农业政策法规之间缺少兼容性和整合性，配套政策体系及时跟进难度大；等等。

（四）基层人才队伍流失严重

农牧业供给侧结构性改革的深化和推进离不开完善的基层管理结构和业务素质过硬的基层干部队伍。近年来，为提高农牧区基层干部的整体素质，国家和省委、省政府虽然实施了大学生村官、优秀大学生选调、双基建设等一系列旨在加强农牧区基层干部队伍建设的措施，但本报告在调查中发现，近年来受工作压力大、任务重、薪酬待遇相对偏低、职级上升空间相对有限等主客观因素的影响，农牧区基层年轻干部流失现象日益严重。特别是乡镇一级35岁以下年轻干部所占比重较小，干部队伍普遍存在平均年龄偏大、年轻干部缺乏的问题。与此同时，随着城镇化进程的不断深化，农牧区劳动力进城务工趋势日益明显，关键农时缺人手、新型农业经营主体缺人才、乡村振兴缺人力的问题普遍存在。农业劳动力年龄结构老化、农牧区空心化、农牧业副业化等问题日益凸显，农牧区懂技术、会经营、善管理的人才较为稀缺。

三　深化农业供给侧改革推进乡村产业振兴的对策建议

面对当前在实施乡村振兴战略过程中遇到的各种困难和挑战，青海仍需要持续以农业供给侧结构性改革为主线，通过乡村产业振兴，助力补齐农业农村发展短板，推动农业高质量发展。

（一）补齐农业农村现代化发展短板

一是以生产要素在城乡间流动的边际产出率相等为原则，不断健全有利于生产要素向乡村流动的体制机制，消除各类生产要素进入乡村的制度障碍，构建以政府为主导、社会力量广泛参与的多元化乡村发展投入体系。二是探索建立乡村人居环境治理长效机制，使村容村貌的保持以及生活垃圾、污水、面源污染的有效防治常态化。三是加强农牧业基础设施建设。推进农田草场水利灌溉、土地整治、输配电设施、土壤改良、机耕道路、生态环保等田间工程建设。加快构建布局合理、功能完备、产品互补的农产品市场体系，促进农畜产品销售电子商务平台和价格信息平台的整合优化，完善重要农畜产品仓储物流设施和冷链物流体系，有效提高产品流通效率。

（二）盘活农牧业生产要素

一是借鉴国家农村宅基地制度改革试点经验，进一步探索和推进农牧区“房地一体”不动产确权登记、农牧民住房财产权抵押贷款等土地金融制度。二是探索农牧区集体资产股份权能改革创新。以农牧区集体经营性资产为重点，推进经营性资产以股份或份额等多种形式分配给农牧民，以保障农牧民集体收益分配权和对集体资产股份的各项权利。三是探索将村庄整治、宅基地整理等新增的建设用地通过入股、联营等方式与乡村旅游、养老等产业深度融合发展，探索建立进城落户农牧民依法自愿有偿退出“三权”机制。四是鼓励和引导农牧民利用确权登记的机会，通过互换等方式，解决土地草场细碎化等问题。

（三）创新金融保险支农体制机制

一是完善农牧业财政补贴政策。推动农牧业补贴从以“黄箱”为主向以“绿箱”为主转变，增加土地整理、农田水利、防治污染等改善农牧业生产条件的资金投入。探索草原生态奖补与畜产品价格挂钩的联动奖补机制。以政府购买服务的方式，建立草原生态管护员、护林员等生态资源管护机制。二是加快金融支农政策创新。针对农牧民融资需求“小、散、频、急”的特点，探索推出一批成本低、易推广、周期短、见效快的金融信贷新产品，促进金融服务更接地气。探索发展农牧区土地草场经营权、林地经营权流转抵押贷款制度。

（四）加强农牧业社会化服务体系建设

一是降低物化成本。支持农技推广人员与合作社、龙头企业和种养大户开展技术合作，探索政府购买公益性农牧业技术推广服务以及科技人员兼职取酬等制度创新，切实加强节水、节肥、节饲、节药等新技术和油菜、枸杞、饲草、果蔬、畜禽、冷水鱼等优良品种的推广应用，在减少农牧业生产资料投入成本的同时，有效提升农畜产品品质。二是降低人工成本。重点加快适合青海东部丘陵地带的小型农业机械的研发与推广，以缓解农牧业劳动力不足的问题。不断完善农牧民与农牧业合作社、龙头企业间的利益联结与分享机制，有效降低市场主体的经营风险。三是降低农畜产品流通成本。探索发展“互联网＋农牧业”新业态，支持农畜产品批发市场、流通企业、生产企业和农牧业合作社探索建立“电子商务＋智能提货柜”模式，向社区居民直销生鲜农畜产品。四是降低土地流转成本。加快推进多种形式的土地适度规模经营，有效提升管理效率，以更少的人力管理、更多的土地和草场，从根本上降低土地流转成本。

（五）吸引外出务工劳动力返乡创业

一是促进城乡教育均衡发展。在提升教育质量的同时，重点推进职业教育教学内容的改革，使之更加契合未来劳动力市场的需求。对长期在基层和边远地区工作的教师在工资、职务、职称等方面实行倾斜政策，以稳定中小学教师队伍。二是坚持激励与约束并重的机制设计。及早着手革除当前工作压力非正常下移的弊端，加快人才、技术、资金等生产要素向基层乡镇正常流动的正向激励和引导，并把提高财政支农投入增幅、缩小城乡居民收入差距、保护耕地、治理乡村生态环境等能够体现农业农村优先发展的指标科学纳入政府绩效考核评估，拓展基层干部上升空间，扭转基层年轻干部流失严重的局面。三是在当前进城务工农牧民数量增速逐渐趋缓的大背景下，通过一、二、三次产业纵向融合，种养横向融合，产城深度融合，促进新产业、新模式、新业态、新主体的发展，吸引一部分外出务工劳动力返乡创业，激发乡村发展新动能，有效应对农业劳动力年龄结构老化、农牧区空心化、农牧业副业化的危机。

参考文献

刘守英：《土地制度与中国发展》，中国人民大学出版社，2018。

胡汉平：《践行新发展理念　深入推进农业供给侧结构性改革　加速从传统农业大省向现代农业强省迈进》，《江西农业》2017 年第 1 期。

孔祥智：《实施乡村振兴战略的进展、问题与趋势》，《中国特色社会主义研究》2019 年第 1 期。

马金书：《实施乡村振兴战略的意义和方向路径》，《社会主义论坛》2018 年第 2 期。

孟宪科：《新时代背景下中国共产党三农发展思想探析》，《学理论》2019 年第 9 期。

全国人民代表大会农业与农村委员会：《乡村振兴战略实施情况的调查与思考》，《中国合作经济》2019 年第 2 期。

张晓山：《推动乡村产业振兴的供给侧结构性改革研究》，《财经问题研究》2019 年第 1 期。

B.7

青海农区养殖合作社合作模式分析

——以西宁市湟中区拦隆口镇S村及海南州兴海县子科滩镇泉曲村为例

索南努日*

摘　要： 合作社具有“经济”“合作”两种基本属性。在城镇化水平日益提高、农村人口脱离农业生产而持续流向城镇的趋势下，更需要加以重视的是合作社的“合作”属性，即合作社通过何种渠道、方式或者基于何种因素能够组织农民参与其中。本报告以西宁市湟中区拦隆口镇S村和海南州兴海县子科滩镇泉曲村两地农民自发成立的合作社为研究对象，通过分析此类合作社成立、运转的过程，呈现这一类型的合作社能够将农民组织起来的基础、渠道以及自身存在的问题，进而有针对性地提出对策建议。

关键词： 合作社　合作模式　青海农区

第七次全国人口普查数据显示：青海全省常住人口中，居住在城镇的人口为3559363人，占全省总人口的60.08%；居住在乡村的人口为2364594人，占全省总人口的39.92%。与2010年第六次全国人口普查相比，城镇人口增加1043105人，乡村人口减少745870人，城镇人口比重上升15.36个百分点，全省常住人口向城镇集聚。农村人口向城镇聚集意味着劳动（收入）的重心向城镇转移，这种转移导致农村人口与农村的关系以及农村人口之间关系的不

* 索南努日，青海省社会科学院社会学研究所助理研究员，研究方向为农村社会学。

断弱化。从这个意义上说，合作社作为一种合作经济组织，虽然有重要的经济层面的属性和功能，但是合作社的结成，使“合作”的基本属性能够反映出在农村人口向城镇聚集过程中，农村之间、农村与农村人口之间、农村人口之间的一系列关系趋向断裂的同时依旧有（被）组织起来的可能性以及方式。从这个意义上说，考察合作社的合作模式就是对这种可能性和方式的考察，具体包括合作达成的方式、范围以及是否存在变化，并以此作为在更大范围内比如村庄中，将农民组织起来的可能性以及方式的基础。

一　调查对象概况

（一）全省概况[①]

全省依法登记的农牧民合作社达 16387 家。其中，正常运行的有 10343 家，占 63.1%。没有运行或已经注销或正准备注销的空壳社有 6044 家，占 36.9%。正常运行的合作社中，有 8458 家运行良好或比较好，占 81.8% 左右，其中种植业 4271 家，养殖业及种养结合 5275 家，其他 797 家，分别占总数的 41.3%、51% 和 7.7%。全省共评定省级示范社 583 家，其中正常运行和符合标准的省级示范社有 490 家，被取消资格的有 93 家（75 家不符合省级示范社标准，15 家在环保治理，3 家在大棚房整治中被拆除或转型）。农民合作社通过共同出资、共创品牌、共享利益，组建农牧民合作社联合社 85 家。

（二）个案概况

拦隆口镇 S 村，距西宁市约 31 千米，户籍人口为 2006 人，常住人口为 1840 人。现有耕地 4880 亩；水浇地 3000 亩，其中的 960 亩由恒辉、正风种养殖业专业合作社承包，建成蔬菜大棚；旱地 1880 亩，由于其中的 70% 近 1400 亩的坡度超过 25 度，目前正处于坡改梯的过程当中。

① 全省农业合作社概况出自青海省农业农村厅“全省农牧民合作社发展情况汇报”。

S 村由村民自发成立的合作社现有 4 家，均从事牲畜养殖。其中：养牛 1 户，由村支书 K 和儿子经营，存栏 7～10 只；养羊 1 户，由本村 8 户村民合作成立，存栏 200 只；养猪 2 户，各由本村 2 户村民合作成立，分别存栏 70 头、40 头。随着政策法规的逐步实施，合作社的成立、运营以及退出也愈加规范。在经过镇、县两级的土地，以及环保、水务、建设、县政府、工商、税务等部门的批准并办理相关手续后，养殖性质的合作社才能够成立并运营。而 S 村这 4 家养殖合作社中仅有养牛的一家办齐了相关手续，其他 3 家处于干了再说的状态。

泉曲村隶属于海南州兴海县子科滩镇，位于县城西部，距县城 16 公里，平均海拔 2880 米，全村总面积为 23.9 万亩，其中集体草场 2.3 万亩，耕地面积 600 多亩，主要从事油菜、小麦、青稞等农作物种植及牦牛、藏细羊等畜牧业生产，是典型的农牧结合村落，也因处于河谷地带，自然地理环境较为优越，是兴海县为数不多几个从事农业生产活动的村落。截至 2019 年初，全村有藏、汉、蒙、土、回 5 个民族，共 412 户 1556 人（男 754 人，女 802 人），其中藏族人口占人口的多数。

2020 年调研时，泉曲村村民自发成立且仍运行的合作社共有 2 家，均从事牲畜养殖。其中：养羊 1 户，由泉曲村 O 书记与其三个兄弟合作成立，存栏 70 只；养猪 1 户，由本村王姓村民与其亲戚共十户合作成立，存栏生猪 3000 头。另有一珍珠鸡养殖社，因新冠肺炎疫情关停。

二　合作模式的特点

农民之间达成合作进而成立合作社是主要模式。综合 S 村以及笔者 2020 年对海南州兴海县泉曲村①开展合作社的调查结果，此类合作社的合作模式呈现以下几个特点。

① 索南努日、朱学海：《一个村落社会中的合作社运转及社会关系变化》，载郑堆、索端智主编《青藏高原乡村振兴理论与实践》（第一辑），中国藏学出版社，2021，第 7 页。

（一）“能人”主导的合作

第一，此类合作社一般由本村的村民合作组成，而选择合作的村民之间或是亲属，或是有过共同务工经历因而对彼此的情况比如能力、家庭情况等较为熟悉。第二，合作社的发起者，通常是在村中被视作“能人”的一类群体。在前文提及的汇报材料中，亦总结出“能人创办领办”是全省农牧民合作社的特点之一。“目前，农牧民合作社主要创办类型有农村能人领办型、村干部牵头创办型、龙头企业带动型和基层服务组织牵头组建型等。其中最普遍的是农牧区能人、村干部牵头创办。”① 第三，“能人”与村干部两种身份的重合。S 村的 K 书记因为有从个人到带领村里人外出务工以及在村中经营合作社的经历，2013 年 K 成为村两委成员，2015 年通过选举成为 S 村的党支部书记。而泉曲村的 O 书记从 1994 年开始放弃民办教师身份转而开商店、跑运输、挖虫草，成为村中的“能人”，最终当选村支部书记。第四，“能人”的号召力。“能人经济”是当下农村寻求经济发展壮大的主要方式。就 K 的例子而言，是否挣到钱都不是“能人”的唯一标准——能够带着村里人外出务工是其领导力的体现。因此，当“能人”发起成立合作社时，相较于一般村民，其号召力要强得多，因此也更能实现村民的（被）组织。但同时，“能人”因为其较强的号召力，因而相应地承担更大的责任和风险。

（二）亲友为主的合作

与泉曲村的 O 书记情况相似的是，S 村合作社的成员之间或是亲属或是极为熟悉的朋友。这种“强关系”起着两种重要作用。一是合作社先期要求有一定量的资金投入，对于农民而言筹集资金的渠道和手段相当有限，而亲属/密友的关系成为先期资金筹措的重要手段。二是无论就投资还是后期的运营而言，始终存在各类风险。而亲属/密友的关系使得风险共担成为可

① 青海省农业农村厅“全省农牧民合作社发展情况汇报”。

能。因此，就个人经营这类合作社而言，其合作建立在亲属/密友这类较为强烈的关系基础上，呈现的是村庄中人际关系较为传统的面貌，即遇事主要靠亲朋好友。

（三）农民的能动性

这里所说的“农民的能动性”，导致积极和消极两方面的结果。一是积极的结果。通常农民自认（或他认）为主要从事农业生产活动，但农民有着自己的盘算。一是当除了农业生产之外的增加收入的渠道被打通时，一部分农民自主地脱离农业生产转而从事其他生产活动；二是当有脱离农业生产转而从事其他行业的农民收入（有时更可以是某种实惠）确实增加时，这部分实现增收的农民（即“能人”）的影响力是相当强的。从S村K书记的经历可以看到，受到能人影响的不仅是同村村民，甚至波及当地乡镇政府一级——在考察村干部候选人的能力时，“能人”们脱离传统农业生产辗转各地从事运输、挖虫草活动，尤其是能够带着村民外出务工以拓宽收入渠道的能力较为被看重。

三 存在的问题

农民自发成立的合作社至少在其覆盖范围内，在一定程度上能够也确实起到了组织农民的作用。但其自身亦存在一系列问题，有些问题甚至产生于其合作模式本身。

一是农民的卸责行为。卸责行为即前文涉及的“农民的能动性”所带来的消极结果。农民的盘算不仅局限于跟着哪个“能人”能够得到实惠进而随其而动。同时，当主导人做出的选择不能带来好处，甚至导致个人利益受损失时，从属者的盘算使其做出规避风险的行为。S村的K书记2013年与之前一起外出务工的两位朋友（都是S村村民）从江苏省连云港市灌云县购买黑白花仔猪，利用S村后的坡地合伙养猪，因为没有办理土地使用手续而导致合作社夭折。K的两位朋友感觉吃了亏，对K没弄明白该走的程序就办养猪场的行为颇为不满。K认为两位朋友只想分利，而不愿承担相应的风险，咬牙返还了两位朋友投进养猪场的钱。2019年K在之前养猪场的地块上建起畜棚开始养牛。此番K吸取了之前的双重教训，按照要求办理了全部手续。而合作的对象变成自己的亲戚，并且日常的运营全部由K和自己的儿子负责。农民的卸责不仅表现在“趋利避害”上。泉曲村的O书记2006年开始办养羊场，2008年在养羊场的基础上成立了合作社，股东是O以及O的三个兄弟。出于对自身村支书身份的考虑，希望带动村民一起发展因而吸收了同村的5户村民。O兄弟投了点儿钱，对5户村民没有提出投资要求。结果是这5户村民既不投钱也不出力，对于合作社的运营毫不关心。O认为虽然自己是村干部，带着村民脱贫增收本是应尽之责，但是把合作社干成福利社有违初衷，最终2010~2014年，5户村民悉数退出了合作社。

综合K和O的经历，农民的卸责行为导致合作社处于两难的境地——一方面，要求合作各方投入资本虽然在一定程度上能够起到促使参与各方关心合作社的作用，但当合作社经营陷入困境时，绝大多数参与者都要求合作社发起人担负起全部责任而推卸掉自身应承担的责任；另一方面，发起者单纯出于组织村民共同参与合作社的目的而对其没有资金投入的要求时，则易出现由于没有任何形式的投入而使得其对于合作社的运营不甚关心的问题，也更谈不上有效的组织。

二是合作模式的局限性。不论是S村的K，还是泉曲村的O。筹办合作社寻求的首先是亲属，其次是朋友。对于朋友的要求也是知根知底（在一定程度上可以将这种朋友关系视为一种拟亲属关系）。实际上不仅是筹办合作社，在乡村范围内经济联系也往往建立在亲属关系（也可扩展至熟人）之上，与经济活动相关的筹措资金、控制风险、制定决策最为通用的方式是求助亲属。这种亲密关系开始于合作社建立，或者可以说没有亲密关系合作关系就难以建立。因此，亲密关系就在一定程度上取代了正规的组织程序进而影响合作社的正常运营。比如合约、章程、权责分配等。即便是合作社的发起者也不好意思在亲属/密友同意加入合作之后便约法三章，难以把“丑话说到前头”，这为卸责行为的发生提供了可能。

三是合作社的隔离作用。无论是个体经营还是企业主导，对于其所在的村庄而言绝大多数情况下所起的作用是为合作社提供经营用地，这种情况使得村庄只扮演土地供给的角色。实际上这种角色在一定程度上是受到鼓励的，因为通过这种方式一方面土地得以集中，另一方面实现了农村劳动力的“解放”并使其得以“转移”。实际上，这进一步促成了农民与土地的脱离。因此，以往与农民息息相关的，无论是政策措施还是技术投入，都转而与合作社直接发生关系。以谁种地谁收益的农业直补为例，当下就直接由合作社收取而与农户无关。虽然土地流转原则上以村集体为主体来开展，一方面为农民开拓收入渠道提供基础，另一方面使土地继续发挥保障农民生活的功能，但实际上村集体难以承担起这样的责任。S村村两委曾经作为担保人将村中的土地承包给一位药材商，但当年药材生意不景气，导致药材商没等到承包土地上的药材收获就不见了踪影，将土地流转出去的村民找不到药材商转而找村两委讨要流转费用。经此一事，村民在流转土地时不再经过村两委，同时村两委对村中土地的私下流转也是睁一只眼闭一只眼。

四是“能人”自身的问题。能人固然是当前农牧业合作社最主要的领导者和负责人，但是需要注意的是，能人自身是不稳定的。就K而言，且不论其外出务工是否能称得上成功，但对于农民而言，迈出外出务工这一步有着极为关键的意义。因为它意味着脱离农业生产仍然可以获得收入。所以，“能人大多不从事传统的农业生产（从事农业生产的，亦非传统的粮食作物种植），亦或说脱离农业生产是造就能人的重要原因。能人的经济行为有较浓重的随意性或者说投机性，因为其最终目的是增加收入，所以何种渠道能够达到这一目的，能人就有可能抛弃之前的谋生手段转而投向收入更高的谋生方式”。①

五是合作社嵌入程度问题。本报告一开始指出合作社的“合作”属性，

① 索南努日、朱学海：《一个村落社会中的合作社运转及社会关系变化》，载郑堆、索端智主编《青藏高原乡村振兴理论与实践》（第一辑），中国藏学出版社，2021，第7页。

是以农民（被）组织起来为基础的。而农民（被）组织起来正是应对当下农村生活“个体化”、农村社会“原子化”最直接的手段。更进一步，只有当村民能够（被）组织起来，党领导下的村民自治才有可实践的基础。而目前的情况是合作社从成立开始，涉及的范围仅限于亲属/密友，对于关系不太紧密的村民，至少在合作社成立伊始并不在考虑范围之内。

四　对策建议

通过分析农民自发成立合作社采取的合作模式，可以看到：农民的合作以亲密关系为基础，围绕某个“能人”达成，但合作各方都有对于风险和利益的盘算并且利用亲密关系对合作施加影响和限制。因此，对于由农民组织起的农民组织——合作社的分析，能够对在更大范围内比如村庄中，对于将农民组织起来的可能及方式提出如下建议。

（一）提高合作社的规范程度

相关管理部门应当加强对于合作社的章程、制度如财务会计制度、议事制度的审核和日常管理，对于章程、制度不完善的合作社，在成立之初就做好指导管理工作，杜绝合作社“带病成立”。将不落实章程、制度的合作社作为重点督导对象，及时指明、限时整改，杜绝合作社“带病运行”。合作社自身要依据已出台的政策、条例制定符合自身实际情况的章程、制度，合作社的各项事务做到依规而行，实现民主管理、民主监督，建立成员账户和档案台账，及时公示合作社变更登记和年度报告。着力开展《中华人民共和国农民专业合作社法》《农民专业合作社登记管理条例》《农民专业合作社示范章程》《青海省农牧民合作社规范提升 16 条》《青海省农牧民合作社省级示范社评定及监测办法》等系列法规、条例的宣传，提升上述法规、条例的知晓率。严格贯彻《中华人民共和国农民专业合作社法》《农民专业合作社登记管理条例》《农民专业合作社示范章程》等系列法规、条例，落实准入机制。根据现有的运营困难合作社的实际，对其困难的成因（资金不足、管理不善等）进行分类，制定有针对性的具有普遍指导意义的处理方案。对确实无法继续运营的合作社制定简易注销办法，解决退出难问题。

（二）提升资金扶持精准化程度

在合作社筹备过程中，针对合作社的资金扶持需要精准投放。在调研过程中，政府层面对于合作社的扶持有一揽子方案，比如在全省范围内确立试点予以重点扶持。但其中存在得到扶持的已（初）具规模，需要扶持的因规模不够得不到扶持的问题。当然，政府在认定试点时有自身的考虑，如试点的基础（以初具规模或者已具规模为重要条件）、投资见效需要的时长等。但无论从试点的范围还是所扶持的合作社主营项目来看，覆盖面都较为有限。相当一部分尚处于运营初期，主营粮食作物种植的合作社没有得到足够重视。目前合作社已得到相当程度的规范，依照已出台的政策法规，严格审批程序的同时，对已经获批得以成立的合作社尤其是从事传统种植业的合作社至少在资金扶持方面给予政策倾斜，对于合作社而言能够起到很大的助力。同时，这在一定程度上可以减少单纯基于民间筹措资金而导致的亲密关系对于合作社的消极影响。

（三）强化亲密关系作为组织基础

无论是实际呈现还是“被想象”的情景，亲属/密友这种原生纽带（primordial ties）在当下的农村依然存在并且起着重要的作用。在组织农民的过程中，充分认识到原生纽带的联系、作用以及影响。在充分认识并重视农民的能动性的同时，避免将能动性庸俗化——农民只会算计眼前的小利小惠，认为只有有利可图才能调动起农民的积极性与参与意识。打破“以利相交”的窠臼，多打、善打“感情牌”。利用自然因素——村庄周围的山水乃至村庄自身如建筑布局、风格等，社会因素——村庄的历史，每一户村民对于村庄存续至今所做的努力与贡献（从这个意义上说，村史馆起着非常积极的作用。但是要避免仅将其作为旧有生产工具、村庄新旧貌对比的场所），家谱等的作用，尽可能重建、强化原生联系，最终旨在唤起、增强农民对于农村的认同感、归属感。更进一步，村庄文化的建立亦以原生纽带为基础，并通过后者的强化使原生纽带得到强化。

（四）进一步突出合作社的“合作”属性

“我们的新乡村建设中，与20世纪前辈们类似的一项重要的工作是发动农民。因为只有让农民组织起来，才能集合谈判，才有谈判地位、有谈判能力，才有形成社会契约的条件。反过来讲，如果农民不能组织起来，那么高度分散的农民就不可能集中地表达自己的利益；如果农民不能集中地表达自己的利益，那么社会上的任何主体下乡与分散农民所签的合同，几乎不能得到有效的执行，这个社会契约关系就建立不起来。”① 合作社作为一种经济组织，收益与风险是并存的。没有哪一个合作社敢于承诺自己只会盈利而没有经营失败的可能。农民的卸责行为与利益共享、风险共担的合作社存续基础相违背，打击的是发起、运营合作社的积极性。对于合作社的考察，在以往重视其经济功能发挥的同时，应更加注重其在实现组织农民方面发挥的功能。不盈利固然称不上成功的合作社，但仅限于盈利，则在一定程度上将合作社视为盈利手段，而参与其中的农民仅因“以利相交”而组织在一起。所以，在合作社的成立及运营过程中，需要进一步突出其“合作”属性，在完善制度的基础上，明确合作社参与各方的权、责、利，风险共担、利益共享，推动其积极参与合作社的运营，逐步培养其责任意识，最终实现通过关心合作社进而关心村庄的发展。

① 温铁军、梁少雄、刘良：《乡建笔记——新青年与乡村的生命对话》，东方出版社，2020，第6页。

社 会 篇

Society Chapters

B.8
2021 ~ 2022年青海法治建设形势分析与预测

“青海法治建设形势分析与预测”课题组*

摘　要： 2021年是党领导人民实现第一个百年奋斗目标、开启实现第二个百年奋斗目标新征程的关键之年，全面依法治国迈入新征程，青海法治建设在依法治省中取得显著成效。本报告就法治建设中的立法、执法和普法问题进行全面研究，为使研究具有客观性和准确性，采取实地调研的方法进行评价，对法治建设的特点、困难与挑战、形势分析与预测、推进法治建设的对策建议四个方面进行思考，认为法治建设能够对地方社会发展发挥有力的保障与促进作用。

关键词： 法治建设　科学立法　法治政府　全民普法　青海省

* 课题组组长：张立群，青海省社会科学院政治和法学研究所所长、教授，研究方向为地方法治建设。课题组成员：高永宏，青海省社会科学院政治和法学研究所研究员，研究方向为社会法、司法制度、社会治理；娄海玲，青海省社会科学院政治和法学研究所副研究员，研究方向为法社会学；董华朋，青海省社会科学院政治和法学研究所助理研究员，研究方向为党内法规。

进入新发展阶段、贯彻新发展理念、构建新发展格局，是青海全面进入社会主义现代化建设的新起点。在新发展阶段，青海在党和国家工作中的战略地位日益提升，法治建设承载着重要的规范功能，是推进青海省“一优两高”战略、“五个示范省”“四地”建设的重要保障。面对新形势、新任务、新要求，青海法治建设要体现“国之大者”“省之要情”的要求，着力加强地方立法，加快建设法治政府，不断强化普法宣传教育，在更高的起点上实现地方治理体系和治理能力现代化。

一　2021年青海法治建设的特点

2021 年，青海法治建设特色鲜明，成效显著。地方立法的程序不断完善，立法质量得到提高，法治政府建设顺利推进，依法行政迈上新台阶，普法宣传教育深入开展，公民的法治意识不断增强。

（一）2021年青海地方立法稳中有进

2021 年，青海省立法工作坚持以习近平新时代中国特色社会主义思想为统领，深入学习贯彻习近平法治思想，坚持党的领导、人民当家作主、依法治国有机统一，持续推进科学民主依法立法，不断完善立法相关制度，全面提升立法质量与数量，充分发挥立法对全省进入新发展阶段的保障与支撑作用。

1. 坚持党对立法格局工作的全面领导

把习近平法治思想贯彻立法的各个层面，立法中坚持把党的领导作为立法工作的基本出发点，发挥党总揽全局的作用，保证党的路线、方针、政策和决策部署在立法中得到贯彻和有效执行，将党的主张通过法定程序成为国家意志，始终体现出党对国家和社会的领导，不断增强“四个意识”、坚定“四个自信”、做到“两个维护”，做到政治上坚定、思想上明确、行动上自觉。

2. “一优两高”地方立法格局逐步形成

制定、修改省级地方性法规 7 件，其中，制定 5 件、修改 2 件，为全省改革发展稳定提供了坚实基础。制定出台《青海省鼠疫防控条例》；推进社会信用体系建设，制定出台《青海省公共信用信息条例》；规范国有土地房屋征收与补偿活动，出台《青海省国有土地上房屋征收与补偿条例》；预防和惩治毒品违法犯罪行为，制定《青海省禁毒条例》；持续优化营商环境，激发市场活力，推动高质量发展，制定《青海省优化营商环境条例》；为保障公民宗教信仰自由，维护宗教和睦与社会和谐，规范宗教事务管理，修改《青海省宗教事务条例》等。体现出高质量立法是保障经济社会高质量发展的前提条件和重要基础。

3. 生态环保立法强力推进

习近平总书记指出：“保护好青海生态环境是‘国之大者’，要牢固树立绿水青山就是金山银山的理念，切实保护好地球第三级生态。”青海积极推进生态环保立法，制定修改了《青海省湿地保护条例》《青海省湟水流域水污染防治条例》《青海湖景区管理条例》《青海省生态文明建设促进条例》《青海省实施〈中华人民共和国水土保持法〉办法》《三江源国家公园条例》《青海省可可西里自然遗产地保护条例》《青海省大气污染防治条例》等法规。现生态领域立法达 72 件，占立法总数的 26%，构筑起具有青海特色的生态保护制度体系。还编制大气污染防治规划和标准制度，细化农作物秸秆利用处理，推进工地和运输车辆扬尘污染防治，发展绿色交通体系，等等。重点细化强化法律责任，增强条例的可操作性、规范性、可行性，以创新制度助力绿色发展，力争生态保护的全覆盖，实现在保护中发展、在发展中保护的社会效益。

4. 野生动物保护立法不断完善

新冠肺炎疫情发生后，青海省人民代表大会常务委员会审议通过《关于禁止非法猎捕、交易和食用野生动物的决定》，对非法猎捕、交易和食用野生动物的行为，明确政府及相关部门的监管责任，为从源头上控制重大公共卫生风险提供保障。在此基础上，开展野生动物保护条例立法工作，积极探索建立补偿机制，对省政府出台的《青海省重点保护陆生野生动物造成人身财产损失补偿办法》、三江源国家公园管理局编制的《三江源草食野生动物与家畜争食草场生态补偿试点方案》中“人兽冲突”问题做出探索性的规定。

5. 自治条例修订工作全面展开

在新的历史起点上，扎实开展自治条例修订工作。2020 年，在全国率先开展新一轮自治条例修订工作，现已完成修订 11 件，占总数的 85%。同时，实现了从省到自治州民族团结进步条例的全覆盖，形成了民族团结进步事业的“青海样板”。充分发挥自治条例的规范、引领、推动、保障作用，对经济社会的高质量发展进行补充，用法治方式铸牢中华民族共同体意识，教育引导各族群众增强“五个认同”，促进各民族交往、交流、交融，践行社会主义核心价值观等。同时，对监察委员会以及统筹推进教育、科技、文化、体育、卫生事业发展等做出规定，体现了自治州指导思想的与时俱进，先后审查批准了海南、海北、玉树州自治条例，实现依法自治与党的民族工作的有机衔接、相互结合。

6.《青海省高原美丽城镇建设促进条例（草案）》不断细化

突出新发展理念，围绕老城更新兼顾历史文化名城保护、倡导垃圾分类和绿色出行、发展数字经济、形成高原山水城相融美丽城镇等要求，完成了《青海省高原美丽城镇建设促进条例（草案）》的起草审查工作，实现了地方立法的创新性和先行性。此外，针对省情，制定和批准了《青海省物业管理条例》《海东市移风易俗促进条例》等地方性法规，体现出地方立法紧扣时代发展脉搏，立足不同区域，形成能够接地气、有效益和规范社会生活的地方性法规体系。

7. 立法的精细化、精准化得到实现

在特定时期全面统筹推进疫情防控和复工复产工作，先后对西宁、海西、玉树州就加快环境保护、促进中小企业发展进行立法修法，为积极服务于大局提供有效保障。围绕城镇农村牧区自宰自食和偏远地区小型屠宰点设置、不合格产品召回等群众关注的热点问题，开展畜禽屠宰管理条例草案的起草审查，重点突出“有特色、能管用、效果好”，有效提升立法的针对性和可操作性，保障地方立法的务实性。

8. 科技成果依法转化形成有效保障

地方立法坚持“问题导向、目标导向，结果导向”，就扶持重点领域科技成果转化、完善科研人员评价机制、明确企业在科技成果中的主体作用等相继出台了操作性较强的地方性法规，突出扶持生态环保、清洁能源、新材料、特色农牧业等领域的科技成果转化项目，建立完善科研评价体系，提高科技人员奖励报酬比例，鼓励科研人员离岗创业等，为更好地促进科技成果转化、有效发挥科技第一生产力的作用提供条件。

9. 公益诉讼法律制度得到落实

青海省第十三届人大常委会第二十八次会议通过《关于批准设立青海省三江源地区人民检察院的决定》，自2021年12月1日起，设立青海省三江源地区人民检察院，主要管辖青海省内发生的跨区域生态环境和资源保护公益诉讼案件。三江源地区检察院的成立对青海省生态环境保护发挥了极其重要的作用，彰显了全社会生态行为的规范化和有序化，使“国之大者”和“省之要情”在司法上得到有效体现，也为青海生态文明建设提供了坚实的保障。

（二）2021年青海法治政府建设成效明显

2021年，青海省认真贯彻落实习近平法治思想，做好《法治政府建设实施纲要（2015—2020年）》收官和《法治政府建设实施纲要（2021—2025年）》开局的各项工作，法治政府建设取得明显成效。

1. 政府机构职能体系逐步优化

深入推进政府职能转变。推动有效市场和有为政府有机结合，推进部门权力进一步“瘦身”、审批流程不断优化、市场门槛不断降低，以优良营商环境吸引培育更多的市场主体。加快建立行政许可事项动态化清单模式，推行证明事项和涉企经营许可事项告知承诺制，深化投资“审批破冰”和工程建设项目审批制度改革，全面推行“一网通办”“跨省通办”“不见面审批”。加快推行“互联网 + 监管”，完善以信用监管为核心的新型监管机制。[①]

2. 政府治理法治化进程不断加快

政府立法取得丰硕成果。2021 年初，制定《青海省人民政府 2021 年立法工作计划》，确定了 11 项力争年内完成的立法项目、22 项重点调研项目、28 项酝酿论证项目，做到短中长期兼顾、轻重缓急有别，形成政府立法可持续、高质量发展格局。2021 年，提请省人大常委会审议地方性法规 12 件，已审议通过 3 件。省政府常务会议审议通过政府规章 1 件。主动接受人大监督，青海省人民政府向青海省第十三届人大常委会第二十六次会议做了关于 2015 ~2020 年法治政府建设情况的专项报告。

3. 行政决策制度体系更加健全

牢固树立依法决策意识。严格落实重大事项社会稳定风险评估制度，对关系人民群众切身利益特别是弱势群体切身利益、涉及面广、容易引发社会稳定问题的重大事项做到应评尽评，在做出行政决策前均进行专家论证和风险评估。严格落实重大行政决策程序。2020 年 12 月，青海省人民政府令第 126 号公布了《青海省人民政府重大行政决策程序暂行规定》，自 2021 年 1 月 1 日起施行。

4. 行政执法水平得到提升

深化行政执法体制改革，推动市场监管、生态环境保护、城市管理、交通运输、文化市场等领域的综合执法改革，实现执法职能的相对集中。加大重点领域执法力度，加大安全监管执法力度、自然灾害风险防范力度，加强反垄断和反不正当竞争执法。完善行政执法方式，强化行政执法及监督协调，加强行政执法与刑事司法的有机衔接，建立联席会议等制度。

5. 矛盾纠纷化解能力持续增强

优化行政复议工作流程，推动中央关于行政复议体制改革的决策部署在

① 《政府工作报告——2021 年 1 月 30 日在青海省第十三届人民代表大会第六次会议上》，青海省人民政府网，http：//www. qinghai. gov. cn/xxgk/xxgk/gzbg/202102/t20210209_ 181967. html，最后检索时间：2021 年 12 月 14 日。

青海落地。健全预防与依法化解矛盾纠纷机制，充分整合各级政府、有关职能部门资源，广泛拓展线上线下渠道，常态化深入开展矛盾纠纷排查化解和研判分析工作，确保各类矛盾纠纷在基层得到化解。截至 2021 年 6 月底，全省开展矛盾纠纷排查 108421 次，调解矛盾纠纷 11780 件，调解成功率为 98.9%。① 着力提升社会治安立体化、智能化防控能力与水平，扎实推进社会治安重点地区突出治安问题的排查整治，全省社会治安形势持续向好，已连续 6 年未发生影响安全稳定的重大案事件。②

（三）2021年青海法治宣传教育有效开展

法治宣传教育作为一项长期性、系统性的惠民工程，是促进社会关系明确和谐、社会治理水平提高的重要手段，也是建设富裕文明和谐美丽新青海的法治保障。

1. 普法工作机制逐步完善

党委领导、政府实施、各部门各单位齐抓共管、全社会共同参与、横向贯通、纵向到底的“大普法”格局初步形成。以普法责任机制、普法责任清单、履职报告制度为主要内容的普法工作机制逐步完善。2021 年青海省出台了《关于开展第八个五年法治宣传教育的决议》，制定了《2021 年度青海省普法依法治理工作要点》《加强领导干部和公职人员学法用法工作的实施意见》《关于贯彻落实建立国家机关“谁执法谁普法”普法责任制的实施意见》《关于加强法官、检察官和行政执法人员“以案释法”制度的实施意见》等相关法规制度，从制度层面保障了守法和法治宣传教育的开展。

2. 普法宣传教育效果明显

公职人员学法守法制度化。全面推行国家工作人员网络普法考试、领导

① 范玳玮：《深入学习贯彻习近平法治思想推动青海司法行政工作跑出“加速度”》，青海司法行政网，http://sft.qinghai.gov.cn/pub/qhsfxzw/sfxzyw/sfxzyw/202107/t20210727_66691.html，最后检索时间：2021 年 12 月 14 日。

② 李延绯：《我省连续 6 年未发生影响安全稳定的重大案事件》，《西海都市报》2021 年 4 月 16 日，第 A3 版。

干部法律知识任职资格考试和厅级干部法治讲座。守法普法创建活动深入开展。全省深入开展“法治县（市、区）创建活动先进单位”“民主法治示范村（社区）”“尊法学法守法用法示范寺观道堂”等的创建工作，截至2021年6月底，累计创建“民主法治示范村”2290个，其中国家级55个、省级228个。创建国家级法治县（市、区）13个，省级法治宣传教育基地4个，“法律进宗教场所”示范点15个，“尊法学法守法用法”示范寺观教堂20个，青少年法治教育实践基地17家。[①] 法律进宗教活动场所效果显著。成立宗教活动场所法治宣讲团，运用“双语”分层次宣讲法律法规，截至2021年7月，共组织开展宗教活动场所专题宣讲活动70余场次，僧众的法律意识得到增强，普法成效显现。

3. 普法宣传形式不断丰富

传统普法形式得到强化。广播电视、报刊、网络开设法治专栏，推出法治宣传节目，形成报刊有专栏、电视有图像、广播有声音的法治宣传模式。同时，“法律七进”活动取得显著成效。智慧普法实现新突破。建立青海省普法大数据平台，现有26个新媒体平台入驻，阅读量达4.22亿人次[②]，真正实现了掌上普法、智慧普法。移动普法得到拓展。农牧区采取组建马背法治宣讲队、摩托车法治宣讲队、感恩宣讲队、大篷车宣讲队等方式，进行移动普法宣传；城镇利用公交、外卖、快递公司开展流动宣传。2021年西宁开通首个《民法典》宣传公交专线，拓宽了法治宣传教育的受众面。

4. 法治文化建设初显成效

重视法治文化阵地建设，截至2021年7月，共建成各类法治公园、广场、长廊、展馆、基地、街（社区）4054个，村居法治宣传栏5759个，其中20个法治文化阵地被命名为“法治文化建设示范点”[③]，为法治宣传教育

① 青海省司法厅：《高原绽放“普法之花”》，“青海普法”百家号，https：//baijiahao. baidu. com/s? id = 1703937708346207012，最后检索时间：2021年12月14日。

② 青海省司法厅：《深入学习贯彻习近平法治思想，推动青海司法行政工作跑出“加速度”》，“青海普法”百家号，https：//baijiahao. baidu. com/s? id = 1706421582344818545，最后检索时间：2021年12月14日。

③ 邢生祥：《青海建成4054个法治文化主题阵地》，《工人日报》2021年10月21日，第6版。

提供了固定场所。尤其是2021年8月在海南州法治宣传教育基地建成了全省第一家宪法馆，对宪法的宣传普及具有重要的现实意义。丰富法治文化活动，将地方特色文化与法治宣传教育相结合，利用“花儿”“贤孝”等地方传统曲艺形式和方言编排农村邻里之间的普法连续剧，丰富了法治文化活动，提升了群众学法、守法、用法的积极性。

5. 普法保障能力增强

增加普法宣传经费。普法人均经费从“六五”普法时的0.2元提升至2元，部分州县人均经费达到3元，为守法普法工作提供了坚实的物质保障。加强普法宣传工作队伍建设，截至2021年7月，全省成立法治讲师团32个，成员共550人，全省普法志愿者人数达3661人。[①] 加大普法基础设施建设力度，现已建成省、市（州）、县（区）、乡（镇）、村五级公共法律服务中心（站、室）5088个，在185个市（州）、县（区）、乡（镇）投入104台公共法律服务亭和84台公共法律服务机器人；[②] 同时，每年用于改善普法宣传设施、器材的投入达3000万元，全省普法保障能力得到增强。

二　当前青海法治建设面临的困难与挑战

2021年青海法治建设取得了显著成效，为建设富裕文明和谐美丽的新青海提供了重要保障，但是仍然存在立法数量供给不足、质量水平不高、法治政府建设步伐相对缓慢、普法宣传教育基础相对薄弱等困难与挑战。

（一）地方立法的引导与保障作用有待提升

立法是为社会定方圆的神圣工作，是明确相关规则要求的重要体现。高

---

① 青海省司法厅：《高原绽放“普法之花”》，“青海普法”百家号，2021年6月30日，https://baijiahao.baidu.com/s?id=1703937708346207012，最后检索时间：2021年12月14日。

② 青海省司法厅：《让群众共享公共法律服务福利——青海省公共法律服务体系建设不断完善》，“青海普法”百家号，2021年2月2日，https://baijiahao.baidu.com/s?id=1690598037383892667，最后检索时间：2021年12月14日。

质量的立法是新时代对立法工作的新要求，立足省情，在准确把握战略地位，突出生态安全、国土安全、资源能源安全等方面与地方发展需求相比还存在一定差距。地方立法对经济社会发展引导作用有待提升。地方立法对提高资源综合利用水平、形成具有国际影响力的产业集群的制度保障不足，从顶层设计到实际落地尚未形成整体与系统的立法格局，尤其是在重点围绕“十四五”规划和2035年远景目标纲要，对接新时代西部大开发、“一带一路”高质量发展、长江经济带发展、黄河领域生态保护等战略部署方面，缺乏立法制度层面上的整体规划与设计。青藏高原生态文明高地建设有待规范化。面对日益突出的保护与发展矛盾，缺乏制度层面的整体设计，对绿色发展新高地、国家公园示范省新高地、人与自然生命共同体新高地、生态文明制度创新新高地、山水林田湖草沙冰保护和系统治理新高地等方面的制度设计相对不足。备案审查工作有待完善，全省备案审查尚未形成“一盘棋”的思路，备案审查的范围与标准不够明确，相关制度机制、工作流程、机构设置不够规范。备案审查工作上下联动、整体推进的效果不甚理想，影响了规范性文件审查的规范化和常态化。

（二）法治政府建设步伐有待加快

青海法治政府建设取得了较明显成效，但也存在一些短板和弱项，需要继续深化改革，着力加以解决。政府治理能力和水平有待提升。行政法治保障与全省经济社会发展还有不相适应的地方，特别是助推青海主动对接国家战略、积极融入全省重大发展战略等方面的政府立法还需要进一步加强。政府全面规范履行职能有待加强。推进各级政府事权规范化、法定化任务较艰巨，市、州、县层面行政决策规则、程序和执行评估机制尚不健全，重大决策终身责任追究制及责任倒查机制未能完全落实，行政执法体制机制改革特别是综合执法改革还需进一步强化。行政执法规范化建设步伐有待加快。全面落实行政执法责任制，严格规范公正文明执法，规范执法自由裁量权任重而道远，涉及民生、公共安全、社会治理、生态环境保护等方面的行政执法和监督还需全面加强。政府法治人才队伍建设有待加强。政府法治人才队伍数量相对不足、质量相对不高，依法应对信访、行政调解、行政复议、行政裁决、行政诉讼的力量较为薄弱，落实新时代法治政府建设任务的干部队伍素质还需持续提升。

（三）普法宣传教育基础有待夯实

普法宣传方式单一、学用结合不紧密、普法创新力度较弱，使得法治宣传实效性不强，普法宣传教育与群众对其多样化的需求还有一定的差距，尤其是普法宣传教育为基层社会治理提供服务的主动性欠缺、针对性不强，打造和培育的亮点和典型还不多，典型示范引领的作用不强，因而不能完全激发全社会大普法的整体合力；个别部门对普法工作缺乏积极性和主动性，“谁执法谁普法”“谁管理谁普法”“谁服务谁普法”的普法责任机制落实还不到位，普法宣传工作还存在地区和部门之间不平衡的问题；机构改革后，由于司法厅（局）新增了职能和职责，但部分州县人员和编制并未增加，普法宣传教育工作量增加与专业人员缺乏的新矛盾出现，因而普法活动也受到一定的影响。

三 2022年青海法治建设形势分析与预测

2022 年，青海在法治建设方面将深入学习贯彻习近平法治思想，贯彻落实省委全面依法治省工作会议精神，充分发挥法治的规范功能与指引作用，有效推进社会治理体系和治理能力现代化，全面建设社会主义现代化省份，在科学民主立法、法治政府建设提质增效、法治宣传教育扩面增质等方面精准发力，充分发挥制度的供给功能。

（一）地方立法与时俱进

经过青海各族人民的共同努力，青海实现了第一个百年奋斗目标，全面建成小康社会。随着社会主要矛盾的变化，人民对美好生活的需求不断丰富，对民主政治、法治社会、公平公正、正义平等、民生保障、安全需求、生态建设等方面的要求日益增长，需要更加健全的立法提供保障。青海进入新发展阶段，需要立法紧密地协调和配合，力争做到通过创新完善立法，使立法能够保障各项领域的有章可循，将深入推进依法治省工作，促进人大更好地行使立法权、监督权等法定权力。同时，青海是多民族、多宗教地区，加强民族团结、依法管理宗教、维护社会稳定是新时代对地方立法的新要求，要适应发展变化的形势需要，切实强化地方立法，以有效发挥地方立法的价值导向作用。一是地方立法工作要适应形势发展变化，突出高质量发展要求，总结近年来青海地方立法的规律，准确把握党和国家对法治建设的战略部署，科学确定地方立法的工作重点和方法路径。二是地方立法积极主动回应人民群众对美好生活的期待，统筹安排好地方性法规的“立改废释”工作，制定与时代发展相符合、与人民群众的利益诉求相契合的法规，用高质量立法确保高品质生活，有效推动经济社会高质量发展。三是积极探索适合地方发展的“小而精”立法模式，形成“有特色、精细化、可操作”的地方立法模式。聚焦生态环保、民生保障和社会治理等重点领域，以“小切口”解决“大问题”，努力实现每一条法规内容都能用、管用、好用，切实体现制度的规范效能。四是加大对《青海省各级人民代表大会常务委员会规范性文件备案审查条例》的执行力度，对事关重大改革和政策调整、涉及法律修改、关系公共利益、易引发社会关注的事项，做好地方性法规备案审查工作，切实解决与上位法、中央精神不一致、不衔接、不适应的情况，有效维护法治的统一与协调。

（二）法治政府建设提质增效

法治政府建设是全面依法治国、建设社会主义法治国家的重要环节，是一体推进法治国家、法治政府、法治社会建设中承上启下的关键。过去，青海法治政府建设取得了不俗成绩，也存在一些弱项和短板，未来，青海各级人民政府将进一步加快法治政府建设步伐，打造让人民满意的政府。一是政治建设进一步加强。中国共产党的领导是中国特色社会主义最本质的特征，坚持党对立法工作的全面领导是中国特色政府立法必须遵循的首要原则，不能有丝毫动摇。2022 年，青海省各级人民政府将继续坚持党对法治政府建设的全面领导，严格执行重大事项请示报告制度，牢牢把握“国之大者”“省之要情”，不断提高政府工作的政治判断力、政治领悟力、政治执行力。二是政府治理能力和水平进一步提升。迈入全面建设社会主义现代化国家新征程，对各级政府治理能力和治理水平提出了新要求。各级政府行政决策程序更加严格、规范，政府立法保障供给侧改革进一步深化，政务公开范围更广，“放管服”改革持续深化，一体化政务服务平台建设迈上新台阶，运用法治思维和法治方式将推进政府管理与服务的能力进一步提升。三是行政执法体制机制进一步完善。政府行政执法要权责清晰、运转顺畅、保障有力、廉洁高效，着力提高行政执法科学化、规范化、程序化水平，让人民群众感受到公平正义。各级政府将认真贯彻落实国务院和青海省关于法治政府建设的决策部署，继续深化行政执法体制机制改革，进一步提升综合执法效能，严格规范公正文明执法，全面落实行政执法责任制，重点领域行政执法和监督将持续加强。四是应对各种风险挑战的能力进一步增强。坚持运用法治思维和法治方式应对突发事件，不断提高应对各种风险挑战的能力，是新时代对人民政府的必然要求。各级政府将牢固树立整体国家安全观，进一步优化行政争议解决流程，依法开展社会稳定风险评估，着力构建多元化矛盾纠纷行政预防调处化解机制，政府突发事件应对制度体系将更加健全完善，依法应对新冠肺炎疫情能力将进一步提升，人民群众的安全感、获得感将进一步增强。

（三）普法工作持续深入推进

2022 年青海省将在“八五”普法工作扩面增质的基础上，积极协调普法宣传力量，创新法治宣传教育形式，突出法治宣传教育内容，加大普法宣传力度，不断推进普法的各项工作。一是学习内容将突出重点。2022 年青海省将继续重点学习宣传习近平法治思想，深入学习宣传宪法、党内法规及《民法典》等相关法律法规，加强对生态环境保护、乡村振兴、国家安全、知识产权及公共安全等法律法规的宣传学习，突出宣传青海省《关于开展第八个五年法治宣传教育的决议》，使法治宣传教育在深度和广度上有新突破。二是对重点人群的普法宣传教育将持续强化。全省将持续强化对领导干部、青少年、宗教教职人员、行政执法人员、弱势群体及村（居）民等重点群体的守法普法宣传教育工作，突出重点，以点带面，推动普法工作全方位地开展。三是普法宣传新形式将得到创新。青海省在优化传统普法形式的基础上，将强化线上线下相结合的宣传方式，推进线上宣传方式，优化线下宣传方式，多形式、多渠道开展法治宣传教育，深化普法宣传效果，形成大普法的社会合力。四是普法作品将更加突出地方特色。青海将结合地方实际，以群众易接受、内容有地方特色、形式简单明了为原则，突出创作青海特色的法治作品，持续丰富法治宣传教育原创产品。五是基层普法宣传队伍建设将得到加强。将加大对农牧区“法律明白人”“一村一法律顾问”的培养实施力度，为全面提升守法普法工作提供有力的保障。

四　推进青海法治建设的对策建议

2022 年是“十四五”规划实施承上启下的关键时期，青海法治建设成效进一步显现，但也面临诸多困难与挑战，为推进青海地方立法高质量发展，加快法治政府建设步伐，加大普法宣传教育力度，特提出如下对策建议。

（一）推进青海地方立法高质量发展

2022 年，青海立足新发展阶段，贯彻新发展理念，构建新发展格局，以习近平法治思想为指导，贯彻习近平关于坚持和完善人民代表大会制度的重要思想，落实党的十九届五中全会精神和省委各项决策部署，紧扣深化拓展“一优两高”、培育发展“四种经济形态”、持续深化“五个示范省”建设要求，加快建设具有青海特色的现代化经济体系，推动以国家公园为主体的自然保护地体系建设，地方立法应当坚持立法为民，依法履职尽责，积极改革创新，着力提高立法质量和效率，为建设富裕和谐美丽幸福的新青海提供制度保障。

1. 加大民生领域地方立法的力度

突出有关生态环境保护、循环经济发展、文化传承保护、公共卫生安全及《民法典》等法律法规的实施要求，相应地制定有地方特色的规范性文件，以全面贯彻落实党中央和习近平总书记对青海指示批示精神为指导，对现阶段发展的方位和定位进行准确把握和深刻理解，特别是对涉及公共领域的《青海省鼠疫防控条例》《青海省公共信用信息条例》《青海省国有土地上房屋征收与补偿条例》《青海省禁毒条例》《青海省宗教事务条例》《青海省预算审查监督条例》《青海省优化营商环境条例》《青海省循环经济促进条例》《青海省非物质文化遗产条例》《青海省实施河长制湖长制条例》《青海省生态环境保护条例》《青海省消防条例》《青海省发展中医藏医蒙医条例》及时进行全面具体和可操作性的补充、完善和修改，使之能够得到更好的落实和执行。

2. 健全立法协商工作机制

按照关于建立立法协商工作制度备忘录的要求，在统一审议有关法规案时，在更大范围上广泛征求政协委员、民主党派、工商联、无党派人士意见，充分发挥他们在立法中的咨政建言作用。同时，做好法律法规和其他规范性文件草案征求意见反馈程序，尤其是对全国人大常委会法工委、省人大专门委员会、省政府有关部门、市州县人大常委会征求意见的法律法规条例和其他规范性文件草案进行深入研究，通过“全方位、多层级、相衔接”的要求，提出修改意见，提高立法质量。

3. 加强备案审查制度建设

按照相关规定，全面贯彻执行全国人大及其常委会有关法规的备案审查工作要求，加强备案审查工作，对规范性文件的备案审查范围、审查要求、审查程序以及处理结果等重点制度进行全面设计，对法规草案开展通过前评估，为进一步修改规范性文件备案审查条例奠定基础。同时，根据中央、省委关于加强县乡人大工作的要求，及时修改完善乡镇人大工作条例，引领和保障基层民主政治建设不断向前推进。

4. 建立健全立法评估流程

全面开展立法后评估工作，准确了解和掌握法规实施的法律效果和社会效果，为今后立法修法积累经验。通过评估全面评判与党中央政治要求、与上位法及相关规范性文件是否相符合，与当前形势和任务是否相适应，与立法机关职权职责是否相一致，实事求是、客观公正地进行评判，检验立法质量、执行情况、实施效果等多个方面，实现高质量立法。同时，按照《青海省地方立法研究评估与咨询服务基地工作规范》要求，将立法的好经验、好方法、好做法以制度形式固定下来，推广运用，逐步构建咨询服务供给的科学流程。

5. 强化地方立法民主实践

注重发挥智库专家、立法基地、基层立法联系点等优势和作用，在法规立项、起草论证、审议修改等各个环节广泛听取和吸纳各方面意见建议，凝聚大众智慧，实现立法的针对性、适用性和可操作性。特别是在规范性文件备案审查过程中，及时召开论证会、座谈会，最大限度地凝聚各方共识，确保所立的地方性法规管用、有用、实用。同时，进一步拓宽民主立法渠道，形成地方立法“有民意、有诉求、有途径”的格局，使地方立法质量得到切实的提高，从而实现良法善治。

（二）加快法治政府建设步伐

持续推进青海法治政府建设，使其取得更为明显的成效，必须认真贯彻习近平法治思想，深入贯彻落实依法治国基本方略，扎实推进法治政府建设实施纲要，统筹联动，综合施策，突出特色，高位推进，为贯彻落实党中央关于全面依法治国的决策部署贡献青海力量。

1. 进一步提高政治站位

各级人民政府特别是领导干部要从全面开启建设社会主义现代化国家新征程、推进地方治理体系和治理能力现代化的高度来看待法治政府建设的重大战略意义，切实提升以习近平法治思想统领法治政府建设的政治自觉，着力提高运用法治思维和法治方式推动发展、化解矛盾、解决问题、应对风险的能力，将法治政府建设融入实现党的第二个百年奋斗目标的伟大实践，奋力谱写法治政府建设的青海篇章。

2. 细化落实《法治政府建设实施纲要（2021—2025年）》的目标

2021年是《法治政府建设实施纲要（2021—2025年）》（以下简称《纲要》）的开局之年，未来五年，要实现《纲要》确定的法治政府建设的总体目标和阶段性目标，必须从把握新发展阶段、贯彻新发展理念、构建新发展格局、推动高质量发展的实际出发，把《纲要》确定的各项目标细化落实，明确时间表和路线图，制定有效的工作措施和保障措施，强化督促检查，层层压实责任，以立下“军令状”、扛起“军令状”的决心和勇气，奋力推动青海“十四五”法治政府建设高质量发展。注重统筹协调，夯实基层基础，补齐基层法治政府建设的短板，切实解决不同地区、领域和层级工作推进不平衡的问题。

3. 着力推进政府职能深刻转变

要厘清政府和市场、政府和社会的关系，推动有效市场和有为政府更好结合。全面推行政府权责清单制度，明晰政府权力边界，更加注重运用法律和制度管理经济和各项社会事务。优化政府机构之间纵向、横向关系，在职能行使上既能够协同高效，又能够职责分明，不越位、不缺位、不错位。进一步深化“放管服”改革，分级分类推进行政审批制度改革，着力提高政务服务效能，加快推动政务信息数据互联互通、有序共享。注重实实在在减轻基层负担，不随意向基层增加或转移工作量，特别是临时性任务，把任务清单落到实处。推进编制资源向基层倾斜，鼓励、支持从上往下跨层级调剂使用行政和事业编制。

4. 进一步规范行政执法行为

深化行政执法体制改革，加强综合执法、联合执法、协作执法，逐步实现“一支队伍管执法”。加大重点领域行政执法力度，将执法重点和主要力量放到与群众切身利益密切相关的食品药品、公共卫生、自然资源、生态环境、安全生产、劳动保障、城市管理、交通运输、金融服务、教育培训等领域。规范行政执法程序，全面严格落实行政执法公示、执法全过程记录、重大执法决定法制审核等制度。创新行政执法方式，广泛运用说服教育、劝导示范、警示告诫、指导约谈等方式，人性化、温馨式执法，努力做到宽严相济、法理相融，让执法既有力度又有温度。

5.加快建设服务型政府

全面提升政务服务水平，完善首问负责、一次告知、一窗受理、自助办理等制度。将政务服务资源向基层下沉，扩大偏远地区县乡两级政务服务覆盖面和服务半径，让群众少跑路、多办事、办好事。大力推行"一件事一次办"，提供更多套餐式、主题式集成服务。推进线上线下深度融合，增强全省一体化政务服务平台服务能力，优化整合提升各级政务大厅"一站式"功能，全面实现政务服务事项全城通办、就近能办、异地可办。

6.提高政府应对突发事件的能力

进一步完善行政决策程序，落实重大行政决策社会稳定风险评估制度，健全多元矛盾纠纷排查预警与化解机制。完善各级政府突发事件应对制度。适时调整修订各类应急预案，加强突发事件监测预警、信息报告、应急响应、恢复重建、调查评估等机制建设。定期开展应急演练，注重提升依法预防突发事件、先期处置和快速反应的能力。依靠群众、发动群众开展各类风险隐患预防和排查活动，以网格化、智能化管理为依托，力争将各种社会风险和安全隐患消灭在萌芽状态。

（三）持续加大普法宣传教育力度

习近平总书记在党的十九大报告中提出："加大全民普法力度，建设社会主义法治文化，树立宪法法律至上、法律面前人人平等的法治理念。"青海省按照省委全面依法治省工作会议的要求，坚持筑信仰，大力弘扬宪法精神和社会主义法治精神，以增强实效为重点推进全民普法。因而，必须不断加大法治宣传教育力度，提高公民学法、守法、用法的意识，实现"以良法促进发展、保障善治"。[①]

① 习近平：《决胜全面建成小康社会　夺取新时代中国特色社会主义伟大胜利——在中国共产党第十九次全国代表大会上的报告》，人民网，http：//jhsjk. people. cn/article/29613458，最后检索时间：2021 年 12 月 14 日。

1. 培育公民的法治信仰

加大法治宣传教育力度，提升法治宣传教育的针对性和实效性，注重引导公民树立社会主义法治意识，形成对社会主义法治文化的认同、对社会主义法治的信仰。充分发挥法治宣传教育工作在化解矛盾、维护稳定、促进和谐等方面的积极作用，树立法治权威，增强群众对法治的信仰，并使这种信仰成为其处理社会关系、约束个人行为的第一选择。

2. 提升全民自觉守法意识

对不同社会群体开展有针对性的法治宣传教育，以领导干部、青少年、宗教教职人员、村（居）民、行政执法人员、弱势群体为法治宣传培训教育的重点人群，开展分层分类精准普法，扩大法治宣传教育的覆盖面和影响面，增强法治宣传教育的针对性和实效性，不断提高全民学法守法用法经常化、制度化、规范化建设水平，引导全体人民自觉形成尊法守法的良好氛围。

3. 加大法治文化建设力度

探索建立法治文化优秀作品库，推动法治文化与地方民俗文化、民族文化、乡土文化整合发展，组织编写、创作具有青海特色的优秀法治文艺作品。充分挖掘地方特色文化资源，大力开展丰富多彩、寓教于乐的法治文化活动，培育法治文化品牌，打造法治文化精品，创立法治文化教育基地，培育法治创作文艺团体。加大法学研究和成果的宣传力度，推动法学理论与法治实践有机结合，提升法治文化建设水平。加强法治文化传播体系建设，鼓励和引导广播、电视、报刊等各类媒体办好普法节目、专栏和法治频道，鼓励和引导互联网、移动媒体等新兴媒体开展法治宣传教育，为青海法治建设“添砖加瓦”。

4. 落实普法保障措施

在资金保障上，加大各地区、各部门普法宣传资金保障力度，推动普法经费动态增长、普法宣传项目常态化机制的建立，确保日常普法、重大普法活动、新媒体普法、法治文化建设、普法宣传队伍建设等方面的经费有保障。鼓励更多社会团体和公益组织积极出资参与普法宣传活动，为普法工作增加新的资金来源渠道，同时，加大政府对法治宣传教育公共服务的购买力度，切实保障法治宣传教育的有序开展。在组织保障上，建立目标责任制，落实目标责任人制度，将各地各单位的党政主要负责人作为法治教育第一责任人，将普法宣传工作作为各地方和单位的目标考核内容之一，让普法成为一种常态和基本要求。在物力保障上，加大普法宣传材料编印和普法宣传设施的建设力度，加强“双语”读本的编印工作。持续深化对“法治微电影”、法治连续剧等内容的挖掘和创新，继续加大城乡法治宣传教育公共场所建设力度，打造具有青海特色的法治文化宣传新阵地。

B.9

推进青海涉藏地区依法治理新实践的思考与建议

娄海玲*

摘　要： 青海涉藏地区按照“牧区治理重在精进”的实践要求，社会治理的系统功能持续增强，整体效能持续提升。但受依法治理职责权限不明确、依法治理能力较弱、防范化解矛盾机制不完善等因素的影响，依法治理尚未完全深入推进。为进一步推进青海涉藏地区的依法治理，必须坚持以习近平法治思想为根本原则，结合涉藏地区发展实际，提升法治在社会治理中的作用，不断提高涉藏地区治理体系和治理能力现代化水平。

关键词： 涉藏地区　依法治理　青海省

法治是社会治理之本，是实现社会治理体系和治理能力现代化的最优模式。青海涉藏地区的依法治理，必须坚持以习近平法治思想为根本原则，把依法治理作为涉藏地区基层社会治理最可靠、最稳定的发展方式，不断深入推进涉藏地区治理体系和治理能力现代化。

一　青海涉藏地区依法治理取得的成效

党的十八大以来，涉藏地区按照“牧区治理重在精进”的实践要求，

* 娄海玲，青海省社会科学院政法所副研究员，研究方向为法社会学。

把依法治理作为涉藏地区社会治理的“压舱石”，社会治理的系统功能持续增强，整体效能持续提升。

（一）依法治理制度框架初步完善

依法治理制度体系建设，是促进涉藏地区经济社会发展、提升涉藏地区治理能力和治理水平的重要基础。一是制定完善省级地方性法规规章。截至2021年底，青海省制定了185件政府规章。全省人大及其常委会共制定、批准有效地方性法规291件。这些法律法规的内容涵盖了涉藏地区的政治、经济、社会、文化和生态文明建设，构成了涉藏地区执法的重要法律依据。二是全省6个民族自治州把民族团结进步、藏传佛教事务管理、社会治理、生态环境保护等作为地方立法重点，不仅全部制定了民族团结进步条例、藏传佛教事务条例和社会治安综合治理条例，还先后制定了《果洛藏族自治州生态环境保护条例》《海北藏族自治州法制宣传教育条例》《海西蒙古族藏族自治州文明行为促进条例》等一系列地方条例，有力支撑了涉藏地区依法治理。从统计数据看，青海各自治州共制定地方性法规7件、自治条例和单行条例127件，地方立法为涉藏地区依法治理筑牢了法治基础。

（二）依法治理的宣传氛围有效形成

近年来，涉藏地区坚持把法治宣传教育融入依法治理的各个方面，为基层依法治理营造了良好的思想文化氛围。一是营造依法治理的法治氛围。“七五”普法期间，全省累计创建“民主法治示范村”2290个、国家级法治县（市、区）13个，普法成效满意度从“六五”末的85.30分上升至“七五”末的90.75分，法治氛围日益浓厚，也为涉藏地区依法治理提供了有利条件。二是提升法治意识。各自治州针对涉藏地区实际，编印藏汉“双语”的《民法典》《以案释法读本》《藏传佛教寺庙学法用法读本》等法治宣传教育读本，构建藏汉双语“多网多端多微”新媒体大普法格局，广大农牧民群众依法办事、遇事找法、解决问题用法、化解矛盾靠法的意识持续增强。三是开展宗教场所法律宣传活动。成立了宗教活动场所法治宣讲团，运用藏汉“双语”分层次宣讲法律法规和民族宗教政策，2021 年共组织开展宗教活动场所专题宣讲实践活动 70 余场次，全省“累计组织入寺法治宣传工作组 2266 个，累计召开法治宣讲会、座谈会 6502 场次”。[①] 编印全省首部藏汉“双语”《藏传佛教寺庙学法用法读本》，20 所寺观教堂被命名为“尊法学法守法用法示范寺观教堂”，僧众的法治意识逐步增强，寺院管理法治化水平持续提高，依法治寺更加深入。

（三）依法治理的青海化“枫桥经验”深入推进

“‘枫桥经验’是我国基层社会治理的一面旗帜，是法治在基层社会治理中充分发挥作用的典型、样板。”[②] 在扎实推进“枫桥经验”青海化方面，青海加强三个方面的建设。一是矛盾纠纷排查化解规范化。一方面，强化制度建设，制定了《关于完善矛盾纠纷多元化解机制的实施意见》《关于构建“大调解”工作体系有效化解社会矛盾促进社会和谐稳定的意见》等具有一定指导性和可操作性的规范性文件，为解决矛盾纠纷提供了制度基础；另一方面，加大专业性矛盾纠纷调解组织的建设力度。成立了交通、医疗、物业等行业性、专业性调解组织，并将调解服务延伸到劳务、医疗、拆迁、社保等与群众利益关系密切的行业。截至 2021 年 6 月底，开展矛盾纠纷排查 108421 次，调解矛盾纠纷 11780 件，调解成功 11647 件，调解成功率 98.9%。[③] 二是加强综治中心建设。目前“青海省共建成市（州）级综治中心 8 个、县（市、区）级 45 个、乡镇级 414 个、村（社区）级 4486 个，各级综治中心挂牌率达 100%；部分地区基本实现了综治信息系统和综治视

① 于瑞荣：《走出一条具有青海特色的法治宣传教育新路子》，《青海日报》2020 年 12 月 4 日，第 4 版。

② 李霞：《新时代“枫桥经验”的新实践：充分发挥法治在基层社会治理中的作用》，《法学杂志》2019 年第 1 期，第 28 页。

③ 青海省司法厅：《深入贯彻习近平法治思想　推动青海司法行政工作跑出“加速度”》，“青海普法”百家号，https://baijiahao.baidu.com/s?id=1706421582344818545，最后检索时间：2021 年 12 月 14 日。

联网系统州、县、乡镇、村（社区）四级纵向贯通”。[①] “全省共划分网格22428个，配备专兼职网格员58771名，乡镇（街道）网格化服务覆盖率达100%，村（社区）覆盖率达98%。”[②] 网格化服务的覆盖，对提升基层社会治理的精进化水平，发挥基层依法治理效能具有重要的实践价值。三是积极推进区域联防联治工作机制建设。青海与甘肃、四川交界的部分地区实施“平安与振兴发展工程”；海西州与毗邻省区建立防恐维稳联动联防制度机制；黄南州创建“六联”边界模式，建立3万人的人民联防组织；玉树州推行“强村带寺治理”模式；目前“全省各地共建立治保会6584个，专兼职治安联防组织6042支，参与治安联防人员超过10万人”。[③] 这些都是“枫桥经验”在青海的具体实践。

（四）依法治理的保障措施基本建立

公共法律服务对于提高依法治理水平具有保障和促进作用。一是省级层面，2020年印发的《关于加快推进公共法律服务体系建设的实施意见》明确提出，加快推进形成覆盖城乡、便捷高效、均等普惠的现代公共法律服务体系。截至2019年底，全省公共法律服务实体平台建成率达95%，提供网络平台服务量达30万人次，完成法律咨询6.2万人次、法律援助服务12万人次[④]，涉藏地区也从中全面受益。二是涉藏地区层面，一方面，专门开通运行藏汉“双语”12348青海法网，通过网上咨询、预约、视频等方式为涉藏地区群众提供便捷、有效、有针对性、专业性的公共法律服务；另一方面，在涉藏地区开展法律援助工作，为基层贫困、残疾、留守人员等特殊群体提供相应的法律援助服务，仅2021年上半年就办理法律援助案件4000余件。这两个层面的公共法律服务体系相互支撑，为涉藏地区依法治理提供了重要保障。

---

① 李雪萌：《描绘基层社会治理新画卷》，《青海日报》2020年1月8日，第5版。
② 魏爽：《奋力打造市域社会治理现代化“青海样板”》，《青海日报》2021年10月14日，第7版。
③ 李雪萌：《描绘基层社会治理新画卷》，《青海日报》2020年1月8日，第5版。
④ 卢晓茜：《我省公共法律服务体系建设成效显著》，《西海都市报》2020年1月5日，第A2版。

二 青海涉藏地区依法治理存在的主要问题

青海涉藏地区依法治理在取得积极进展的同时，也存在一些不容忽视的问题，影响和制约依法治理的深入推进，需要在实践中不断地加以完善。主要存在以下几个方面的问题。

（一）依法治理职责权限有待明确

涉藏地区依法社会治理是全方位、多层次、系统性的整体治理工程，涉及基层社会的方方面面，需要各级各部门的配合。但在现实中，依法治理还未真正形成有效合力。从政府层面看，基层政府依法治理职责不明、包揽过多、资源分散、缺少社会组织等其他治理主体的协同参与，无法真正形成多元协同治理格局；从基层群众自治组织层面看，推进涉藏地区依法治理，需要充分发挥基层群众自治组织的作用，但不少地区习惯将基层群众自治组织作为政府的附属和延伸，各村委会也存在行政化倾向，基层自治组织陷于繁杂的行政事务，自治能力和资源不足，自治效能未能得到发挥，导致基层依法治理系统性、全面性和动态性较为欠缺；从群众层面看，涉藏地区依法治理离不开广大农牧民的参与和支持。青海涉藏地区，尤其是青南地区，由于人少地广、居住比较分散，部分牧民由于文化水平的限制，对牧区进行依法治理的内容和方式了解有限，因而，依法治理还存在群众缺乏自主决策、参与积极性不高的问题。

（二）多元预防调处化解矛盾纠纷机制有待完善

随着社会发展步伐的加快，青海涉藏地区因生态、征地、交通等引发的各类矛盾纠纷逐年增加，而现行的矛盾纠纷化解机制还达不到有效化解矛盾纠纷的目的。一是人民调解员的选拔培养机制不完备。基层防范化解矛盾纠纷的调解员文化素质普遍较低、法律知识掌握得较少，年纪较大，大部分调解员只停留在“劝架员”层面，在处理新矛盾或重大纠纷时，极易出现无所适从或“越调越对立”的局面。有的文化程度高的调解员大多属于兼职，时间、精力有限，因而对防范化解矛盾纠纷起到的作用也十分有限。二是防范化解矛盾纠纷信息平台建设滞后。各行业部门在防范化解纠纷时协调沟通不畅，尤其基层调解规范化程度低，导致处理纠纷的合力不足。三是排查机制不健全。由于青海涉藏地区基层服务半径广，调解人员少，因而只注重被动调解而忽视主动排查，或是排查不深入不细致，更缺少对不稳定因素的风险评估和分析研判。四是矛盾纠纷预警机制难以落实。青海涉藏地区基层组织基本都建立了预警机制，但由于基层工作人员前期工作不到位、处理不当或不重视，一些矛盾风险在萌芽状态时极易被忽略，导致风险发生的概率增加。

（三）宗教事务依法管理有待加强

依法有效管理宗教事务，对于加强社会治理、维护社会和谐稳定至关重要。从政府层面看，一是一些地方和部门法律意识不强，习惯运用行政手段管理宗教事务，还不能适应依法管理宗教事务的新要求；二是宗教行政执法机制不健全，部分牧区基层宗教管理部门受人员编制和办公经费的影响，没有组建专业的宗教行政执法队伍，行政执法主体资格欠缺，管理系统权限不明确。从寺院层面看，有的寺院制度机制与依法管理的目标要求存在差距，在遵守和实施规章制度方面存在不足；部分寺院日常管理协调机制不够完善，自我依法管理意识不强，责任履行不到位。

（四）基层干部依法治理能力有待全面提升

基层干部是涉藏地区依法治理的关键力量。从实际调研了解的情况看，一些基层工作者运用法治思维和法治方式推动社会治理的能力还有待进一步提升。一是部分牧区基层政府大包大揽，牧委会的独立性、自主性受到限制，牧民参与的积极性不高，基层自治力量较弱。二是基层治理基础薄弱，牧区村干部队伍能力素质较低。据统计，2021 年村（社区）基层换届完成后，青海省村“两委”班子成员中，大专以上学历的仅占10.38%①，也就是说还有89.62%的村“两委”班子成员文化程度是高中及以下，这就可能导致基层的依法治理传统思维有余、而法治思维和法治方式不足的问题。三是由于牧区依法治理理念相对传统，主要依靠“人”治，依靠政府引导，基层政府工作人员“人”治思维还是不同程度存在，践行法治的意识欠缺。

三 青海涉藏地区依法治理新实践的分析预测

习近平法治思想是推进青海涉藏地区依法治理实践的科学指引，涉藏地区依法治理的新实践，必将是在习近平法治思想引领下，坚持党的全面领导，紧紧依靠群众，围绕依法管理宗教事务，努力提升治理体系和治理能力现代化水平，不断形成具有涉藏地区特色的地方治理新模式。

（一）依法治理必将全面坚持党的领导

习近平总书记强调：“坚持党的领导，是社会主义法治的根本要求，是党和国家的根本所在、命脉所在，是全国各族人民的利益所系、幸福所系，是推进依法治国的题中应有之义。”② 青海涉藏地区的依法治理，必将是在党的全面领导下的依法治理，党的领导必须贯彻和落实在依法治理的各个方面和环节，只有始终坚持党的领导，才能在依法治理的实践中不断取得新的重大成果，才能牢牢把握正确的前进方向。

（二）依法治理将更加依靠群众

习近平总书记在中央全面依法治国工作会议上强调：“全面依法治国最广泛、最深厚的基础是人民，必须坚持为了人民、依靠人民。”青海有5个

① 青组：《选好“领头雁” 奋进新征程：全省村（社区）“两委”换届选举工作综述》，《青海日报》2021年3月4日，第6版。

② 习近平：《领导干部要做尊法学法守法用法的模范 带动全党全国共同全面推进依法治国》，《人民日报》2015年2月3日，第1版。

藏族自治州、1 个蒙古族藏族自治州，6 个民族自治州，共有常住人口 209.75 万人，这是涉藏地区依法治理的主体力量。一是依法治理将紧紧团结和广泛依靠农牧民群众，“以一切为了人民、依靠人民、造福人民、保护人民为根本遵循”[①]，才能走得更稳、行得更远。二是进一步提高群众参与依法治理的积极性。增强基层群众参与基层社会治理的积极性、主动性和自觉性，依法贯彻“自我管理、自我教育、自我服务”的方针，使基层治理更加和谐有序。

（三）法治理念将进一步树牢

习近平总书记在中央全面依法治国工作会议上强调：“要加强理想信念教育，深入开展社会主义核心价值观和社会主义法治理念教育。”一是公民法治意识进一步增强。树立法治权威，加强法治宣传教育，充分发挥法治在化解矛盾、维护稳定、促进和谐方面的积极作用。推动全民学法，用法规范化、制度化，引导社会主体形成自觉守法、遇事求法、依法解决问题的良好风气。二是社会主义法治信仰将进一步增强。推进涉藏地区依法治理，进一步注重通过弘扬法治理念来营造良好法治氛围，以良好法治氛围来引领涉藏地区的依法治理。

（四）宗教事务依法管理将进一步加强

习近平总书记在中央统战工作会议上提出，要提高宗教工作法治化水平。一是提升僧众学法用法的积极性。运用藏汉“双语”分层次宣讲法律法规和民族宗教政策，编印发放藏汉“双语”法律读本，不断扩大法治宣传的覆盖面和影响面，进一步增强僧众的法治观念，提高其法律素质。二是加强宗教事务依法管理。将宗教事务管理纳入共建共治共享的社会治理格局，依法稳妥处理事关和谐稳定大局的重大问题，保证宗教活动规范有序进

① 习近平：《坚定不移走中国特色社会主义法治道路，为全面建设社会主义现代化国家提供有力法治保障》，《人民日报》2021 年 3 月 1 日，第 1 版。

行。三是进一步增强宗教领域自我管理和约束的能力，落实寺庙基础设施建设和公共服务的政策措施，使寺院传统管理与现代管理模式之间“两张皮”的现象逐步消除。

四　推进青海涉藏地区依法治理新实践的建议

习近平总书记在中央全面依法治国工作会议上指出：“法治是国家治理体系和治理能力的重要依托。”“人类社会发展的事实证明，依法治理是最可靠、最稳定的治理。”[①] 法治是社会治理之本，是实现社会治理体系和治理能力现代化的最佳模式。青海依法治理实践证明，推进涉藏地区依法治理，就要坚持习近平法治思想指导地位不动摇，提升依法治理效能，不断推进涉藏地区治理体系和治理能力现代化。

（一）完善涉藏地区依法治理制度体系建设，实现治理体系现代化

依法治理是一项系统性工程，不仅需要建立依法治理的多元制度体系、完备的公共法律服务体系、严密的社会治安防控体系、完善的基层自治体系，还需要具备依法治理体系有效运转和相互支撑的系统条件，从而实现全方位、多层次的依法治理。就涉藏地区依法治理的实践而言，必须从完善依法治理制度入手，着力构建“1+6+N”的依法治理制度体系。“1”是规划引领青海涉藏地区依法治理中长期发展的纲领性文件，重点研究推动涉藏地区长治久安和高质量发展的总体设计规划。“6”是完善“矛盾预警、利益表达、纠纷调处、权益保障、救济救助、法治宣传”的6个基础性制度措施，重点落实发展成果共享、利益协调机制构建、公共服务完善等，提高依法治理的精准性和有效性。“N”是制定落实纲领性文件和基础性制度的若干配套措施，确保依法治理目标任务的实现。

---

① 胡建淼：《依法治理是最可靠最稳定的治理》，《光明日报》2020年1月15日，第11版。

（二）创新涉藏地区“三治融合”，实现治理方式现代化

青海涉藏地区依法治理的实践表明，构建以自治为基础、法治为原则、德治为特色的“三治融合”涉藏治理体系，是依法治理的客观必然，也是依法治理的路径选择。“三治融合”的最大生命力在于一体化，关键是打造符合涉藏地区实际的“一约两会三团”模式。“一约”是村规民约，在不违反相关法律法规和政策的前提下，对涉藏地区农牧民最关心、最迫切的事情以村言村语的方式进行管理规范，实现村事村治。“两会”是百姓议事会和监督理事会，百姓议事会由村里的能人、贤人、智人组成，监督理事会由村里的党员代表、群众代表、老干部代表等组成，通过会议协商依法依规解决村级事务。“三团”是由具有专业知识的志愿者、有威望的村（牧）民组长及村里的模范组成“石榴籽家园”、法律服务团、道德评判团，为群众的生产生活、矛盾纠纷、法律咨询提供相应的服务，为依法治理提供更直接的现实条件。

（三）强化涉藏地区依法治理队伍建设，实现治理能力现代化

习近平总书记在中央全面依法治国工作会议上指出：“要坚持建设德才兼备的高素质法治工作队伍”，这为推进涉藏地区依法治理队伍的建设指明了方向、提供了遵循。加强依法治理专业队伍建设，一是强化专业化人才力量。积极引导参与依法治理的专业人员履行相应社会责任，确保做到忠于党、忠于国家、忠于人民、忠于法律。注重推进法治队伍的正规化、专业化、职业化建设。二是培养专业化的法治人才。重点培养矛盾排查、纠纷解决、司法等领域的专业法治人才，积极引导干部群众学法知法尊法用法，夯实依法治理的基础。三是培养社会组织中的法律服务人员，为参与社会事务、维护公共利益、服务特殊人群提供专业化的法律服务。

（四）加强涉藏地区法治文化建设，实现治理效能现代化

文化对于法治及其发展具有不可估量的影响，缺乏文化的法治没有

灵魂[①]，无法促进社会法治信仰的形成。因此，推进涉藏地区依法治理，一是实现公民个人在其内在价值观构建、外在行为选择上对社会主义法治文化的认同。重点加大法治宣传教育的力度，提升法治宣传教育的针对性和实效性，增强群众对法治的信仰，并使这种信仰成为其处理社会关系、约束个人行为的第一选择。二是加强对全国、省级法治宣传教育教学基地的命名、管理和使用，发挥好示范带动作用。三是加强红色法律文化和河湟法律文化的研究、保护、宣传和传承，大力弘扬社会主义核心价值观。加大以案普法力度，培育以案普法品牌。

（五）加强涉藏地区信息智能化建设，实现治理手段现代化

信息管理技术与依法治理进行深度融合，创新了依法治理的模式和手段，使依法治理结构更加精准、更有预见性。青海涉藏地区面积大，依法治理专业力量不足，科技运用短板比较明显，因而，要适应依法治理智能化大趋势，必须以智为要，以能为本，创新方式方法，不断增强涉藏地区依法治理实效。一是优化总体布局。依托高原大数据服务中心及警务云计算中心系统、视频图像信息交换共享渠道、“雪亮工程”、社会信用体系建设等平台，加快构建新的“互联网 + 法治”模式，运用信息化、网络化、数字化管理，推进依法治理资源优化整合，推动依法治理从静态向动态、从滞后向实时转变。二是深化大数据运用。明确相关数据在资源采集、存储、管理、使用等环节的责任分工，建设、发展、完善大数据分析平台，消除信息孤岛现象，实现依法治理的大数据技术资源的全面汇聚、共建共享和集中应用，助推依法治理工作模式从单向管理方式转向双向互动、从线下转向线上线下融合。三是拓展“互联网 + ”空间。加快“互联网 + ”模式建设，及时搜集和实时处理依法治理的数据信息，准确掌握村情、社情、民情，增加政务服务种类，扩大服务覆盖面，不断拓展依法治理的广度和深度。四是大力加强智慧政府建设。建立电子政务平台，实现政务工作网上公开办理，提升政府部门依法治理反应能力和响应能力。

① 江必新：《构建理性法治文化》，《中国法治文化》2015 年第 2 期，第 13 页。

参考文献

习近平:《论坚持全面依法治国》,中央文献出版社,2020。

《习近平法治思想概论》编写组:《习近平法治思想概论》,高等教育出版社,2021。

卓泽渊:《习近平法治思想的理论体系》,《行政管理改革》2021 年第 7 期。

卓泽渊:《习近平法治思想要义的法理解读》,《中国法学》2021 年第 1 期。

张立群、高永宏、娄海玲:《习近平总书记关于法治工作重要论述在青海的实践与启示(上)》,《青海日报》2019 年 1 月 21 日,第 10 版。

B.10

西宁市城市社区治理报告

肖　莉*

摘　要： 西宁市坚持城市社区治理重心下移，坚持社区发展与社区治理相结合，坚持治理和服务并重，坚持党建引领，不断健全社区组织体系，强化社区减负增能增效，提高社区服务供给能力。但社区治理在体制机制、组织队伍建设、治理服务保障等方面仍存在薄弱环节，今后应健全完善社区治理体系，着重在制度、机制、设施、功能完善、队伍建设、社会组织培育、社区减负等方面助力社区治理"增效"，最终形成共建共治共享的城市社区治理格局。

关键词： 城市社区　社区治理　共建共治共享　西宁市

一　西宁市城市社区治理的做法与成效

加强和完善城市社区治理，事关城市基层的和谐稳定。近年来，西宁市为建设绿色生态、发展有序、创新包容、和谐文明、共治共享的城市社区，坚持党建引领、政府主导，紧紧围绕居民需求，以改革创新为动力，在基层治理和治理能力现代化建设上取得长足进步，为全省城乡基层社区治理提供了有益借鉴。

---

* 肖莉，青海省社会科学院研究员，研究方向为应用社会学。

（一）创新党建引领模式，开展社区单位群众共驻共建

西宁市积极推进街道赋权扩能和社区减负增效，建构起“三社联动”“四方联动”工作机制，推动形成基层党建引领社区治理的生动局面。一是在符合条件的社会组织、非公经济组织、业主委员会、物业公司、商务楼宇以及住宅小区楼院建立健全党组织，实现党组织覆盖率100%。截至目前，全市共组建小区党支部556个。二是建立以社区党组织为核心，驻社区群团组织、社会组织、非公经济组织等广泛参与的党建联席会议制度。值得一提的是，西宁市城东区火车站街道办事处以火车站街道党工委为主体，组建了包括公安、城管、交通等9家单位25个党支部在内的“夏都城市党建联盟”，通过实施“契约化”共建，形成组织共建、资源共享、活动共办、事务共商、制度共创、发展共促的“6共”党建工作新格局，打造出城市基层党建引领社会治理创新的“东区模式”。三是推动街道社区与辖区机关、企事业单位开展共驻共建。要求驻社区各单位向社区开放文化、教育、体育等设施，实现社区组织共建、党员共育、活动共联、服务共抓、资源共享。四是推行在职党员干部到社区报到服务制度。引导854家机关企事业单位党组织和26364名在职党员深入老旧楼院参与基层治理服务，营造“党员驻社区、服务在社区、奉献为社区”的良好社会氛围。

（二）社区治理体系基本形成，治理机制不断完善

坚持党建引领，进一步健全社区共治机制和政策制度。一是基层社区治理的制度体系更加完备。青海省委、省政府出台了6个政策性文件，相关部门联合制定出台了10个规范性文件，为规范推进社区治理和服务体系建设提供了政策遵循。二是建立市（州）、县（区）、街道、社区四级党组织联动机制，建立“办事处+社区+物业+业委会+居民”五方联动机制。坚持居民自治机制，坚持结对共建制度。三是推进社区党建共驻共建机制，建立联席例会制度。组建城市党建联合体，促进社区与辖区单位联动共建。四是探索“三社联动”机制，在“三治”融合治理机制上持续发力，形成驻

社区单位、社会组织、社工人才、社区居民多元参与的社区治理格局。五是建立社区工作经费和工作补助机制，建立服务群众经费保障机制，全面推行为民服务代办制度，在全市176个社区设置了居务监督委员会，为社区治理和社区服务提供财力和组织保障。

（三）推动社区减负增效，社区服务功能不断彰显

遏制社区过度行政化，凸显社区自治，强化社区为民服务功能。一是制定印发《西宁市关于社区减负增效提升治理能力的实施方案》《西宁市社区工作事项准入管理暂行办法》，出台《西宁市关于进一步推进社区“减负增效”的若干措施》，为城市社区治理提供制度规范。二是政社权责关系进一步理顺，让社区回归自治和服务群众的本位。为减轻社区负担，将各类任务、指标、创建评比、信息系统、台账任务等对照目录进行全面清理，全市社区承担的各类事项由536项减少至目前的78项。社区纸质台账事项由192项精简为22项。落实减证便民政策规定，盖章证明由82项精简为2项，社区行政事务减少了3/4。三是严格落实社区事务准入制度，明确“费随事转”的工作要求。四是积极培育社会组织参与社区治理和服务，减轻社区工作负担。西宁市率先在全省开展向社会组织购买社会服务的试点工作，累计争取省级专项资金3960万元，实施服务项目162个。五是严格控制督查总量和频次，优化考核体系，为社区减负松绑，让社区干部腾出更多的精力为民服务。

（四）加强社区人员队伍建设，规范社会组织监管

2021年初，全市176个社区居民委员会换届选举工作全面完成，顺利实现换届选举“三优三强三过硬”的工作目标。一是社区工作人员全部到位。每个社区配备5~9名“两委”委员，全部实行社区主要负责人“一肩挑”模式，“两委”委员交叉任职。推选产生社区居务监督委员会176个，选举产生居委会成员1492人，居民小组长4435名，居民代表11668名。通过政府职能部门招聘，为社区配备3~5名公益性岗位人员、协管员、见习大学生等。二是加强人才队伍建设和人才基地建设。已建成3个社会组织孵

化基地，为38家社会组织提供培育扶持、培训交流、人才培养和信息等服务。将社区干部纳入全省党员干部教育培训五年规划，每名社区书记（主任）每年参加不少于5天的集中培训。投入资金34万元，开展社会工作者职业水平考前培训工作。目前，全市共有社会工作从业人员6827人，取得社会工作水平资格证书642人（其中助理社会工作师521人，社会工作师120人，高级社会工作师1人），全国社会工作信息系统中注册463人。从2019年开始，依托开放大学连续实施村（社区）干部学历素质提升工程，对报读大专学历进行学习的，财政承担80%的学费。三是规范社会组织管理。全市现有依法登记注册的社会组织达1695家（社会团体723家，民办非企业单位972家），社会工作服务机构190余家。[①]“十三五”期间，全市社会组织积极争取承接民政部门向社会组织购买社会工作服务和社区便民服务项目200余个，累计项目资金4000万元。注重加强社会组织综合监管，2021年完成社会组织年检374家，指导社会团体换届7家，查处非法社会组织2家，引导登记2家，关停14家未经登记擅自开展培训的机构。

（五）完善社区服务功能，为社区居民提供便捷服务

随着新建住宅区大量涌现，西宁市按规范标准设置社区，为居民提供便利服务。一是全市176个社区均设立了社区综合服务中心，建立“一站式”便民服务窗口，集中办理劳动就业、社会保险等公共服务和便民服务事项，为辖区老弱病残群众提供5大类70余项代办服务。二是积极打造“1+7+N”三级养老服务体系。投资6.72亿元，在四区三县修建4个养老示范基地和4个福利中心；投资3.1亿元分步建成134个城市社区日间照料中心，目前城市养老服务设施覆盖率已达到90%以上。鼓励社会力量投资养老服务业。目前全市各类涉老服务组织、企业已达到150余家，70%以上实行社会化运营。在社区建成“爱老幸福食堂”及助餐点258个，形成了“十五分钟”助餐配餐送餐服务网络，共为全市92万人次的老年人提供助

① 西宁市民政局。

餐服务。全面推行政府向社会组织购买养老服务。2016～2020 年，全市共为近 30 万人（次）老年购买服务 2.1 亿元。三是逐步解决老旧小区无物业管理的问题。对西宁市 93 个社区共拨付 930 万元启动资金和 1180.8 万元物业服务费补助资金，依托居委会建立社区物业服务中心加强对小区的管理。[①]

（六）增加软硬件投入，建立健全社区治理激励机制

以“完善社区综合服务设施、提升社区服务能力”为目标，努力增加硬件设施，增加经费投入和提高工作人员报酬。一是加强基础设施建设。“十三五”期间，西宁市累计投资 7.25 亿元新改扩建社区综合服务设施 131 个。2020 年投资 2080 万元，对 45 个不达标社区进行新改扩升级改造，实现城市社区 300 平方米达标全覆盖。二是将社区建设工作经费和社区基础设施建设资金列入预算，落实每个社区每年运转经费 8 万～10 万元、服务群众专项经费 20 万元，确保社区有钱办事。三是全面落实社区人员报酬。建立社区工作者“4 岗 17 级”报酬体系；落实持证社区工作者补贴制度，对考取社会工作资格证的每月给予 200～500 元补贴；离岗社区居委会人员生活补贴增长到每月 600～730 元。[②] 四是注重加强社区工作者能力的提升。分级分批做好新任社区“两委”成员教育培训，持续实施社区干部学历素质提升工程。组织 46 名符合报读条件的社区干部报读大专班，落实从社区干部中考录聘用公务员和事业编制人员的激励机制。2020 年开展面向村（社区）两委主要负责人考核聘用乡镇事业编制人员的工作，共有 113 名村（社区）干部考录到机关事业单位。

二　西宁市城市社区治理存在的问题

目前，西宁市社区治理在体制机制、队伍建设、服务能力诸多方面仍存在一些薄弱环节，与实现治理能力现代化要求还有一定差距。

① 西宁市民政局。

② 西宁市民政局。

（一）组织建设存在弱项，党建引领仍需加强

社区党组织凝聚力和战斗力有待增强。一是实行属地化管理后，社区管理党员人数激增，党建工作任务量大幅增加。由于经费、人员、场所等保障不配套，一些社区党委存在“大而不强”的弱势局面。二是个别社区党组织在组织动员辖区单位、社会组织和居民共同参与共建共治共享方面缺乏号召力，带领居民开展自治实践和提供便民服务的能力仍需加强。三是在职党员干部到社区报到的服务机制不健全。在职党员到社区报到制度在实践中流于形式，相当一部分在职党员没有到社区报到服务，报到服务制度还需进一步做深、做实、做到位。

（二）社区减负落实缓慢，考核评价体系不够合理

社区“行政化”现象普遍存在。有的社区承担着 80% 不属于社区的行政工作，为民服务的工作不足 20% 。社区公共事务准入制度和社区工作事项退出机制实施仍不到位。当前我省社区仍然承担着大量社会保障、劳动就业、市容卫生、消防、防洪防疫等行政职责，考核指标多、考核任务重，社区本位功能难以实现。一些政府职能部门把本该由部门承担的工作任务分解给社区，挤占了社区治理和服务的时间。大部分受访对象认为社区工作负担并没有“减”，依然很重，尤其一些老旧小区普遍存在由居委会承担物业管理职责的现象，社区减负措施落实力度还需要进一步加大。同时，社区考核评价体系不够规范、合理和务实。目前的社区治理考评在评价体系和衡量指标上不够科学合理，考核往往“重形式、轻实质”，表现为只看台账是否齐全，而很少关注工作实效。社区工作人员把大量精力放在“本本材料”的考核上，偏离了社区治理服务要拿服务项目、拿实绩、拿解决问题说话的本真，在一定程度上影响了社区治理的实践导向。

（三）各类社会组织力量薄弱，承接购买服务能力有限

社会组织提供服务能力弱、服务面窄、专业水平不高，难以满足居民群

众多元化、多层次的服务需求。一是政府购买社区服务主要是在民政、司法、就业、残联等部门开展，购买领域的局部性及不全面性在一定程度上影响社会组织及社工人才的全面发展。二是购买服务仅限于“扶老、助残、救孤、济困”等方面，服务对象只限于特殊困难群体，涉及公共服务很少，反映出服务供给不足和社区社会组织承接能力不足的双重问题。三是提供的服务项目基本上是送餐、家政等简单服务，能提供专业性、精细化服务的组织不多，不能有效满足社区群众多方面、高标准的服务需求。目前，西宁市向社会组织购买社会工作服务和社区便民服务仍处于试点探索阶段，承接政府购买服务并在更大的范围内推广开来还需时日。

（四）社区工作人员福利待遇较低，社区工作队伍专业能力亟待提高

社区工作者队伍待遇保障水平较低，激励约束机制尚不健全。社区工作者虽然缴纳了社会保险，但退休后的养老金每月只有1000元/人左右，致使社区工作人员流动性大，队伍不够稳定。受编制或选举所限，社工专业大学生进不了社区，或是进了社区由于薪酬待遇等留不住，专业社工人才流失严重。目前，尚未建立网格员薪酬待遇保障相关制度，影响了网格员队伍的相对稳定和基层力量的作用发挥。现有的社区工作人员，拥有大专以上学历者占82.48%，但专业对口人才不多，尤其缺乏懂社区工作规律、有社区工作经验、熟悉社区工作方法的人才。社区工作人员专业服务技能不高，缺乏规范化的专业培训。当前，西宁市已步入老龄化快速发展阶段，而养老服务人才供给不足、人才结构不合理、人才质量不高等问题较为突出，制约西宁市养老服务的高质量发展。

（五）社区治理力量不足，共驻共建机制亟待完善

社区治理联动性不足，未能形成共驻共治局面。一是“党委领导、政府主导、民政牵头、部门配合”的工作格局没有真正形成。二是社区工作机制仍未健全。政府尚未对资源共享问题出台具体的、可操作性强的实施细则，尚未形成社区资源共享的制度体系；社区对驻区单位缺乏制约，未形成

驻区单位参与社区治理的激励约束机制，驻区单位未能主动自觉地投入社区共驻共建；能够承接政府公共服务项目的社会组织仍然很少，专业社工数量严重不足，尚未真正形成社区、社会组织、社工“三社联动”机制。三是驻区单位与社区居民对社区的归属感不强，主动参与社区自治管理和社区活动的积极性不高，社区活动缺乏应有的活力。社区党组织受人员、资金不足、活动场地小、服务功能不健全等多种因素的影响和制约，不能通过一些行之有效的活动载体，把驻区单位和社区居民吸引到社区党建和社区建设中来。四是社区本身人手紧张，但普遍存在社区工作人员被随意借调的现象，降低了社区工作效能。五是业主委员会和物业公司的作用还没有真正发挥出来。对物业公司的考核权限不属于基层社区，社区对物业管理没有制约的抓手，通过物业管理助力社区治理的现实条件受限。

（六）财力保障有限，社区工作开展受限

调研访谈所到之处资金短缺成为首要问题。一是社区经费有限制约社区各项工作的开展。自 2013 年以来，省每年对居委会均衡性转移支付安排运转经费 5.6 万元。近年来随着社区办公用房及配套设施数量的增加，电话费、打印、复印、报刊、办公用品、各类活动耗材、办公设施维修、水电暖卫生绿化等费用增加，仅为制度上墙制作展板一项每年就至少支出 0.5 万元，10 万元的办公经费难以支撑日常办公及其他服务工作和社区活动的有效开展，服务居民群众工作受到制约。二是一些职能部门将工作延伸到社区，但“权随责走，费随事转”的工作要求落实不到位，这也是造成社区工作经费紧缺的原因。三是在各种创建工作中需要花大量经费做宣传，社区无此专项经费和创建奖励，造成社区工作经费不足和各项工作无法深入开展。

三　进一步完善西宁市城市社区治理的对策建议

社区治理是社会治理现代化的“最后一公里”，应坚持以党建工作为

引领，以打造共建共治共享的社会治理格局为目标，坚持问题导向，聚焦短板弱项，推进自治，强化服务，不断助推社区治理体系和治理能力现代化。

（一）突出党建引领，健全社区治理机制

充分发挥党组织在社区建设和社区治理中的引领作用，开展社区治理的创新实践。一是推动街道社区党组织有机联结社区单位、行业及各领域党组织，将所辖各级各领域的党建阵地、力量、资源整合起来，构建区域基层党建工作新格局。二是健全城市社区群众自治机制，制定完善社区自治章程、居民公约，发挥它们在社区治理中的积极作用。大力推行党员社区民警兼任社区党支部副书记机制，落实驻区单位党组织和在职党员到社区“双报到”“双报告”“双述职”“双考核”制度，将落实情况与单位党建目标考核、绩效考评挂钩，与党员的年度考核、民主评议、评优评先、提拔使用挂钩。三是不断完善社区党组织、居委会、业主会、物业公司和网格组织，加强居务监督委员会建设，健全多方协调配合机制，全面推进居务阳光工程和民主管理，打造和谐文明的城市社区。

（二）合理划分社区管辖范围，推进治理网格化信息化

与时俱进，推动网格化治理向纵深发展。一是全面推进网格化服务管理标准化建设，实行“多网合一”，实现“一张网格强基础”。二是加快在社区居委会下设置环境和物业管理委员会的步伐，在无物业管理的老旧小区，依托社区居委会实行自治管理。三是加快社区信息化建设。加快社区政务服务管理平台建设，不断完善社区平台功能，打造集社区公共服务、商业服务、社会组织、公益和志愿服务为一体的综合信息系统。四是进一步合理规划社区管辖范围和规模。社区建设初期划定的社区管辖范围和规模已不适应时下社会治理的需要，应按照服务对象数量和范围，科学划分社区规模，对规模超过3000户且服务半径超过2公里的大型社区，要适时调整社区居委会的管辖范围。加大社区综合服务设施建设改造力度。严格

落实城市新建住宅区要求预留社区服务用房等相关政策，并以新建、改造、购买项目配套和整合共享等形式，确保社区服务场所和社区群众活动场地得到保障。

（三）整合辖区各方力量，推动形成社区治理合力

社区治理既需要整合利用好社区各种力量和资源，也需要“三社联动”合力共治。一是要打造社区治理共同体，形成“共驻共建、资源共享”机制。扩充社区资源，和驻社区机关企事业单位、其他社会力量和市场主体签订共享协议，实现驻社区单位各类文化、体育和便民服务设施面向居民有偿、低偿、无偿、有序开放。二是推行各级领导干部和有关部门挂帮社区工作机制、在职党员进社区制度。通过党员的志愿服务，以党带群不断扩充社区志愿队伍，不断壮大社区服务治理力量。三是为激发驻区单位参与社区治理的积极性和主动性，应建立驻区单位履行社区治理职责评价体系，并将其参与社区治理情况纳入文明单位和行风评议考核体系。四是坚持落实“两代表一委员”联系社区、党员干部直接联系群众制度。社区治理尤其需要法务人员的加入，需要警官、法官、检察官、基层法律服务工作者以及律师、公证员等群体对社区治理的强力支持，要求在行业内部管理、考核和提拔重用干部中将服务社区作为必备条件之一，发挥法务工作者在社区治理中的重要作用。为社区群众多办实事、做好事，开展丰富多彩的活动吸引社区群众广泛参与，不断增强社区居民的归属感和认同感。

（四）促进社会组织发展，壮大社区治理力量

社会组织在社区治理中具有不可替代的重要作用，加快培育和发展社会组织至关重要。一是落实各项优惠政策，助推社区社会组织和其他社会组织加快发展。尤其要制定完善资金支持、孵化培育、人才引进、税费优惠等扶持政策，并确保每项政策真正落地。二是加大培育社区生活服务、公益慈善等社会组织的力度，确保每个社区有 1 名以上的社会工作专业人才，并有一定数量的社会组织。三是建立与社会组织的联系服务机制。街道党组织要加

强与社会组织的联系，定期了解社会组织的需求，鼓励支持社会组织参与社区治理服务。四是政府要加大向社会组织购买服务的力度，助力社区社会组织成长，充实壮大社区治理服务力量。不断完善购买机制，社会组织要不断丰富购买内容，提供更多服务覆盖更多人群。

（五）精简规范社区工作，持续推进社区减负增效

优化社区治理机制，持续推进社区减负增效。一是进一步规范社区机构、挂牌及出具的证明。只有在法律法规有明确规定、属于社区职责范围、社区有能力承担并确需社区提供的情况下，社区才应出具证明。二是大力精简创建达标和考核评比项目。开展综合性的和谐（平安、文明）社区创建活动，建立统一的综合考核评比指标体系，避免各类检查、评比和考核加重社区负担。三是社区治理评价体系应把社区居民满意度作为主要衡量标准，提高该项指标权重，并实行评价结果公开制度。四是全面清理社区不合理负担。对社区应依法严格落实和协助落实的主要事项清单，做到一年一更新、一年一发布。对于不属于社区职责范围、未经过“准入”审批或未形成协议的任务，社区有拒绝接受的权利。

（六）加强社区队伍建设，提高社区工作者待遇保障

健全社区工作人员培养使用、评价激励、薪酬保障等制度，为推进社区治理现代化提供人才支撑。一是给予社区工作者更多的录用倾斜政策。从大学毕业生中招录社区工作者，对本地区优秀“社区工作者”拿出一些指标实行专项招聘，将具有中级及以上社工师职称的人员以及优秀社区党组织书记、居委会主任，通过考察考评等方式直接招聘录用到社区工作。二是鼓励大学生投身社区工作，对有一定社区工作年限的考生给予加分激励政策，加大从社区工作者中招录公务员和招聘事业编制人员的力度。将优秀社区工作者推荐为党代表、人大代表、政协委员和劳动模范人选，为社区工作者提供更多的发展机会，增强其职业认同感。三是加强社区工作者队伍建设。制定西宁市社区工作者队伍发展规划、管理办法、培训规划、从业标准等，以有

效举措激励社区工作者尤其是本土社工人员参加社会工作职业资格评价和学历教育。区政府和街道办应加强对社区工作者队伍的培训工作，重视对社区志愿者队伍、社区网格员队伍的教育培训工作。四是建立健全社区专职工作者岗位薪酬体系。严格落实《完善全省社区工作者报酬体系》规定，报酬系数参照上一年度青海省城镇常住居民人均可支配收入，岗位工资随岗位等级递增而累进提高。出台更加有效的激励政策，落实社区工作者职业资格津贴和特殊荣誉津贴制度。加强对优秀典型的社区工作者的宣传表彰工作，从精神上和物质上给予社区工作者更加实际的关心和帮助。在收入方面，社区工作者应当享受一定比例的冬季取暖补贴、年终目标考核奖励金、民族团结进步创建奖励金、精神文明奖励金等。

（七）增加财力支持，完善社区服务保障

按照国务院的相关规定，应将社区党组织、社区居委会的工作经费、人员报酬以及服务设施和社区信息化建设等各项经费纳入市、县（区）财政预算并落实好。一是市、县（区）政府应研究制定统一的经费标准，全额纳入年度财政预算，有效保障社区基础设施建设、工作经费及活动经费。新建社区目前只有54万元的省级奖补资金，远远不能满足建设标准化社区的要求。二是建立社区办公经费增长机制。在省对下均衡性转移支付社区运转经费5.6万元的基础上，建立“运转经费+服务群众专项经费”保障及定期提高标准制度，严格执行“权随责走、费随事转”要求。为避免社区经费被挤占、挪用，审计部门应加大对社区工作经费的监管审核力度。三是将社区办公服务设施建设和运转经费、社会力量购买社区服务资金、日间照料中心运转经费、“一村（社区）一法律顾问”工作经费等列入同级财政预算，并足额落实。四是加强社区服务设施建设，提高社区综合服务设施利用水平。对于社区服务中心、图书馆、文体活动场所等文化娱乐设施，以及社区再就业中心、社区幼儿园、托儿所、教育培训机构、老年人服务机构、医疗卫生机构等社会服务与福利机构的场所与设备，通过租赁、委托社会组织运营等方式加以利用，提高社区设施利用率。

参考文献

韩超:《治理理论下“城市社区治理”的路径完善——基于西宁市城东区社区改革的视角》,《牡丹江大学学报》2015 年第 1 期。

邱璐:《城市社区工作者队伍建设现状与问题分析》,《现代经济信息》2017 年第 11 期。

张君:《城市社区治理体系现代化的多维考察》,《学术探索》2021 年第 2 期。

邱梦华:《城市社区治理》(第二版),清华大学出版社,2019。

周建萍:《西宁探索社区治理和服务新路径》,《西海都市报》2021 年 7 月 8 日,第 A04 版。

张子琪:《青海西宁:社区“减负增效”激发干部活力》,《青海日报》2021 年 6 月 9 日,第 4 版。

陈悦悦:《提高社区治理效能　要在“精细化”上下功夫》,《青海日报》2021 年 12 月 23 日,第 4 版。

B.11
青海省促进医养事业健康发展现状分析及路径建议

陈 玮 拉毛措 靳艳娥*

摘 要： 新形势下青海省注重研究解决老有所养问题，探索采取多元模式提升养老服务质量，其中医养事业是一项具有创新性的路径举措，取得了初步的成效，但这项工作在青海省还处于起步阶段，还存在医养结合养老行业标准尚未建立、政府相关部门之间缺乏科学有效的协作机制、养老支付保障体系尚未系统化等诸多困难和问题。为此，提出推进医养领域混合所有制改革、探索公私合作模式，落实优惠政策、建立养老金支付保障体系等建议。

关键词： 养老服务 医养事业 青海省

青海省认真贯彻党中央战略部署，在新形势下，切实研究解决老有所养问题，探索采取多元模式提升养老服务质量，取得明显成效。本报告探析青海省促进医养事业健康发展的问题，客观分析面临的困境，提出新形势下有效促进医养事业健康发展的对策建议。

一 青海省医养事业发展基本现状

医养事业主要通过医养结合服务方式来实施和发展，医养结合是指将专

* 陈玮，青海省社会科学院教授、博士生导师，研究方向为藏学、民族学、社会学；拉毛措，青海省社会科学院社会学研究所所长、研究员，研究方向为民族社会学；靳艳娥，青海省社会科学院藏学研究所助理研究员，博士研究生，研究方向为藏学、历史学。

业医疗技术、康复训练、生活养老等相融合产生的边医边养的综合养老模式。其既可以实现老人重大疾病尽早识别、治疗与康复，又可照顾老人日常生活起居，维护其生理和心理健康；既可以满足老人健康检查、治病、康复、看护需求，也可以满足老人生活起居需求，减轻了家庭养老压力。在健康中国战略下，青海省发展医养结合事业具有巨大的社会经济意义。

青海省自2009年步入老龄化社会，[①] 老龄化程度不断加深。截至2019年，青海省60岁以上老年人已达73万，占青海全省总人口数的12.1%，预计2025年全省老年人口将突破95.6万人，届时老年人口将占全省总人数的15.31%。老年人口呈现迅速增加态势，针对社会养老问题日益突出这一紧迫现实，青海省委、省政府高度重视养老问题，陆续出台了系列养老服务政策规定和具体措施，并将养老服务纳入民生事业建设工程，持续推进养老服务体系和服务能力建设，加快养老服务工作顶层设计和体制机制改革创新步伐，养老服务机构体系得到进一步完善，居家和社区养老服务工作得到新提升，农牧区养老服务工作得到新拓展。

医养结合的养老服务模式是提升养老服务质量的一种探索举措，青海省医养事业现处于起步和探索发展阶段，在实践中进行了积极的探索，取得了初步成效。

一是健全政策和制度，推进医养结合工作有序开展。2016年青海省政府办公厅转发了《关于推进医疗卫生与养老服务相结合的实施意见》，进一步完善了青海省医养结合工作发展目标、重点任务和保障措施；制定《青海省养老机构设置医疗机构工作指南》，激励养老机构依据养老需求和提供服务的能力设置医疗机构；2020年印发了《青海省推进建立老年健康服务体系的实施方案》。上述一系列政策和制度的逐步完善，为切实推进青海省医养事业发展奠定了基础。

二是采取多种模式，有效提升机构养老医疗服务能力。鼓励医疗卫生机构与各类养老服务机构开展协议合作，确保老年人能够得到便捷的医疗服

① 2009年青海省步入老龄化社会，60岁以上人口占10%。

务。鼓励有条件的医疗机构按照自身定位开展养老服务，提升专业化服务水平。据有关统计数据，截至2020年底，已签约的有189对，其中养老机构与医疗机构签订协议的有141对，日间照料中心与医疗机构签订协议的有48对；已建成养老机构的医疗卫生机构有19个，医疗卫生机构开展养老服务的有3个，总共有22个医养结合机构。①

三是结合公共卫生，助力居家老年人健康养老服务。目前各级基层医疗卫生机构为全省40.4万65岁以上老年人提供健康管理服务，健康管理率达到81.22%；对33.4万60岁以上老年人开展家庭医生签约服务，签约服务率达到81.19%。② 全省116所二级以上医疗机构中，有90所设立老年病科、老年病门诊或老年病床（占全省二级及以上医疗机构的77.5%）；91所为老年人开通就医绿色通道（占全省二级及以上医疗机构的78.4%）③。

四是注重引导社会资本积极参与医养事业健康发展。青海省发挥政策的杠杆效应，撬动社会资本，引导社会资本参与医养事业，取得了初步成效。自2018年以来，仅西宁市吸纳并投入养老服务业的社会资本总量就突破10亿元，吸引民间资本建设医养结合机构，先后建设湟源博仁老年助养中心、久美藏药医养结合院等社会资本投资医养项目，取得初步的社会效益。

二　青海省医养事业面临的问题和困境

青海省医养事业发展取得了一定成效，但是在客观上仍然存在诸多困难和问题。

（一）医养结合养老行业标准尚未建立

标准化建设是推动医养结合事业有序发展的重要手段。目前我国医养结合养老还处于试行和探索阶段，相关的行业标准、法律法规、服务规范、质

① 青海省卫健委相关统计。
② 青海省民政厅老年处相关统计。
③ 青海省卫健委相关统计。

量管理和监控、风险预防、评估评价、纠纷处理、信息互联互通等标准化工作还处于空白状态或者起步阶段。一是医养结合机构界定的标准过于宽泛，其相关规定内容大部分为宏观指导性的，缺少具体的执行标准和规范，更缺少实施细则，导致医养结合机构层次差异过大、参差不齐。二是医养结合事业在管理制度、落实政策、筹集运营监管资金等方面缺乏法律法规支撑和保障。三是医疗机构、养老服务机构、医养结合机构及医护人员因缺乏专项的法律法规，在权利义务和责任方面与老年人及其家属发生矛盾纠纷时难以调处。

（二）政府相关部门之间缺乏科学有效的协作机制

从顶层设计看，医养结合机构需要整合卫健、民政、医保、老龄等部门资源共同推进，但因为目前相关职能部门存在行业差异、行政归属和财务分割不同等因素，导致具体推进过程中出现权责不明的现象。按照职能划分，我国养老机构中，主管养老床位的是民政部门，主管护理床位的是卫健部门，负责费用结算和专业人员考核的是医保部门。但事实上，护理型床位建设费用高，对于支付能力较弱的失能老人而言，往往只能选择养老床位。青海省与其他省份相比，在针对失能老年医保报销方面，护理型床位的报销比例远低于上海等东部省份，致使失能老人无法获得高效且有针对性的医疗服务。由于民政、医疗卫健与医保部门职能衔接不畅，医养结合事业在推动上存在不足之处。同时，由普通养老机构转为医养结合的机构，民政部门会给予一次性建设补贴和运营补贴，但是由于医疗机构已经享有国家财政支持，所以转型为医养结合机构时很难得到补贴，公立医疗机构变更登记事项比较困难，影响医养结合事业健康发展。

（三）医养结合发展模式存在不同局限

青海省在推进医养结合事业过程中，绝大多数医养结合方式为养老机构与医疗机构签订协议，医疗机构通过设立绿色通道、定期服务等方式为养老机构提供医疗服务；少数采用医养相邻模式，主要依托社区医院或者村医室与老年人签订家庭医生服务协议，开展老年人慢性病管理服务；极少数采取医中加养和养中加医模式，目前医中加养只有西宁市中医院进行了试点建设，养中加医全省只有零星的几家民办养老机构在进行探索。各种模式的医养结合发展存在不同的局限。特别是青海由医疗机构转型为医养结合机构的工作处于试点阶段，滞后于其他省市的建设。由养老机构转型的医养结合机构，一般内设医疗机构单一，除开展简单的门诊服务外，无法提供失能及患病老人的住院护理服务。医养相邻模式主要依托社区医院，但因社区医院本身承担了医疗知识普及、基础医疗的相关职能，仅凭社区医院不多的医疗资源无法为老年人提供个性化的服务。医疗机构与养老机构签约存在协议停留在纸上的现象，据调查青海省现有签约的 189 对中开展实质性合作的为数不多。

（四）养老支付保障体系尚未系统化

现阶段我国长期养老护理基金项目处于试点阶段，养老支付保障体系尚不健全，尤其青海省是全国唯一一个未将长期养老护理基金项目纳入试点的省份，使得青海省的养老支付体系建设滞后于全国其他省份，更成为影响老年人养老费用支出水平的重要因素。目前青海省城乡居民基础养老金每月为 180 元，企业退休职工基本养老金每月为 3680 元，机关、事业单位退休人员每月为 6071 元，多数老年人收入低，无法购买健康养老服务，尤其是农牧区老年人完全依赖政府兜底。此外，资源有效供给能力不足。城市和农村都不同程度地存在设施场地狭小分散、布局不合理、便捷程度低等问题，有需求无供给、有供给无需求的矛盾在城乡地区表现突出。青海省目前运行的 113 个养老机构总床位为 11094 张，共入住 5300 余人，仅占全省老年人总数的 0.7%，且现有的床位入住率为 48%，老年人的支付能力弱、所需服务供给不足等因素均在一定程度上限制了青海省医养结合事业的发展。

（五）社会资本参与医养事业举步维艰

一是各类优惠政策释放不足。主要是现行的政策仅限于省级层面，基层没有配套性政策，而且宏观层面的政策对民营资本的吸引力不强，加之有限的市场空间，民办力量的勃发乏力。二是融资难。现阶段由于市场融资渠道少，资金来源只有自有资金和银行贷款，同时银行贷款融资风险全部由社会资本投资者承担，影响了社会资本参与医养结合事业的积极性。社会资本为获取更多政府优惠扶持政策，往往将养老服务机构登记为非营利性社会组织即民办非企业性质的养老机构。而银行在审批民办非企业性质的养老机构贷款申请时，大多拒绝为其办理抵押，使得民办养老机构难以获得金融贷款。此外，我国社会慈善事业不发达，民办养老服务机构获得的社会捐助资金较少，西部民族地区民办养老服务机构发展更为滞后。三是用地难。在政府土地使用规划当中养老建设用地指标较少是制约社会资本参与医养事业的重要因素。四是民间各种力量支持投入养老事业的氛围尚未形成。各种社会力量广泛参与投资以及采取多种方式吸纳社会资金的局面在青海省尚未形成。五是在深化改革方面各地举步艰难。各地仍存在抱残守缺、观念滞后等问题，导致现有资源无法释放效益，无法为老年人提供更好的服务。

（六）专业人才和技术支撑严重不足

养老服务、老年用品、健康管理、社会工作等相关专业人才严重缺乏。一是现阶段开设养老服务相关专业的院校数量较少。二是养老护理员大规模培训刚刚起步，养老护理员职业技能评价制度尚未建立，“栓心留人”保障机制不健全，导致专业人才流失。例如根据青海省的一项调查，每年毕业的养老护理专业的学生虽然能够实现 100% 就业，但经过 1～2 年后仍从事本专业的不到 30%。三是从业人员职业认同度低、薪酬待遇低、劳动强度大、社会地位不高等因素使得绝大部分医护毕业生不愿去养老机构就业。四是医养结合的智慧养老模式在信息处理收集方面还有待完善，信息分析处理的方法不齐全；智慧养老产品种类过于单一，未与养老服务有效衔接；一些智慧养老产品的设计存在欠缺，操作过程过于复杂，最终导致老年人放弃使用智慧养老服务平台。

三　促进青海省医养事业健康发展的路径建议

在全面建设社会主义现代化强国和迈向第二个百年奋斗目标的新征程中，青海省积极探索促进医养事业健康发展的路径具有十分重要的现实意义。

（一）设立行业标准，健全完善监管机制

一是设立医养结合的行业标准，包括医养结合机构的准入标准、运行标准、服务标准和退出机制。二是加快医养行业立法进程，推动医养服务立法先行，对参与的医养机构进行有序和规范的引导。三是建立健全监督和评价机制，同时强化质量评估和监督检查，保证医养结合养老制度体系和行业标准有效规范运行。

（二）进一步加强顶层设计，完善医养结合事业保障体系

一是政府部门在土地使用政策方面，保证社会资本开办的医养结合机构与政府开设的机构享有同等的权利，例如在转让、划拨、挂牌等三种土地出让方面。健全政府各部门协调联动体制机制，简化审批程序，加大税费优惠和补贴方面的政策落实力度，保证各项税费减免落实到位，各类优惠补贴及时发放到位。二是建议银行金融系统安排一定比例的年度新增信贷资金，用于支持民营医养结合机构长足发展。三是积极发挥政府宏观调控作用，将一部分运转不畅或闲置的公办养老机构有偿转让给经营有方、运转高效的民营医养机构。发挥市场配置基础作用，鼓励民营企业以独资、合资、联营、参股等形式，积极开办医养结合机构，以满足多渠道多形式兴办医养机构的需求。四是大力开展养老产业相关产品的开发，丰富养老产业内涵，促进医疗、保健、养生、养老一体化发展。

（三）推进医养领域混合所有制改革，探索公私合作模式

从近年来我国医养领域改革的新进展观察，引导社会资本参与医疗养老

PPP 项目已逐渐成为一种新的医养模式，“十三五”以来，这种新模式通过实践探索，得到了显著的完善，取得了较为理想的社会效益。对于青海来说，推进医养领域混合所有制改革，在符合省情实际的前提下探索公私合作模式，在条件成熟的地区适度推进医养结合 PPP 项目，可以采取目前较为常见的三种合作模式：一是社会资本只是作为项目出资方，参照一般的商业投资标准和规范，不参与医养项目的管理工作，每年按双方约定的收益率收取固定数额的资金回报；二是社会资本作为投资方，以协商入股的方式参与医养项目，双方根据医养体的经营利润，按入股比例进行利润分红，是标准的股份合作方式；三是社会资本作为合伙人，按照公私合营的合作方式，共同组建新的公私合营式的医养共同体，深度参与医养机构的日常经营和管理，这种合作方式对现有制度的创新要求比较高，也是未来医养改革领域最为重要的改革方向。

（四）落实优惠政策，建立养老金支付保障体系

一是按照“多规合一”的工作思路，整合现有的医疗、卫生、民政、乡村振兴、社会救助等专项规划中涉及医疗养老的工作任务和项目资金，在打破条块管理的同时，探索整合各部门各类医养项目和建设资金，统筹安排和布局各类医养建设项目和制度设计，最大限度地提高医养资源的综合利用效率；二是探索采取政府购买服务、设立医养项目专项基金、银行设立医养项目专项货币支持工具等方式，鼓励和引导社会资本积极参与医养事业，有效扩大全社会医养服务供给总量；三是积极应对当前老龄化社会新趋势，在增加医养专门机构的同时，通过政策引导和财政扶持，针对老年性疾病和慢性疾病的预防、治疗、康复性护理以及医养设备、医护人员、养护场地标准化建设开展水平提升工程和标准化建设工程，力争在全方位提高医养机构的专业护理水平和硬件水平方面取得实质性进展。

（五）加强专业人才队伍建设，集聚专业化的养老服务人力资源

一是提高老年护理人员的待遇，在全行业建立无差别的职称评估系统和

职位晋升制度，设立岗位补贴。完善养老服务行业从业人员的薪酬体系，提高其社会地位，培育全社会关护老年人及尊重老年行业从业人员的氛围，增强职业认同感，保持从业群体的稳定性。二是针对现有高校只设老年护理课程、并未开设老年学专业的实际，引导高校特别是职业院校根据人口老龄化趋势不断加快的社会现实需要，调整人才培养体系。大力培养掌握老年医学、老年护理学、营养学等知识的专业人才，以及适应未来养老行业发展所需的大数据分析、智慧养老等方面的复合型人才。此外，更加积极地探索高校、职业院校、科研院所与养老尤其是医养结合机构之间的合作培养人才模式，实现院校与机构的全方位合作，以建立老年医学培训实习基地为主要方式，为学生提供实习岗位。同时，医养结合机构应更为积极主动地依托院校的科研资源推动机构长足发展。三是加大对现有从事医养事业的一线护理人员的培训力度，实施老年护理、基础医学、心理学等方面的培训计划，着力解决目前老年护理人员专业技能普遍不高的问题。同时，对符合条件的优秀老年护理人员，适当放宽学历等方面的硬性要求，落实职业资格考试制度，凭证上岗，提高护理人员的专业性。四是实现养老服务尤其是医养结合事业职业化，构建完善的人力资源使用机制，在人才招聘、绩效考核等方面建立更为完善的制度，吸引更多人才加入养老服务行业。五是从存量角度考虑，借鉴日本经验，挖掘退休健康老人人力资源，鼓励其进入养老尤其是医养结合行业，形成老年人自我服务的循环机制。

（六）建立青海省医养事业发展基金，推进养老产业大发展

目前青海省的养老产业已有一定的基础，应设立医疗养老服务产业发展基金，促进青海省探索建立社会化、市场化、商业化的养老服务发展长效机制，吸引社会资本投入养老服务产业，推进青海省养老产业大发展。未来可通过中央财政引导资金、省财政配套资金和致力于青海省养老产业发展的投资公司的民间资本共同成立相应的养老服务业发展基金，从青海省的实际情况出发，整合现有养老资源，在基础条件较好的西宁市、海东市先行试点，全力打造综合性养老机构示范基地。

参考文献

王新茹等:《“健康中国”战略下构建医养结合智慧养老服务平台》,《中国市场》2021 年第 8 期。

曹建平、余兰:《医养结合背景下高职护理专业创新创业人才培育》,《经济师》2021 年第 3 期。

丛日坤、崔瑞兰:《医养结合养老模式面临的制度困境与优化策略》,《中国医学伦理学》2021 年第 8 期。

聂建亮、曹梦迪、吴玉锋:《深入推进医养结合的障碍与发展策略》,《卫生经济研究》2021 年第 7 期。

雍莉、徐斌、朱兰:《创新医养结合发展思路加强基层健康教育服务》,《北京观察》2021 年第 11 期。

石睿:《健康中国战略背景下对“医养结合”养老模式的思考》,《管理观察》2019 年第 18 期。

任国征、徐晓娜:《构建智慧养老服务体系的建议》,《中国国情国力》2020 年第 10 期。

B.12 青海省国家通用语言文字事业发展报告

张 筠*

摘 要： 2021 年青海省国家通用语言文字事业坚持稳中求进的工作总基调，推广普通话，助力脱贫攻坚取得重大进展，国家通用语言文字推广普及工作成效显著，传承和弘扬中华优秀传统文化工作持续推进，通用语言文字科研能力显著提升，城市语言文字工作评估和语言文字督导工作取得新进展。2022 年，“十四五”规划和全面建设社会主义现代化国家新征程持续推进，青海省将继续提高国家通用语言文字事业发展质量，夯实铸牢中华民族共同体意识的语言根基，提高语言文字事业对青海经济社会高质量发展的服务能力，开创新时代语言文字事业发展新局面。

关键词： 通用语言文字　语言文字事业　青海省

2021 年，是中国共产党建党 100 周年，是“十四五”规划的起步之年，是全面开启建设社会主义现代化新征程的关键时刻；2021 年又是“全国文字改革会议”召开 66 周年、《中华人民共和国国家通用语言文字法》颁布 21 周年的特殊历史时期。为深入贯彻落实党的十九大精神和习近平新时代中国特色社会主义思想，青海省国家通用语言文字事业发展整体推进、扎实有效、突破创新，为铸牢中华民族共同体意识、增强文化自觉与文化自信、

* 张筠，青海省社会科学院文史研究所副研究员，研究方向为社会语言学与地方文化。

落实依法治国战略、助推经济社会发展、促进高水平对外开放奠定了坚实的语言根基。

一　青海省国家通用语言文字事业发展形势及亮点

省委、省政府和全省各族人民紧密团结在以习近平同志为核心的党中央周围，在教育部、国家语言文字工作委员会的大力支持和指导下，青海省国家通用语言文字事业在助力脱贫攻坚、推广普及国家通用语言文字、传承和弘扬中华优秀语言文化、提升语言文字事业科研能力，以及评估城市语言文字工作、督导语言文字工作等方面呈现新亮点和新气象。

（一）推广普通话助力脱贫攻坚成效显著

一是制度明晰，任务分工明确。2018 年 5 月，依据国家语言文字工作委员会颁发的《推普脱贫攻坚行动计划（2018—2020 年）》，青海省语言文字工作委员会印发了《贯彻落实国家〈推普脱贫攻坚行动计划（2018—2020 年）〉实施方案》，明确了工作目标和重点任务；2019 年 4 月，专门印发了《青海省推普脱贫攻坚重点任务工作计划清单》，进一步细化任务、规定时限、落实路线图等；2020 年 3 月，出台了《青海省持续推进推普脱贫攻坚行动重点任务责任分工》，形成了全社会共抓推广普通话脱贫攻坚的合力。全省立足省情、统筹推进、深入有序开展推广普通话脱贫攻坚行动。二是资金到位，推广普通话助力脱贫攻坚成效显著。截至 2020 年底，全省共投入资金 3400 余万元，实现推广普通话脱贫攻坚行动计划全省 39 个贫困县（市、区）全覆盖；2018 ~2020 年，持续投入“三区三州”脱贫攻坚教育资金 803.25 万元，在 6 州及所属的 15 个深度贫困县完成了“义务教育阶段普通话不达标业务骨干教师培训”600 余人，“新增劳动力和青壮年劳动力普通话培训”2250 余人。[①] 2020 年争取国家资金支持 136 万元，搭建普通话培训学习远程平

① 青海省语言文字工作委员会。

台，完成西宁市100名教师语言文字规范标准培训、海东市3282名农村（乡村）教师国家通用语言文字教学能力提升示范培训，海南州、海北州、黄南州、果洛州200名民族地区中小学教师国家通用语言文字教学能力提升在线示范培训，玉树州1847名民族地区、贫困地区教师国家通用语言文字应用能力培训。①2021年3月12日，“学习强国”平台发表了《三江之源河湟地　通语赋能助脱贫——青海省推普助力脱贫攻坚实践之路》，向全社会推广青海经验。

（二）国家通用语言文字推广普及成果丰厚

一是国家通用语言文字推广普及质量水平不断提升。2020年，教育部、国家语言文字工作委员会组织开展全国普通话普及情况抽样调查，调查范围涉及31个省（自治区、直辖市）及新疆建设兵团的245个县（市、区、旗），覆盖各民族及社会各行业。调查结果显示，全国范围内普通话普及率达80.72%，相较于2000年的53.06%提高了27.66个百分点。青海省域范围内抽调调查员600余名，对全省各市、县、区进行了“县域居民普通话普及情况调查”，调查结果显示，全省普通话普及率达76.13%，相较于2018年的45.10%提高了31.03个百分点。2015～2020年，全省国家通用语言文字水平测试完成13余万人次，是测试人数最多、增幅最大的5年。②

二是国家通用语言文字推广普及宣传形式多样、内容丰富。2020年，在第23届全国推广普通话宣传周活动中，微博相关话题阅读量达3亿多人次，普通话水平智能测评吸引青少年参与超过100万人次，答题挑战超过1亿人次，青海省域范围内的活动直接参与人数超过300万人。2021年9月12～18日，第24届全国推广普通话宣传周活动如期举行，主题为“普通话诵百年伟业　规范字写时代新篇”，青海省以青海师范大学国家语言文字推广基地为依托，以“百年征程传薪火，红色经典润乡土”为主题，开展了大学生话剧巡演、文化大讲堂下基层、农牧区中小学“结对子”、第三届中华经典诵

① 青海省语言文字工作委员会。

② 青海省语言文字工作委员会。

读写大赛等系列活动，同时结合“永远跟党走”党史学习教育活动，利用微博、微信公众号、“学习强国”平台等“互联网+”模式，向全社会推送契合时代需求、贴近民众生活的资讯，进一步传承和弘扬了中国共产党团结和领导全国各族人民艰苦奋斗、勇往直前的革命精神，在不断提高基层民众国家通用语言文字学习水平的同时，为进一步铸牢中华民族共同体意识奠定了语言基础。

（三）中华优秀语言文化传承持续推进

2019 年以来，青海省广泛开展中华经典诵、读、写、讲等传承中华优秀传统文化系列活动，收获广泛好评。全省报名参加《中国汉字听写大会》的 198 所学校近 2 万名学生中，西宁市第七中学取得了个人第六名和集体优胜奖的优异成绩。全省各市、区、县也成功举办了中华经典诵、读、写、讲比赛，并引导民众积极参与观看《中国汉字听写大会》《中国诗词大会》《朗读者》《见字如面》等优秀语言文化类电视节目，通过一系列文化实践活动，引领社会大众特别是广大青少年品读中华经典，弘扬传统文化。与此同时，扎实推进国家级语保工程青海项目，顺利完成了西宁市、贵德县、门源县三地的方言调查工作，收集各类音视频资料共 2 万余条，为保护中华语言文化遗产、弘扬中华优秀传统文化和铸牢中华民族共同体意识奠定了基础。

（四）国家通用语言文字工作的科研能力显著提升

一是平台建设不断完备，科研实力持续增强。“青海师范大学国家通用语言文字推广基地”顺利建成，这对各级各类科研项目的申报、高素质人才的培养、学科建设和成果转化等起到了关键性阵地作用。“青海省国家通用语言文字工作专家库”也在积极组建中，专家库旨在发挥各行业专家、学者在学科建设、科学研究、政策咨询等方面的专业优势，为全省的决策部署献计献策。二是项目落地，理论基础不断夯实。“国家通用语言文字服务青海‘一带一路’建设调研”“青海省实施《国家通用语言文字法》的实践与思考”等项目扎实推进，为进一步强化国家通用语言文字服务青海高质量发展奠定了理论基础。2021 年，全省共报送国家级、省部级和厅局级项目 342 项，其中立项课题 49 项。

（五）城市语言文字工作评估取得新成绩

截至 2020 年底，青海省先后完成了西宁市所属三县、海东市、海北藏族自治州、海西蒙古族藏族自治州德令哈市和格尔木市的“国家二类城市语言文字工作评估验收”工作；完成了海东市民和县、互助土族自治县、化隆县、循化县，海西蒙古族藏族自治州乌兰县、都兰县、天峻县的“国家三类城市语言文字工作评估验收”工作。两项工作的顺利收官，对青海省贯彻和深化《国家通用语言文字法》、助推城镇和街道及农牧区国家通用语言文字工作的纵深发展起到了示范引领和带动增效的作用。其中，海东市在二类城市语言文字工作评估验收中，把推广国家通用语言文字政策法规改编成民众喜闻乐见的快板书形式，并在基层进行汇报表演，实属全国首创，为国家通用语言文字推广普及工作的创新发展开了新局。

（六）语言文字督导工作取得重大突破

近年来，青海在全省范围内扎实推进落实《语言文字工作督导评估暂行办法》，开展一系列督导工作的“自查自评”。2018 年 7 月，国家语言文字工作督导评估组对海西州及所属德令哈市、格尔木市的语言文字工作进行了国家级督导评估，督导工作围绕语言文字事业的发展理念、制度建设、教育宣传、条件保障和发展水平等方面展开，先后听取了两市政府专题汇报，召开座谈会 8 次，实地查看党政机关 4 个、学校 4 所、新闻媒体单位 4 家、乡镇社区 4 个、商业街道 4 条、公共服务窗口单位 4 家，核查文件档案 300 余卷，发放并收回问卷 81 份，随机访谈 90 人次，最终两市分别以 96 分和 95 分的成绩居全国首位。①

① 青海省语言文字工作委员会。

二 青海省国家通用语言文字事业发展中的问题与困难

青海省国家通用语言文字事业总体呈现稳中求进的发展态势，成果丰厚、亮点突出，但同时也面临一些问题和困难。

（一）社会重视度仍然不足

目前，国家通用语言文字推广普及工作主要集中在教育系统，其他行业和领域，如政府机关、企事业单位、公共服务团体和社会各界等，对国家通用语言文字推广普及工作的重视程度有待进一步提高。

（二）语言培训质量有待持续提升

精准定位培训对象，针对参训人员个体差异，在制订培训计划、选择培训方法和确认培训内容方面要更为科学化和精细化；基层培训中的监督、考核、验收、巩固和提高等环节的工作有待进一步加强。

（三）人才队伍建设有待进一步加强

国家通用语言文字事业发展方面的专业性人才储备略显薄弱，所以专业性科研成果和地方性科研成果略显不足，语言规划、语言治理和语言政策等方面的工作和研究有待进一步深化。

（四）语言文字服务能力有待进一步提升

面向少数民族群众、老年群体、视听障碍人群、进城务工人员、农村留守儿童等人群的语言文字服务体系有待进一步完备；语言志愿服务、语言文字支教、信息无障碍服务等工作有待持续推进。

三 2022年青海省国家通用语言文字事业发展形势预测

展望2022年，青海省将以习近平新时代中国特色社会主义思想为指导，全面贯彻党的十九大及十九届历次全会精神和省委十三届十次全会精神，不断提高国家通用语言文字事业发展质量，努力开创新时代语言文字事业发展新局面。

（一）国内环境分析

语言文字是推动人类社会发展进步的基础力量，语言文字工作是党和国家事业发展的基础性工作。[①] 党的十八大以来，习近平总书记站在中华民族伟大复兴和构建人类命运共同体的战略高度，做出了一系列关于开展语言文字工作的重要论述，成为新时代语言文字事业纵深发展的原则遵循和行动指南。2020 年 10 月，全国语言文字会议在北京召开，本次会议体现了党中央对语言文字工作的高度重视，是具有里程碑意义的一次会议。会议进一步明确了新时代语言文字事业在党和国家发展全局中的重要战略地位，确定了当前和今后一个时期语言文字工作的目标与任务，为新时代语言文字事业改革发展举旗定向。[②]

未来，我国语言文字工作将纵深发展，改革创新举措的成效显著提升，现代化建设持续推进，语言文字事业将会取得更大的历史性进展。一是学习贯彻习近平总书记重要讲话精神和全国语言文字会议精神。准确把握和深刻领会习近平总书记关于语言文字工作的重要论述，站在构建人类命运共同体和铸牢中华民族共同体意识的战略高度，大力推广国家通用语言文字，促进各民族交往、交流、交融。二是着力实现新时代语言文字事业发展的新目标。当今，世界正经历“百年未有之大变局”，我国正处于实现中华民族伟大复兴的关键时期，决胜全面小康、实施乡村振兴战略，需要语言文字事业发挥助推作用；铸牢中华民族共同体意识、弘扬中华优秀文化，需要语言文字发挥纽带作用；科教兴国、人才强国、文化兴国，需要语言文字事业的基础性保障；促进人类文明进步、推动语言与智能的深度融合，需要语言文字

① 国家语言文字工作委员会组编《中国语言生活状况报告》，商务印书馆，2021，第 3 页。

② 国家语言文字工作委员会组编《中国语言生活状况报告》，商务印书馆，2021，第 5 页。

事业的智力支撑；讲好中国故事、树立文化自信，需要语言文字事业的高质量发展。三是语言文字事业高质量发展服务党和国家战略全局的能力不断提升。在今后一个时期内，国家通用语言文字服务供给能力将进一步提升，语言文字规范化标准化建设与信息创新将持续增强，语言文字的对外交流合作将不断深化，语言文字治理体系与治理能力的现代化将深入推进，语言战略整体规划将不断完善优化，语言文字事业服务党和国家战略全局的能力将全面提升。①

（二）青海省国家通用语言文字事业发展形势预测

一是铸牢中华民族共同体意识的语言根基将进一步夯实。大力发展国家通用语言文字事业，适应新时代发展需求，特别在青海这样一个多民族聚居区，语言使用情况复杂，所以发展语言文字事业将在全面和深度推广普通话的基础上，不断加强方言资源和少数民族语言资源的保护、开发和利用，传承和弘扬好各民族优秀传统文化，在促进高水平对外开放的基础上，把多民族地区语言事业发展的"短板"努力转型为地方语言战略的"跳板"。2021年11月，习近平总书记在第三次"一带一路"建设座谈会上深度着墨"五通"，其中"一通"就是民心相通，强调深化人文交流，形成多元互动的人文交流大格局。文化交流的前提是语言互通，青海将在深入推进共建"一带一路"倡议顺利实施的过程中秉承共商共建共享发展理念，以语言文字为纽带促进文化互鉴、民心相通，在彰显区域文化个性的同时不断增强文化自信，为更好地服务构建新发展格局提供强有力的话语支撑，为铸牢中华民族共同体意识和促进当代人类文明发展夯实语言根基。

二是推广普通话助力乡村振兴将取得新成绩。2021年2月，习近平在全国脱贫攻坚总结表彰大会上强调，社会主义核心价值观、中华优秀传统文化是凝聚人心、汇聚民力的强大力量。② 消除贫困是实现乡村振兴战略的前

① 田学军：《努力开创新时代语言文字事业发展新局面》，《光明日报》2020年10月14日，第8版。

② 《习近平在全国脱贫攻坚总结表彰大会上的讲话》，《光明日报》2021年2月26日，第2版。

提和关键。特别在少数民族贫困地区，持续深入推广国家通用语言文字、传承民族语言及其承载的优秀传统文化，对推广普通话脱贫和促进各民族交往、交流、交融具有重要现实意义。“扶贫先扶智，扶智先通语”，在今后一段时间内，语言扶贫将走向常态化。乡村振兴战略中，提高民众语言能力、增强民众基本素质是人才振兴的关键所在；乡村文化的振兴同时也是语言资源和语言文化的振兴；合理配置语言资源，发挥好地方语言、少数民族语言在乡村振兴中的产业价值，从而实现产业振兴；加强基层组织队伍建设，培养有文化、懂管理、善技术的高素质基层干部，是实现组织振兴的着力点。乡村振兴的发展目标与现实任务与脱贫攻坚不同，所以语言扶贫的现实意义将被持续丰富和发展，推广普通话助力乡村振兴战略将不断取得新的成果。

三是语言文字事业服务青海高质量发展的能力将不断提升。2021 年 6 月，习近平在青海考察时强调，要在推进青藏高原生态保护和高质量发展上不断取得新成就。[①] 语言文字作为重要的信息文化载体，在不断适应城镇化、数字化、信息化和开放化发展的同时，将持续推进依法治国，实现国家治理体系和治理能力现代化，将不断深化其在社会生产与民众生活中的基础性地位，将不断增强其在保障和改善民生方面发挥的重要助推作用，将不断夯实发展和巩固民族团结与共同繁荣的文化根基。可以说语言文字事业的健康发展，将在青海经济社会发展、教育水平提高、公民素质提升、文化生态和谐、民族团结进步等的高质量发展方面充分发挥自身的价值与作用。

四是语言文字事业在社会应急服务中的能力将不断提升。2020 年新冠肺炎的突袭而至是新中国成立以来“传播速度最快、感染范围最广、防控难度最大的一次重大突发公共卫生事件”。世界卫生组织也将此次疫情列入“国际关注的突发公共卫生事件（PHEIC）”。面对如此重大的应急治理，国家在语言层面上的应急治理能力和应急治理效果有目共睹。今后，政府在信息发布、救援沟通、谣言防治、舆论引导等方面的语言应急处理能力将不断提升。

---

① 《习近平在青海考察时强调　坚持以人民为中心深化改革开放　深入推进青藏高原生态保护和高质量发展》，新华网，www. xinhuanet. com，最后访问时间：2021 年 6 月 9 日。

四　促进青海省国家通用语言文字事业发展的对策建议

2021年，青海省国家通用语言文字事业发展坚持稳中求进的工作总基调，在新的一年里，势必继续打好国家通用语言文字普及攻坚战，不断提升国家通用语言文字服务“一优两高”战略的实施能力。

（一）健全法律法规，为推广普通话工作奠定坚实的法律基础

一是各类地方性法规文本条款在表述上，规范使用国家通用语言文字；二是结合地方实际，有针对性地分地域、分阶段逐步实现行政、立法、司法、教育等行业和公共服务领域国家通用语言文字的主导性和规范性；三是加强对网络和人工智能应用语言文字的监测管理，推动语言文字依法治理；四是做好宣传普及教育工作，把国家通用语言文字的相关法律法规进一步渗透到全民中，营造全民懂法、全民守法良好氛围。

（二）坚持“主体多样”的语言政策，牢固树立文化自信

中国有56个民族、100多种语言、30多种文字，语言文字的多样性和语言使用情况的复杂性决定了“主体多样”的语言政策。《中华人民共和国宪法》第十九条“国家推广全国通用的普通话”强调“主体性”是语言政策的核心要义，第四条“各民族都有使用和发展自己的语言文字的自由”体现了“多样性”的语言政策。习近平在中央民族工作会议上强调，要推广普及国家通用语言文字，科学保护各民族语言文字，尊重和保障少数民族语言文字学习和使用。[①] 要进一步统筹规划国家通用语言文字的推广普及，同时兼顾民族语文教育、国际中文教育和外语教育，不断提升各族民众的语

① 《习近平出席中央民族工作会议并发表重要讲话》，中华人民共和国中央人民政府网站，http：//www.gov.cn/xinwen/2021-08/28/content_5633940.htm，最后访问时间：2021年12月23日。

言使用能力和语言使用水平，科学高效保护各民族语言文字和语言文化，传承弘扬好各民族优秀传统文化。

（三）创新推广模式多模态化，让推广普通话“鲜活”起来

在继续深入“双推”模式的基础上，不断探索新的推广模式。从普及程度和普及质量两个维度提出现实性目标，找准着力点，平衡国家通用语言文字推广普及城乡区域协调发展，把“提高普通话标准程度”上升为“提高国家通用语言文字应用能力”和“提升中华语言文化素养”，在说好普通话的基础上讲好中国故事。在此基础上精准施策，聚焦“高原短板”，充分发挥学校主渠道作用，重视学龄前儿童和民族地区青壮年劳动力的普通话教育和普及，不断强化对基本普及后阶段性成果、特点和规律的总结与研究，多渠道加强宣传与阐释，不拘泥于文本推广，从视、听、观、感等多模态角度创新出具有地方特色的推广方式，引导民众树立科学的语言观，培养民众积极向上的学习内驱力。

（四）有效提升培训质量，化被动为主动

统筹好提高普及程度和提高普及质量两个关键，有的放矢。一是健全国家通用语言文字培训的长效机制，充分利用地方各级学校资源，加大国家通用语言文字的培训力度。二是精准聚焦培训对象，把不具备或不够具备普通话沟通能力的农牧民、进城务工人员、贫困群众、学生和青壮年劳动力作为重点培训对象，化被动为主动，形成全社会规范使用国家通用语言文字的良好风尚。三是示范带动引领推广普及。充分发挥各民族各级领导干部的示范引领作用，特别是强化政府部门、企事业单位、各类社会团体和公共服务系统规范使用国家通用语言文字，以此带动全社会的良性循环。

（五）不断增强科研能力，为高质量发展保驾护航

一是培养和引进语言类专业技术人才。特别在青海多民族聚居区，更需要优秀的语言人才。各级地方政府应重视培养，确保在文化、教育、卫生、

交通、水利、环保等各行业涌现一批高质量人才，充分发挥他们的语言能力，不断加强对外交流，逐步提升专业技术水平。二是提高学校教育教学质量。不断加强教师队伍建设，提升少数民族教师国家通用语言文字能力，内部自培结合外部引进，实地培训结合远程学习，不断提升教师教学和学生学习的质量与效果。三是积极争取国家级和省部级等各级各类项目的申报，结合语言类专家咨询库建设，实现以项目促科研，结合扎实的实地调研，多出精品和咨询报告，为省级层面政策的制定建言献策。

参考文献

国家语言文字工作委员会组编《中国语言文字事业发展报告 2021》，商务印书馆，2021。

国家语言文字工作委员会组编《中国语言政策研究报告（2021）》，商务印书馆，2021。

薛军、花木嵯：《中共青海省委十三届十次全会召开》，《青海日报》2021 年 7 月 31 日，第 1 版。

《中国共产党第十九届中央委员会第六次全体会议公报》，中华人民共和国中央人民政府网站，http://www.gov.cn/xinwen/2021-11/11/content_5650329.htm，最后访问时间：2021 年 12 月 23 日。

B.13
青海红色文化资源开发利用的现状分析与展望

胡 芳*

摘 要： 青海有着丰富而独特的红色文化资源，其时代、地域和民族特征显著，在全国红色文化资源中具有十分突出的地位。党的十八大以来，青海省在红色文化资源内涵挖掘和宣传、红色文化遗址重建与修复、红色文化旅游、红色教育与培训、红色艺术品创作等方面成绩斐然，但同时也存在红色文化资源挖掘保护和开发利用亟待加强、各市州红色文化资源分布和开发利用不均衡、宣传形式亟待创新与突破、红色旅游产业链尚未形成、资金投入与人才建设亟待加强等问题。鉴于此，提出加大对红色文化资源的调查研究和挖掘保护力度、创新红色文化资源的宣传和传播形式、加快红色文化产业发展、打造具有鲜明青海标识的红色文化品牌、加大资金投入和人才引进力度的对策建议。

关键词： 红色文化资源　产业链　青海省

青海红色文化资源是中国共产党领导全省各族人民在新民主主义革命、社会主义革命和建设、改革开放和社会主义现代化建设新时期、中国特色社会主义新时代实践中形成的先进文化资源，既是青海地域文化中极其重要的组成部分和各族人民弥足珍贵的精神财富，也是青海深入实施“五四战

---

* 胡芳，青海省社会科学院文史研究所研究员，研究方向为青海文学、民俗文化和历史文化。

略”、奋力推进“一优两高”战略的独特资源和前行动力。近年来，青海省大力推动红色文化资源的挖掘保护和开发利用，取得了引人注目的成绩，但也存在一些亟待解决的问题，必须遵循红色文化发展的规律特点与学科规范，结合高质量发展的时代新要求，采取有效措施深入推动青海红色文化资源的传承弘扬与开发利用。

一　青海红色文化资源概貌

青海的红色文化资源涵盖新民主主义革命和社会主义建设的不同历史时期，时间跨度长，分布地区广，且内涵丰富，类型多样，时代、地域和民族特色鲜明，其文化深厚博大、绚丽多彩，在全国红色文化资源中具有十分突出而独特的地位。

（一）青海红色文化资源的分类与分布

红色文化的实质是革命文化，可以依据不同标准作不同划分。目前，学界对红色文化的划分有静态和动态、物质与精神、一般与特殊等。本报告依据联合国教科文组织对文化遗产的划分标准，将青海的红色文化资源分为物质形态和非物质形态两大类。

1. 青海红色文化资源的分类

青海物质形态的红色文化资源由革命烈士纪念碑、遗址、纪念馆及革命文物等组成，主要有果洛班玛红军沟遗址、循化红光清真寺、西路军纪念馆、海北原子城、玉树抗震救灾纪念馆等，这些红色文化资源保存较完好，具有极高的时代价值。非物质形态的红色文化资源则以意识形态和文化记忆的表现形式呈现，包括红军长征精神、西路军精神、“两弹一星”精神、柴达木精神、两路精神、玉树抗震救灾精神、新青海精神、对口援青精神，以及六大世居民族的红色故事、红色歌谣等，铸就了青海红色文化的精神支柱。

2. 青海红色文化资源的分布

目前，青海有国家级的爱国主义教育基地 6 处，分别为中国工农红军西路军纪念馆、海北原子城（中国第一个核武器研制基地）、果洛班玛县红军沟革命遗址、青藏公路建设指挥部旧址（将军楼）、青藏铁路、玉树抗震救灾纪念馆。2021 年，青海省命名的省级爱国主义教育基地为 12 处。需要指出的是，随着各市州逐步加大对红色文化资源的挖掘力度，其红色文化资源的数量也在发生变化，整体呈现增长趋势。据不完全统计，青海省已公布或认定的红色文化遗址遗迹、党史学习教育红色资源的区域分布与数量如下（见表 1）。

表 1　青海省红色文化遗址遗迹、党史学习教育红色资源的分布区域及数量统计

单位：处

分布区域	红色遗址遗迹、党史学习教育红色资源	数量
西宁市	中国工农红军西路军纪念馆　大通县烈士陵园　西宁市抗日阵亡将士纪念亭　马辅臣公馆　孙玉清烈士殉难处遗址　红西路军被俘战士遇难地遗址　“补充团”驻地——西路军被俘战士集中营遗址　“惠宁桥”遗址　国民党八十二军残部投降地旧址　西路军被俘妇女集中营遗址　西宁市烈士陵园　湟源县南山革命烈士陵园　西宁市档案馆　城北区党史馆　慕容古寨红太阳纪念馆　“金仓岭”剿匪指挥部　西宁东关红军小学　西宁市青少年航空科普教育基地　“新青海精神高地”主题教育展馆　青海党史教育展馆　青海省自然资源博物馆　小高岭党性教育培训基地　尕布龙时代楷模纪念馆　青海民族大学“理想信念与传统文化”教育基地　青海藏医药文化博物馆　国家人防群众防空防灾宣传教育（西宁）基地　省无线电科普园地　三江源国家公园展陈中心　西宁智慧党建体验中心　习近平新时代中国特色社会主义思想主题教室	30
海东市	西路红军纪念馆　化隆县巴燕镇东下沟烈士陵园　互助爱国主义教育基地　青海省第一个农村党支部党性教育基地　喜饶嘉措大师纪念馆　人民解放军二军纪念馆　十世班禅故居　二军黄河渡口遗址　红西路军开垦的农田遗址　红光小学　赞布呼清真寺　红光村红色教育基地　互助县五十镇班彦村村史馆　互助县委党校党性教育基地　化隆县全面从严治党教育基地　青海省北山国家森林公园　街子清真大寺	17
海北州	峨堡会见遗址　熊厚发烈士牺牲地遗址　原子城纪念馆　祁连红西路军纪念馆　前卫团烈士牺牲地遗址　解放祁连战斗遗址　黄番战斗遗址　国民党军骑八旅投降地　红西路军解放军二军纪念苑　海晏县时代楷模纪念馆　门源县泉口镇民兵连	11

续表

分布区域	红色遗址遗迹、党史学习教育红色资源	数量
黄南州	昂拉千户府　同仁市烈士陵园　德吉村　拉格日村史馆　州委党校党史及廉政教育基地	5
海南州	贵南县英雄门合纪念馆　龙羊峡发电分公司展厅　贵德县大史家村光荣历史陈列馆　贵南县防沙治沙党性教育基地　海南州“不记初心、牢记使命”主题教育中心　共和县改革发展进步成就馆　同德县党性教育基地	7
海西州	茫崖市冷湖地中四井　莫河骆驼场历史陈列馆　格尔木市将军楼主题公园　塔尔丁机场遗址　德令哈烈士陵园　海西州党员先锋事迹陈列馆　青海油田展览馆(格尔木)　青海省海西公路总段段史馆　德令哈农垦文化博物馆　都兰陈毅纪念馆　海西州党员先锋事迹陈列馆　“昆仑铁骑”红色教育基地	12
果洛州	果洛建政纪念碑　班玛红军沟　红军桥旧址　红军哨所遗址　扎洛村　果洛和平解放纪念碑　玛沁县雪山乡民族团结进步教育基地　甘德县委党校红色教育展厅　达日县爱国主义教育基地　玛多县党性教育基地　久治县党史参观室	11
玉树州	玉树抗震救灾纪念馆　玉树州地震纪念设施　玉树州党史陈列馆　玉树州警史馆　索南达杰英雄广场　玉树市隆宝镇江南县旧址　长江源头第一桥旧址　索南达杰保护站　青土村全州党性教育基地　禅古村党员活动室　“澜沧江源党旗红”党性教育基地　治多县“永远跟党走”党性教育基地　曲麻莱县党史馆	13
合计		106

资料来源：该表根据中共青海省委党史研究室编的《青海党史网上陈列馆》中的“红色遗迹”、《青海日报》于2021年4月25日发布的《青海省党史学习教育红色资源地图》、《党的生活（青海）》于2021年第5期刊载的《全省党史学习教育红色资源名录》、青海省级爱国主义教育基地公布名单及个人查阅和实地调查中所获资料编制。

（二）青海红色文化资源的特色优势

由于青海特殊的自然地理和人文历史，青海的红色文化既具有历史悠久、内涵深厚、种类丰富的共性特征，也具有时代特征显著、区域色彩鲜明、少数民族广泛参与等个性特征。相对而言，青海省的红色文化资源具有三方面的特色与优势。

1. 种类丰富，内涵深厚

青海的红色文化资源不仅时间跨度长，且存在形式多种多样，蕴含着深厚的革命文化内涵。如既有抗日战争时期以班玛红军沟、西路军纪念馆为代表的革命文化，新中国成立初期以果洛建政纪念碑、尖扎昂拉千户庄园为代表的建政文化，20 世纪五六十年代以海北原子城纪念馆、“两弹一星”精神为代表的科技报国精神，也有以两路精神、柴达木精神、新青海精神为代表的艰苦奋斗精神，以环保卫士索南达杰为楷模的可可西里坚守精神，21 世纪初以玉树抗震救灾纪念馆和抗震救灾精神为代表的众志成城精神等。这些红色文化资源都被打上了深深的时代记忆和烙印，不仅见证了青海百年来艰苦卓绝的红色革命历史和翻天覆地的社会变迁，还蕴含着革命先辈和建设者们的崇高理想、爱国精神及高尚品质。

2. 地方特色鲜明，参与民族众多

青海的红色文化深深地扎根于广袤的青海高原，是融合了青海独特的人文历史和自然地理后形成的文化资源，极具地方特色。青海的红色文化资源主要集中在新中国成立初期和社会主义建设时期，其内容以民族地区建政、艰苦创业、民族团结、抗震救灾、生态保护、脱贫攻坚为主，具有鲜明的地域和民族特色。在新民主主义革命和社会主义建设时期，青海的藏族、回族、土族、撒拉族和蒙古族五大世居少数民族都是红色文化的传承者和弘扬者。青海的红色文化资源具有浓厚的多民族色彩，如红军长征经过果洛班玛与当地藏族群众结下了深厚的情谊；循化红光村撒拉族群众是西路军精神的重要传承者之一；创建核武器研制基地时，当地的蒙、藏、汉等民族群众为了国家的国防事业搬离了世代居住的家园，为祖国的核事业做出了巨大贡献；等等。少数民族的广泛参与是青海红色文化资源的鲜明特色和巨大优势。

3. 原生态性和原真性并存

青海的红色文化资源中原生态性的遗址不太多，海北原子城、循化红光清真寺、尖扎昂拉千户庄园、班禅大师故居等均为原生态性的遗址，而全省第一个农村党支部纪念馆、慕容古寨红太阳纪念馆、红军小学等都是原真性的遗址。红色文化资源普遍具有较强的精神传承性，青海的红色精神是延安精神在青海扎根开花后的精神结晶，是延安精神的传承和发扬，其中，除了长征精神、西路军精神是原生态性的，两路精神、柴达木精神、“两弹一星”精神、青藏高原精神、可可西里坚守精神等都是原真性的，是新民主主义时期革命精神的传承、发展、延伸和弘扬，体现了社会主义建设时期在中国共产党领导下开发青海的广大干部、指战员与各族人民艰苦创业、无私奉献的革命历史与精神。

二　青海红色文化资源开发利用的主要亮点

党的十八大以来，青海省高度重视红色文化资源的开发利用和传承弘扬，不断加大红色文化资源挖掘和宣传力度，推进红色遗址修复、重建和扩建工作，红色旅游持续升温，红色文化教育和培训得到了较快发展，红色艺术品创作异彩纷呈，红色文化资源的开发利用取得了良好成效。

（一）红色文化资源挖掘和宣传逐步深入

近年来，省内外党史研究者加大对青海红色文化资源的挖掘力度，撰写了《红军长征来到班玛的故事》《红军长征途经青海班玛研究文集》《图说长征 1936 班玛记忆》《柴达木开发史》《火车开进柴达木》《青藏高原之脊》《南八仙》《初心与使命——铸就新青海精神高地》等著作，从各个角度对青海红色文化资源进行了多方面的挖掘整理与传承弘扬。青海省委组织部牵头打造了“‘两弹一星’精神永放光芒”“青藏铁路之父——慕生忠将军‘开路’精神”“牧民省长尕布龙‘赤子’精神”“玉树抗震救灾‘奋斗’精神”“可可西里保护区巡山队员‘坚守’精神”5 堂情景式党课，在引导广大党员干部从革命传统中感悟崇高情怀、从红色基因中汲取前进力量方面发挥了积极作用。2021 年，青海省委党史研究室创新性地开办了“青海省党史网上陈列馆”，运用 VR 技术推出 8 个虚拟展馆，开启了通过网络形式开展革命传统和爱国主义教育的新模式。2021 年，青海省委党史研究室与省委宣传部外宣办合作推出了10集《青海红记忆》纪录片，深刻反映了党在青海推进革命、建设、改革的宝贵经验与重要启示，有力地推动了全省党史学习教育工作的深入开展。

（二）红色文化遗址重建和修复工作稳步推进

近年来，青海省委、省政府逐步推进红色遗址的重建和修复工作，除了加快对中国工农红军西路军纪念馆、海北原子城、循化红光村纪念馆等红色遗址的重建修复工作外，还新建了互助双树村第一农村党支部纪念馆、小高岭党性教育培训基地、尕布龙时代楷模纪念馆等红色文化场馆，为红色文化传承活动奠定了基础。历届班玛县委、县政府累计投资8000余万元，相继修缮和建设了红军沟纪念馆、红军墓、红军桥、红军寨、红军栈道、拓展训练基地等基础设施。海北原子城景区对原科技楼、爆轰实验厂、地下指挥中心等文物价值较高的设施进行了大规模改造和修缮，还建成了国内第一个红色旅游数字展馆，使景区的内容更加丰富、环境更加优美，增强了对游客的吸引力和感染力。

（三）红色文化旅游持续升温

党的十八大以来，随着党和国家对红色文化的高度重视，尤其是随着全省主题、党史、“四史”等学习教育活动和纪念建党100周年活动的深入开展，青海多处红色旅游景区游客骤增，红色旅游持续升温，发展态势良好。据统计，2020年5～11月，全省红色旅游景区接待游客216.5万人次，红色旅游综合收入为1.28亿元，同比增长24.3%。[①] 值得关注的是，与延安、井冈山等地的红色旅游相比，青海红色旅游的显著特征是依托当地独特的自然资源与人文禀赋联动发展，如海北州立足于原子城、青海湖、环湖草原、藏族民俗文化资源，打造“红色、绿色、特色”旅游，以此助推旅游转型升级。从参观人群看，近年来，青海省红色旅游的主要人群向“80后”“90后”转移，年轻人成为红色旅游的主力军。

---

① 芳旭：《青海红色旅游渐呈燎原之势》，《西宁晚报》2021年4月22日，第A10版。

（四）红色教育与培训得到较快发展

红色文化是爱国主义教育的重要内容，青海各市州将红色文化作为理想信念教育的重要资源，深入挖掘本地的“红色印记”“红色记忆”，积极打造本地爱国主义教育基地，红色教育与培训得到了较快发展。如海北州累计在原子城设立各类教育基地31个，有效扩大了“两弹一星”精神教育在不同领域、不同行业的影响。近年来，海北州还以省州共建方式全力建设“两弹一星”理想信念教育学院，开发了五大教学模块90多门特色课程，开发现场教学点10个。[①] 西宁市以党史学习教育为契机，利用红色文化资源多措并举开展红色教育培训，目前，西宁市有“四史”教育基地13个，红色精品课程22门，还组建中国工农红军西路军纪念馆“西路军精神宣讲团”、红军小学“红军精神宣讲团”等，开展“六进”流动展览，推动党史教育走深走实。[②]

（五）红色文艺作品创作异彩纷呈

近年来，省内外文艺创作者依托青海独特的红色文化资源，创作了多种形式的文艺作品。2010年玉树发生地震后，文艺工作者创作了反映玉树抗震救灾的长篇纪实文学《玉树大地震》、歌舞剧《玉树不会忘记》。2015年，青海和山东联合打造了以牧民省长尕布龙为原型的大型歌舞话剧《草原之子》。2018年，青海师范大学创作了歌颂两弹元勋郭永怀英雄事迹的校园话剧《永怀之歌》。2019年，西宁市精心打造秦腔现代戏《尕布龙》，该作品后入选庆祝中华人民共和国成立100周年优秀舞台艺术作品展演。2019年，青海民族大学自创自编自演了歌颂“环保卫士”索南达杰的原创话剧《坚守可可西里》，该剧入选2021年全国高校原创文化精品推广计划。

---

① 陈郁、樊永涛、朵海平：《海北州：打造特色品牌，发展红色旅游》，青海新闻网，http//：www. qhnews. com/newscenter/system/2021/02/02/013331250. shtml，最后检索时间：2021年10月18日。

② 陈郁：《西宁市党史学习教育第一次新闻发布会召开》，青海新闻网，http//：www. qhnews. com/newscenter/system/2021/04/07/013365042. shtml，最后检索时间：2021年10月18日。

三　青海红色文化资源开发利用中存在的突出问题

近年来，青海的红色文化资源传承弘扬和开发利用工作推进较快，但也存在一些需要高度重视并亟待解决的突出问题。

（一）红色文化资源挖掘保护和开发利用亟待加强

青海省尚未制定出台“革命文物保护条例”“红色文化保护与传承条例”等相关保护法规。有些革命遗迹自然、人为破坏严重，如西路军修建的“惠民桥”已被洪水冲毁，海西州塔尔丁机场遗址的房屋已全部倒塌，果洛建政的原政府办公旧址只剩几道受风蚀严重的低矮土墙等。一些可移动革命文物散落民间，由私人收藏，没有很好地发挥其社会效益。新民主主义革命和社会主义建设时期的英雄事迹、革命故事、歌谣等非物质形态的红色文化资源，以及民族地区的社会主义建设成就尚需进一步挖掘整理，尤其是对青海解放、青海建政、两路建设、“两弹一星”、玉树抗震救灾、民族团结进步、生态保护、对口援青、脱贫攻坚等红色文化资源的挖掘和研究不够深入系统，存在一定程度的历史记忆模糊，需要深度挖掘和提炼。

（二）各市州红色文化资源分布和开发利用不均衡

青海地域辽阔，其红色文化资源分布较为分散，相对而言，西宁市和海东市分布较为密集，黄南州、海南州分布数量则相对较少，且个别红色文化遗址距离过远，点与点之间难以形成有效连接。如果洛班玛红军沟离西宁约1000 公里，玉树抗震救灾纪念馆和格尔木将军楼离西宁约 800 公里，这些遗址不仅地处偏远、海拔高，而且气候条件差，开发旅游线路有难度。各市州的红色文化资源开发利用存在不均衡现象，海北原子城、果洛班玛红军沟等知名度高的红色旅游景区打造较为成熟，已入选为国家级红色旅游景区，而海北、海南、黄南等州的一些红色遗址少人问津，甚至不为人所知，急需加大开发力度。

（三）红色文化资源的宣传形式亟待创新与突破

宣传方式较为单一，一些地方的红色文化宣传教育大多停留在组织大家去红色文化遗址参观的层面，形式以讲解和静态图文展示为主，没有制作相关的红色影片、视频和文艺节目，且缺乏互动机制，不能满足参观者体验参与的要求。全省的红色网站数量少，新媒体在红色文化资源的宣传方面参与度较低。红色文化宣传主要靠政府的行政手段来推动，还没有广泛进学校、进企业、进社区，没有形成良好的社会氛围。红色教材不仅种类少，而且对红色文化的挖掘和讲述不够深入，形式也不够活泼，没有形成宣传亮点和特色。

（四）红色旅游产业链尚未形成

目前，青海的大多数红色文化资源尚未转化成旅游资源，已开发的5处国家级红色旅游景区也是公益性的，以宣传教育为主。红色旅游内涵挖掘不够深入，旅游客源单一，旅游形式重复。红色文化场馆设施利用率不高，产业关联性不强，基本没有开发相关的文创产品。虽然已经初步推出了10条精品红色旅游线路，但相关的旅游景点基础设施建设并未及时跟上，开发层次较低，难以对游客形成强烈吸引力。各市州的红色文化资源与周边的旅游资源尚未得到综合利用，既未形成各自的特色旅游品牌，也未形成优势互补。

（五）资金投入与人才建设亟待加强

青海是欠发达地区，各市州对红色文化的地方资金投入有限，红色文化遗址的保护修缮、场馆建设、红色艺术品牌打造、红色旅游景区的基础设施建设等均存在投入严重不足的问题。各市州均存在红色文化专业人才匮乏问题，特别是缺乏红色旅游规划、策划、开发和管理方面的人才，从事红色文学、红色影视、红色歌舞等文艺作品创作的创新人才也严重不足。

四 青海红色文化资源开发利用发展形势预测

《青海省国民经济和社会发展第十四个五年规划和二〇三五年远景目标

纲要》指出："发挥'两弹一星'理想信念教育学院、'新青海精神高地'主题教育展馆和'新时代党建研究中心'作用，建设爱国主义文化展示中心，建设用好'一县一基地、一县一特色'党员教育基地和党支部组织生活共享阵地，打造理想信念、思想政治和梦想教育高地。"[①] 红色文化是青海开展理想信念教育、打造新青海精神高地的重要资源，随着"党史""四史"教育在全省范围内的全面深入开展，红色文化资源的开发利用将呈现持续深入、加快推进的发展趋势。

（一）红色文化资源挖掘保护与开发利用将继续深入和全面开展

一是青海省内各市州将继续加大深入挖掘和传承弘扬本地区红色文化资源的力度，加大对本地区红色文化品牌的打造和宣传力度。二是青海省文化和旅游厅将开展红色旅游资源状况调查，全面摸清红色旅游资源"家底"，为下一步扎实推进红色旅游提供资源支撑。三是各市州宣传部门、党史研究室及省内各高校和科研院所等相关部门将开展对"两弹一星""两路建设""生态保护"等青海红色文化的深入挖掘、阐释与提炼工作。

（二）红色文化遗址修复重建和扩建将得到重视并持续推进

一是各市州将继续加强对红色文化遗址的修复、重建和扩建工作，除了对知名度高的红色遗址加大扩建力度外，将修复与重建一些鲜为人知的红色文化遗址。二是各市州将加大对红色文化场馆的建设力度，根据本地的革命和建设历史，修缮和建设党史陈列馆、村史馆等红色文化场馆。三是各市州将陆续增加对红色旅游产业的资金投入，完善基础设施建设。

（三）红色旅游将与其他产业融合发展并呈现强劲发展势头

一是红色旅游将成为青海红色文化传播的重要载体，其政治效益和经济

① 《青海省国民经济和社会发展第十四个五年规划和二〇三五年远景目标纲要》，《青海日报》2021 年 2 月 10 日，第 14 版。

效益将持续提升。二是红色旅游将作为青海旅游的新型旅游业态并迅猛发展，红色旅游将成为青海文化旅游的亮点与热点。三是青海各市州的红色旅游将依托当地的自然与人文特色，与生态旅游、乡村旅游、民俗旅游等融合发展。四是随着“党史”“四史”和红色文化“六进”等活动的深入开展，“80 后”“90 后”及大中小学生将成为红色旅游的主力军。

（四）红色教育与红色培训将得到提升与迅速发展

一是青海的红色教育与培训将从以到延安、井冈山等革命根据地参观学习为主逐渐转变为外出培训学习与本地培训学习相结合，各市州将进一步重视和强化对本地红色文化资源的教育培训。二是海北原子城、果洛班玛红军沟等知名度较高的红色教育基地将吸引更多的省内外研学团体，尤其是吸引对口支援省市的红色文化研学团体。三是各市州的爱国主义教育基地将加大研发精品红培课程、培养优秀红培师资、组织高质量红培服务接待等的力度，提升其红色教育和培训的质量和效果。四是青海省将加大对红色文化“六进”工作的推动力度，尤其是红色文化进校园将得到高度重视。

五　推进青海省红色文化资源开发利用的对策建议

红色文化资源的开发利用是一项长期性、基础性的工作，应在充分遵循红色文化发展的规律特点、处理好“在保护中利用、在利用中保护”关系的基础上，采取有效措施推动其传承弘扬与开发利用。

（一）加大对红色文化资源的调查研究和挖掘保护力度

一是由省级相关部门加强对全省红色文化资源的领导、管理和统一规划，科学布局、统筹有序安排青海红色文化资源保护传承与开发利用等工作，协调解决红色文化资源开发利用中存在的重点难点问题。二是加强对全省红色文化资源的全面深入调查，摸清青海红色文化资源“家底”，并对所有红色文化资源登记造册、挂牌标识，对濒临流失的红色文化资源进行及时抢救与修复。三是学术研究与挖掘整理协同共进，通过建立研究中心、课题立项等方式组织专家加强对青海红色文化的历史发展、文化内涵、时代价值等进行全方位研究，构建具有深厚红色文化内涵、浓郁时代气息、鲜明地方特色的青海红色文化精神谱系。四是加强对非物质形态的革命文物的调查与管理，除了加大对民间散落的革命文物的调查征集力度外，还要重点加强对私人博物馆革命文物馆藏的调查与管理。五是尽快出台“革命文物保护条例”“红色文化保护与传承条例”等相关保护法规，加强对革命文物的法律保护，筑牢革命文物安全防线。

（二）创新红色文化资源的宣传和传播形式

一是充分利用互联网、新媒体等创新红色文化资源的传播方式，设立红色文化资源网站、官方微博、微信公众号等，打造立体化的青海红色文化网络传播体系。二是充分利用现代科学技术创新红色文化遗址、党史陈列馆等宣传方式，利用声、光、电等现代科技手段传播红色文化。三是在红色文化教育和培训中注重开发具有体验性、互动性的教学课程，通过情景教学、拓展训练、观看红色影片、合唱红色歌曲等形式开展丰富多彩的教培活动。四是加大对红色文艺作品创作的支持力度，既注重对经典红色歌曲、经典影视作品的传唱、宣传，也积极编创具有地方特色的红色文艺作品。

（三）加快红色文化产业发展

一是大力发展红色旅游业，加强红色旅游景点的基础设施建设，完善红色旅游精品线路，将红色旅游与各市州的自然人文特色紧密结合，持续打造和发展“红色、绿色、特色”相结合的红色旅游。二是以红色文化资源为依托，大力发展培训经济和会议经济，学习井冈山、延安开展红色教育培训的先进经验和模式，打造在全国具有影响力的红色教育培训基地，吸引省外红色教育研学团体，各市州的“党史”“四史”教育也可选择在本地的爱国主义教育基地开展。三是将红色文化融入文学艺术、广播影视、音像制品、动漫制作、文创产品等相关产业，大力开发红色文化衍生产品，不断延伸红色文化产业链。

（四）打造具有鲜明青海标识的红色文化品牌

一是重点持续打造海北原子城、果洛班玛红军沟、玉树抗震救灾纪念馆等红色文化遗址，通过提升其在全国红色文化体系中的地位、加强基础设施建设、开展省外宣传、召开全国性学术研讨会等方式扩大其影响，将其打造成具有鲜明青海标识的国家级红色文化经典品牌。二是各市州统筹规划，打造具有鲜明地方标识的红色文化品牌。如西宁市可加大对剿匪指挥部——慕容古寨“红色金仓岭”的打造力度，海东市互助土族自治县可加大对青海第一农村党支部——双树村、全国少数民族地区脱贫攻坚楷模——班彦村的打造宣传力度，黄南州尖扎县可加大对“收服项谦”——昂拉千户府（习仲勋模范执行党的民族统战政策典范）的打造宣传力度，果洛州可加大对果洛解放、果洛建政等的打造宣传力度，海西州可加大对两路精神、柴达木精神等的打造宣传力度，争取将其升级为国家级爱国主义教育基地和红色文化品牌。三是在持续打造原有红色文化品牌的同时，有针对性地加大对新的红色文化品牌的挖掘打造力度，即以青海独特的发展历史和建设成就为立足点，围绕青海建政、两路建设、柴达木开发、“两弹一星”、民族团结、生态保护、脱贫攻坚、对口援青等挖掘打造新的红色文化品牌。

（五）加大资金投入和人才引进力度

一是充分发挥政府主导作用，组织各市州相关部门积极申报革命文物保护等国家专项保护项目，争取中央财政、国家专项资金的支持，并增加地方财政对红色文化资源保护与开发的资金投入。二是不断拓宽社会资金参与渠道，积极鼓励社会团体、企业或个人投入资金参与红色文化资源的保护与开发利用，形成多元投融资机制。三是根据各市州红色文化建设的迫切需要和红色遗址分布情况，加强与高校、科研院所的合作，举办各种形式的培训班，加大对基层现有从事红色文化挖掘保护与传承弘扬工作人员的培训力度，努力提升人才队伍的整体素质。四是适当增加各党史陈列馆、红色文化场馆的编制，公开录用马列、党史、文博、文化策划等相关专业硕士或博士生从事红色文化资源保护工作，适时补充新鲜血液，逐渐改变基层人员专业不对口、学历偏低、流动性大的现状。

参考文献

渠长根、闻洁璐：《红色文化资源研究综述》，《浙江理工大学学报》（社会科学版）2019 年第 2期。

肖全良：《基于 SWOT 分析的青海省红色文化资源开发利用研究》，《青海师范大学学报》（哲学社会科学版）2019 年第 4 期。

李焱：《青海红色文化传承发展现状调查研究》，《河北企业》2020 年第 7 期。

张述存、张风莲、宋暖：《黄河流域红色文化保护传承弘扬研究》，载张廉、段庆林、王林伶主编《黄河流域生态保护和高质量发展报告（2020）》，社会科学文献出版社，2020。

苏莹：《青海红色文化资源的保护与利用》，《记者观察》2021 年第 6 期。

生 态 篇

Ecology Chapters

B.14

2021~2022年青海生态文明建设形势分析与预测

毛江晖*

摘 要： 2021年，青海省委、省政府深入领悟习近平新时代中国特色社会主义思想并以此为行动指导，在具体实践中全方位贯彻习近平生态文明思想，严格依据党中央、国务院进行的决策部署，坚持推行新发展理念不动摇，围绕青海生态文明建设和生态治理能力现代化的要求，结合本省实际走生态优先、绿色发展之路，在推进青藏高原生态保护和高质量发展上迈出坚实步伐，通过文献分析法和对比研究可以看出，青海初步形成了经济社会发展与生态文明建设协调互动、相得益彰的基本格局。

关键词： 生态文明 生态压力 生态治理 青海省

* 毛江晖，青海省社会科学院生态与环境研究所所长、副研究员，研究方向为生态经济、环境保护、环境规制。

一 2000~2021年青海生态文明建设总体情况

（一）以“路线图”和“时间表”为引领，助推生态文明建设长效化

2021年7月30日，中共青海省委在印发的《关于深入学习贯彻习近平总书记考察青海重要讲话精神奋力谱写全面建设社会主义现代化国家青海篇章的决定》① 中，专门围绕“国之大者”，部署了加快打造青藏高原生态文明高地、推进以国家公园为主体的自然保护地体系建设、推动地球第三极生态保护、守护好“中华水塔”、开展碳达峰碳中和行动、加强生态文明制度建设、优化国土空间开发保护格局、强化保护山水林田湖草沙冰及完善治理系统、加强保护黄河流域生态及实现高质量发展、不断完善生态产品价值实现机制、强化各类矿区生态环境整治11项重点任务。

中共青海省委2021年8月16日印发《关于加快把青藏高原打造成为全国乃至国际生态文明高地的行动方案》② 并强调，率先全力以赴打造全国乃至国际生态文明青海新样板。明确提出到2025年，青海特色生态文明体系进一步完善，生态文明高地建设取得系统性突破性标志性成果；“中华水塔”全面有效保护，重要生态系统保护和修复实现全覆盖，生态系统质量和碳汇增量明显提升，野生生物遗传资源保存体系基本建成，优先安排建立以国家公园为主体的自然保护地体系；结合本省发展需要建立最严格的生态环境保护制度，基本构建生态产品价值实现机制，生态环境治理体系和治理能力现代化走在全国前列。到2035年，青海特色生态文明体系全面建立，人与自然和谐共生现代化基本实现，生态文明高地基本建成。经过不断努

① 《关于深入学习贯彻习近平总书记考察青海重要讲话精神奋力谱写全面建设社会主义现代化国家青海篇章的决定》，青海新闻网，http：//www.qhnews.com/swwj/system/2021/08/04/013430375.shtml，最后检索时间：2021年10月8日。

② 《关于加快把青藏高原打造成为全国乃至国际生态文明高地的行动方案》，青海新闻网，http：//www.qhnews.com/swwj/system/2021/08/29/013441517.shtml，最后检索时间：2021年10月8日。

力，青海在全国率先以“路线图”和“时间表”为引领，助推生态文明建设长效化。

（二）认真实施“三年行动计划”，国家公园示范省建设工作稳步推进

青海在全国范围内率先出台并推行《青海省贯彻落实〈关于建立以国家公园为主体的自然保护地体系的指导意见〉的实施方案》[①] 之后，在认真实施《青海建立以国家公园为主体的自然保护地体系示范省建设三年行动计划（2020—2022 年）》的基础上稳定推进国家公园示范省建设工作。2021 年 9 月 30 日，国务院印发《关于同意设立三江源国家公园的批复》，10 月 12 日，国家主席习近平在《生物多样性公约》第十五次缔约方大会领导人峰会上发表主旨讲话时指出，中国正式宣布设立三江源、大熊猫、东北虎豹、海南热带雨林、武夷山等第一批国家公园。我国首批国家公园名单中就包括三江源国家公园，其成为青海省第一个国家公园。截至 2020 年 12 月，全部完成三江源国家公园体制试点 31 项任务，有效解决“九龙治水”以及执法监管“碎片化”方面的相应问题，同时在园区内设立生态管护公益岗位，17211 名生态管护员持证上岗，实现了“一户一岗”全覆盖，探索出“注重发挥政治引领作用、强化实现统一管理、抓好源头治理工作、实现系统性保护、推行共建共享模式”的成功路径，形成了“借鉴国际经验、符合中国国情、具有三江源特色”的可复制可推广经验。

此外，祁连山国家公园体制试点通过国家评估验收，昆仑山、青海湖国家公园前期加紧推进，新创建 4 个自然公园。青海省制定了《青海国家公园示范省建设三年行动计划青海湖工作方案》，编制完成《青海湖国家公园总体规划》以及相应的国家公园设立方案。截至 2020 年 12 月，青海省深入调查 14 类 223 处各级各类保护地，并制定相应的整合措

---

① 《青海省贯彻落实〈关于建立以国家公园为主体的自然保护地体系的指导意见〉的实施方案》，国家林业和草原局网站，http：//www.forestry.gov.cn/main/72/20191223/154527245884846.html，最后检索时间：2021 年 10 月 8 日。

施，明确标准完成自然保护地分类工作。除此之外，青海还率先开展自然保护地调查及评估工作，在以国家公园为主体所建设的自然保护地体系方面取得新突破。

（三）扎实开展大规模国土绿化工作，着力提升绿化质量

青海持续开展国土绿化提速和巩固提升两个三年行动，统筹推进湟水流域、黄河谷地等重点区域草原生态修复、防沙治沙、湿地保护等生态工程。截至2020年12月，累计绿化国土2116万亩，是“十二五”时期的2.5倍，全省森林覆盖率提高到7.5%；治理退化草原705万亩，天然草原综合植被盖度达57.4%；完成防沙治沙任务861万亩，沙化土地年均减少17.1万亩；湿地保护率提升到64.3%，高于全国平均水平14个百分点。建立健全林草资源管理平台和保护体系，严格落实林地草地湿地用途管理和限额制度，全省5966万亩国家级公益林、5517万亩天然林得到有效管护；将85%的野生动物栖息地纳入自然保护地管理范围，濒危珍稀野生动物种群数量明显增加。全省林业有害生物成灾率控制在0.09‰以下，森林草原火灾较“十二五”时期减少22.91%。通过三年的深入实施，该项目在青海省造林数量方面实现新突破，具体为完成2000万穴共12000公顷的规模，而在社会公益捐赠资金方面则高达8076万元，采取造林务工方式并吸纳当地群众参与项目建设，初步实现了荒山增绿、农民增收的建设目标。截至目前，全省森林覆盖率由2010年的5.23%提高到7.26%，森林蓄积量由2010年的4589万立方米提高到5010万立方米，共修复退化草原120万公顷，全省草原综合植被盖度达到57.4%，比2015年提高3.82个百分点。

（四）强化顶层设计，构建水安全保障新格局

推动河湖立法。《青海省实施河长制湖长制条例》已由青海省第十三届人民代表大会常务委员会第二十七次会议于2021年9月29日通过，自2021年11月1日起施行；2016年3月25日，青海省第十二届人民代表大会常务

委员会第二十五次会议修订了《青海省实施〈中华人民共和国水土保持法〉办法》，2020年4月1日起施行《青海省节约用水管理办法》；2019年12月31日青海省政府办公厅出台了《关于青海省加快推进新时代水利高质量发展的若干意见》；发布相关的政策措施如《青海省节水行动实施方案》；等等。

完成《青海省“十四五”水安全保障规划》以及《青海黄河流域生态保护和高质量发展水安全保障规划》等重点规划的编制工作，着力构建保护生态、惠及民生、促进发展的水安全发展新格局。《青海省水资源公报》显示，2021年10月底，青海省黄河干流防洪一期工程完成竣工验收。工程保护人口7.57万人、耕地3.81万亩、林地1.88万亩、草地3.27万亩、公路56km、防护提灌站28座，成效显著。同时，压实黄河流域水利防汛责任，全省203座水库均落实“三个责任人”和“三个重点环节”。全省山洪灾害监测预报预警系统实现全覆盖，布设雨量站1192处，搭建监测预警平台40处，配备无线预警广播3547套，实现山洪灾害预警系统100%正常运行。落实山洪灾害防御责任人15201名，实现山洪灾害责任人包片负责和网格化管理，防洪减灾体系基本形成。黄河青海流域共落实五级河长、湖长5003名，落实河湖管护员13140名。青海省共安排实施小流域水土流失综合治理工程28项，治理水土流失面积509平方公里，涉及7个市（州）18个县（区），标志着青海水土保持生态小流域治理进入新的阶段。

（五）落实“一优两高”部署，全力推动清洁能源示范省建设

能源清洁生产方面。截至2020年12月，全省集中式光伏装机超过1500万千瓦，全国第光热装机达21万千瓦，清洁能源装机占比超过90%，新能源装机占比超过50%，均列全国第一。已建、在建电化学储能112万千瓦，建立全省新增能源装机“全能源+储能”模式和“获得电力”工作协调机制，完成输配电价改革和第二轮输配电价成本监审。能源清洁消费方面，非水可再生能源消纳比重超过25%，居全国第一，省内可再生能源消纳总量比重接近85%，全国居前7日、9日、15日、百日绿电行动不断刷新世界

纪录。原煤消费量同比下降8.2%，天然气消费量同比下降10.7%，原油消费量同比下降3.8%，全省规模以上工业综合能源消费量同比下降4.6%，非化石能源消费比重增长到43%，和全国平均水平相比，超出26%；在单位GDP能耗方面，具体下降幅度为22%，能顺利超额完成国家“双控”目标。能源技术发展方面，建成全国首座百兆瓦太阳能光伏发电实证基地、首座核心技术国产化槽式光热发电项目，建成全球最大水光互补发电项目，率先提出虚拟水电机组概念。获批国家首批科技创新试点储能领域示范项目，在晶硅技术改造、电池切片改造等8个方面实现技术突破，量产IBC电池转换效率取得突破。能源体制改革方面，创新提出“新能源+储能”和居民“阶梯电价+储能电价”政策，成立青海电力市场管理委员会，完成电力交易中心股份制改造，规范电力交易机构运行，实行自备电厂替代、峰谷互换等交易机制，市场化交易电量规模和比例不断提升，试点开展增量配电业务。能源交流合作方面，依托对口支援和东西部帮扶政策，先后与山东、河南、江苏等7省（市）政府签订了能源合作协议，助推青海电力外送，截至2020年12月，净外送电量达到206亿千瓦时，较上年同期增长24%，实现青海绿色能源资源在全国范围的高效优化配置。

截至2021年11月，青海清洁能源装机达到4070万千瓦，清洁能源装机占比达到90.36%，新能源装机占比达到61.06%，清洁能源装机占比、非水可再生能源消纳比重、非化石能源消费占一次能源消费比重均处于全国领先地位。同时，印发《加快青海能源高质量发展的实施方案》《青海打造国家清洁能源产业高地行动方案（2021—2030年）》，制定出台推进“荷储源网”一体化建设、促进载储产业发展的相关举措，构筑起清洁能源示范省建设的“四梁八柱”体系。

（六）突出绿色兴农理念，加快推进特色产业转型发展

截至2020年11月，建成2个国家级现代农牧业产业园，认定2个国家农业绿色发展先行区、5个国家级特色农产品优势区、25个省级现代农牧业产业园，有机监测认证草原面积7327余万亩，建成全国最大的有机畜牧业

生产基地。构建了“育繁推一体化”的现代绿色种业科技创新模式，包括环湖牦牛和雪多牦牛等在内的知名地方品种先后入选国家畜禽遗传资源名录，此外还成功培育出阿什旦牦牛等新品种，实现牦牛“一年一胎”、藏羊“两年三胎”，绿色有机关键核心技术攻关取得突破。

“双减”试点面积达到300万亩，施用量分别比2018年减少40%和30%以上，有机生物农药用量同比增长70%。青南三州，湟源、共和、贵德3县以及农垦系统国有农牧场实现了“双减”全覆盖。在30个县实施了牦牛藏羊原产地可追溯试点，将牦牛产业打造为第一品牌。大通牦牛、兴海青稞等7个品牌入选中国农业品牌目录。发布16个省级农产品区域公用品牌，其中有20个中国驰名商标、55个青海省著名商标、805个绿色食品及有机农产品。全省范围内规模养殖场废弃物处理设施设备配套率达到95%，大型养殖场废弃物处理设施设备配套率达到100%，农田残膜回收率提高到90%。[①] 截至2020年12月，农牧区生活垃圾得到治理的村庄达91.7%，农牧区生活污水得到治理的行政村达400余个，占行政村总数的11%，后改造农村户厕近20万座，普及率接近60%，三年行动各项目标任务如期完成。

（七）大力发展绿色制造产业，推动青海省绿色工业全面发展

根据相关要求及结合我省实际，制定并发布《青海省绿色制造体系建设实施方案》，不断完善绿色制造标准体系，研究制定配套扶持政策。青海互助青稞酒股份有限公司、青海瑞丝丝业有限公司、青海盐湖佛照蓝科锂业有限公司、青海盐湖工业股份有限公司钾肥分公司4家企业入选国家级绿色工厂，西宁经济技术开发区南川工业园区、格尔木昆仑经济技术开发区入选绿色国家级园区、青海云天化国际化肥有限公司等19种产品入选国家级绿色设计产品，不断发挥绿色制造先进典型的“榜样”作用。全省绿色建筑占当年新建建筑比重的57%，超额完成国家《建筑节能与

① 资料来源：《青海省生态环境状况公报》。

绿色建筑发展“十三五”规划》中关于2020年“绿建占比”超过50%的重大目标。到2022年，城镇新建建筑中绿色建筑面积在占比上力争实现新突破，即达到70%以上。截至2020年12月，青海省单位地区生产总值能耗控制效果显著，累计下降了24.7%，由此可见，超额完成国家规定的10%的约束性目标；能源利用效率水平进一步提升，累计压减钢铁产能50万吨、煤炭产能273万吨。全省共有1321个项目按照绿色建筑标准设计，建筑面积约1442万平方米，全省获得一星级及以上绿色建筑标识项目共计961个，建筑面积达764万平方米。

（八）严格落实主体功能区要求，推进完善国土空间规划编制工作

依据青海省制定的各项实施方案规定，青海省自然资源部门全面推进“省—市（州）—县（行委）—乡镇”四级、“总体规划—详细规划—专项规划”三类国土空间规划体系建设，逐步建立健全规划编制、实施监督、政策法规、技术标准四大体系。印发《青海省人民政府关于实施“三线一单”生态环境分区管控的通知》并在实践中进行落实，为推动高质量发展提供清晰“界限”。截至目前，省级国土空间规划的15个研究报告和规划文本均已通过专家论证，各市州县级国土空间总体规划编制工作正在有序推进。

（九）压实地方党委、政府职责，构建内容完善、边界清晰的生态环境保护责任体系

为坚决打赢污染防治攻坚战、推进生态文明建设、筑牢国家生态安全屏障，依据国家制定的生态环境保护责任清单要求，按照中共青海省委、青海省人民政府部署及任务分工、生态环境保护法律法规等有关规定，青海省印发本省相关部门生态环境保护责任清单，明确了省委7个部门的25项生态环境保护指导监督责任，省人大2个有关部门的5项生态环境保护立法和监督责任，省政府32个部门的176项生态环境保护主体责任，8个中央驻青单位的26项生态环境保护相关责任，省法院、省检察院的10项生态环境保护司法责任，进一步压实生态环境保护“党政同责、一岗双责”。

（十）全方位落实生态保护各项举措，环境质量持续优化

环境空气质量方面，《青海省生态环境状况公报》显示，截至2021年9月，全省各市州政府所在地及格尔木市空气质量达标天数比例均为100%。环境空气中可吸入颗粒物（PM_{10}）月均浓度在13～50微克/立方米，平均为31微克/立方米。断面水质方面，截至2021年8月，通过专业分析得知，黄河干流总体上来说，水质达到“优”的标准。门堂和大河家断面的水质都达到Ⅰ类标准要求，水质总体上达到“优”这个高标准。而玛多、柯生、玛沁黄河大桥下游、唐乃亥、龙羊峡水库入水口、龙羊峡水库湖心、龙羊峡库区出水口、贵德黄河大桥、李家峡、康杨大桥、尖扎黄河大桥断面水质均为Ⅱ类，水质状况优良。扎陵湖断面水质为Ⅲ类，水质状况良好。城镇集中式饮用水源地水质方面，县级城镇24个在用集中式生活饮用水地下水水源地中21个水源地水质39项监测指标均达《地下水质量标准》（GB/T 14848—2017）中Ⅲ类标准限值。“千吨万人”饮用水源是指日供水量在1000吨以上，或服务人口大于10000人的乡村集中式饮用水水源，与农村居民饮水保障息息相关。截至2020年12月，全省“千吨万人”饮用水源全面完成保护区技术划分报告审查。

二　当前青海生态文明建设面临的主要困难

现阶段青海生态文明建设取得重大成绩，但仍处于三期即关键期、攻坚期、窗口期的叠加关口，生态环境问题还未彻底解决。随着青海省生态文明建设不断深入推进，各种新情况新问题也逐步显现。

一是生态保护压力持续增加。森林资源总量少、空间分布不均，全省森林覆盖率只有7.5%，绝大部分森林分布于青海省东南部，森林生态系统仍然相当脆弱。防沙治沙形势依然严峻，沙漠化土地规模极大，在全省土地面积中所占的比重高达17.2%，是我国沙漠化危害严重省份之一。水土流失治理工作任务艰巨，全省水土流失面积占全省土地面积的45%，水土流失

依然严重。湿地生态保护和管理压力巨大，湿地面积占全省土地面积的11.4%，近年来虽局部呈现良性恢复的态势，但总体形势不容乐观。草原生态环境脆弱，中度和重度退化草地面积仍占50%以上，退化草原治理率尚未达到退化面积的30%，畜草之间的矛盾尤为突出，从总体上来说，草原退化现象还未有效扭转。

二是生态修复治理难度依然较大。人工造林难度进一步加大，全省80%以上的可造林地集中在干旱、半干旱等地区，立地条件差，地块落实和施工难度大，林地水利设施条件差。通过持续推进大规模国土绿化，幼龄林面积逐年增加，但由于缺乏必要的抚育措施，林分质量差、生长量低。重点生态工程建设投资高度依赖中央财政投入，受国家投资计划影响很大，生态建设实际投入与国家投资差距较大，地方财政配套能力差，社会投资不足，融资困难，影响了工程进度和质量。

三是生态文明高地的制度体系建设需要进一步加强。制度建设存在碎片化、分散化、部门化现象，难以实现制度体系合力的最大化。自然资源产权制度、国土空间规划体系、空间开发保护制度等源头严防的制度体系建设需要加快推进，资源总量管理和全面节约制度、环境治理和生态保护市场体系也需要进一步完善，企业和社会生态环境治理作用有待进一步激发。

四是环境质量管理政策体系仍不健全。污染排放管理政策与环境质量管理政策间衔接不足，城乡生活治理体系、跨区域污染治理和多污染物协同控制方面还存在短板，环保垂直改革与综合执法改革的配套政策与机制尚未明确建立，派出机构与地方环境执法之间的分工、协调联动机制有待进一步完善，生态环境监测整体布局需要进一步优化。

五是绿水青山转化为金山银山的路径少、机制不成熟。推动习近平总书记“两山论”在青海落地生根、开花结果，从国家到省委、省政府以及各族群众都寄予厚望，但目前青海推动绿水青山向金山银山转化的路径仍不顺畅、机制还不成熟，科学的转换路径尚未建立。同时，国家财政关于重点生态功能区转移支付、重点生态保护修复治理专项资金等重大资金的安排对青海的支持力度有限，尚未建立形式多样的激励机制。

三　2022年青海生态文明建设形势分析与预测

2022年是实施“十四五”规划的第二年，更是青海迈开步伐实现碳达峰、碳中和愿景目标的实质性启动年。进入新发展阶段，青海省在推进生态文明建设工作时遇到了重重压力，生态环境保护的机构性、根本性、未来发展性问题依旧存在，生态文明建设发展之路仍有较长的一段路要走。

目前，新时代中国特色社会主义一项重要特征是“五位一体”，要将生态文明建设放在前所未有的高度，放在同经济、政治、文化、社会四大文明比肩的位置。可以说，生态文明建设是当前我国最终实现中国梦进程中不可或缺的一部分内容。进入新的历史发展阶段，新的征程已经开启。落实全新的生态文明发展新理念，切实构建起全新的发展格局，促进并实现高质量发展，这一系列要求和期盼的存在都为新时代生态文明建设指明了方向。习近平总书记的重要讲话内容高瞻远瞩，明确了新时期生态文明建设以及绿色碳循环发展是促进中国不断发展、迈入新征程的必由之路，其不仅有深刻的现实意义，也有重大的历史意义。

新的历史背景下强化生态文明建设，对构建人与自然和谐发展的现代化社会具有深远的意义。社会主义现代化有许多重要特征，其中之一就是人与自然和谐共生。生态文明建设的同时还应当抓好物质文明，要做到“两手抓、两手硬”。在强化理论的同时，还要注重从实践层面上进行落实，推动现代化内涵及外延均获得延伸。诚然，需要指出的是，人与自然之间联系极为紧密，二者是生命共同体的关系，从人类这个角度来说，其实施伤害大自然的行为，最终会伤害自己，这是无法改变的规律。为此，不能继续采取高消耗和高污染模式。人类不仅应尊重自然、顺应自然，更应当给予自然足够的保护，并从人与自然和谐相处的层面出发，对经济社会发展进行科学谋划、精心部署，切实走出一条以生态文明建设为核心、以高质量发展为根本的全新发展之路。

在当前全新的发展形势下，生态文明建设必须始终把人民作为出发点和落脚点，满足社会公众实实在在的生态需求。必须将老百姓周围显著的生态问题作为重中之重，解决问题，让老百姓居住的生态环境得到显著提升。环境代表着民生，绿水青山、蓝天白云意味着美好和幸福。如今，随着社会的发展，我国主要矛盾也发生了显著的变化，人们对生态的标准和要求有了显著的提升。特别是全面建成小康社会以后，人们对生态环境的要求不再仅仅是可以居住而已，更要宜居，这就需要蓝天白云、绿水青山来满足。加强生态文明建设，是社会公众的普遍愿望。必须持续优化生态环境，加强生态产品供给，使人民群众幸福感、获得感大大增强。

当前这一阶段，生态文明建设是落实科学发展观、实现高质量发展的重要基础。习近平总书记曾不止一次表示，加强生态文明建设以及促进绿色低碳循环发展，一方面可以使人们对美好环境的需求得以满足，另一方面也能够让发展质量更高、效率更高，生态文明建设走得更远更好。生态环境保护同经济发展间是相互依存、互相促进的辩证统一关系。可以说，对生态环境进行保护和改善本质上就是保护和发展社会生产力。高质量保护生态环境是落实新发展理念、建立新时代发展格局的基础。为此，要自觉更新思想理念，接受新发展理念并在具体行动中予以体现，不断加强生态文明建设，力争在这方面实现突破，增强战略定力。继续推动社会经济发展，以此为依托引导实现绿色转型，坚持走生态优先之路，强化绿色低碳意识，为实现高质量发展保驾护航。

四　青海推进生态文明建设的对策建议

全力打造生态文明高地是青海应有的生态作为，更是牢固树立生态保护优先理念、推动高质量发展创造高品质生活的重要机遇。未来，青海省应以打造生态文明高地的思想自觉和行动自觉，紧扣实现青藏高原生态文明治理体系现代化的要求，统筹推进各项具体改革措施，梳理已经取得的改革成果，并对此进行分析，从中明确应着重提升的部分，在重点方面打造新亮点、取得新突破、实现新效益，为打造生态文明高地提供更加坚实的制度保障。

（一）健全生态文明领域统筹协调机制，构建生态环境保护体系和现代环境治理体系

加强生态保护，完善生态环境保护制度，并进行具体实践，进一步完善国土空间规划方案，采取切实可行的措施统筹协调管控制度，在此基础上不断完善绿色生产和消费方面的法律制度，在构建自然保护地体系的同时，深入探索并建立生态综合补偿制度，全面落实生态环境保护督查制度。同时，争取青藏高原生态环境大数据平台被列入国家重大专项，实现青藏高原生态环境数据大集成、大整大共享、大治理。探索多元化资金投入新机制，用生态资源价值收入反哺生态文明高地建设，发展绿色金融业务。

（二）加强系统治理综合治理，筑牢国家生态安全屏障

以国家公园示范省建设为引领，加强山水林田湖草冰沙等各种生态要素的协同治理，全力推进雪山冰川、江源流域泊湿地、草原草甸、沙地荒漠等的生态治理修复，巩固提升水源涵养能力，健全完善推动青藏高原生物多样性保护和生物安全的政策体系，增强综合治理的系统性和整体性，构建以国家公园为主体的自然保护地新体系，守住自然生态安全边界，涵养生态财富，提升生态价值，坚定不移做好“中华水塔”守护人。

（三）强化减污降碳协同，持续推进绿色低碳发展

围绕碳达峰、碳中和目标，以建设国家清洁能源产业高地和构建绿色低碳循环的经济体系为契机，将降碳作为源头治理的“牛鼻子”，实施减污降碳协同治理，持续优化国土空间开发保护格局。加快推进“三线一单”落地落实，为绿色发展、高质量发展画好框子、定好规矩，不断强化绿色发展的法律和政策保障，在不断完善产业结构和能源结构的同时，注重完善交通运输结构及调整农业结构，提升生态环境质量，做好源头减排和结构减排方面的相应工作，使得环境质量切实获得有效提升。

（四）建立生态产品价值实现机制，打通“两山”转换通道

在坚持生态优先、绿色发展和促进生态价值保值增值的同时，积极探索绿水青山转化为金山银山的科学路径和通道，以维系生态系统原真性和完整性为导向，建立一套科学、合理、可操作的生态产品价值核算评估体系，深入探索，并在此基础上建立相应的体制机制，同时，围绕自然资源资产产权制度改革、生态市场培育、生态产品质量认证等，形成可复制、可推广的制度体系，使绿水青山持续发挥生态效益和经济社会效益，实现经济社会发展和生态环境保护协同共进。

（五）健全评价考核制度，提升生态环境治理体系运行水平

立足于我省打造生态文明高地的现实进展，在推动生态文明建设和强化生态环境保护工作的同时，注重建立与之相对应的且完善的评价考核政策体系，强化对环境保护、节能减排等约束性指标的管理，科学评估生态文明建设成效，健全生态环境损害赔偿制度和责任终身追究制度，打造具有青海特点的生态文明建设考核体系，提高生态文明制度体系执行力，切实增强生态保护统领青海经济社会发展全局的作用，推动落实“一优两高”战略部署。

（六）按照山水林田湖草沙的系统理念，构建自然保护地体系

通过深入分析自然生态系统存在的特点及规律，具体包括该系统的原真性、整体性、系统性及其内在规律，构建以国家公园为主体的自然保护地体系，做到分类科学、布局合理、保护有力、管理有效，把这些重要的自然生态系统和自然遗迹，以及自然景观及承载的文化价值等明确下来，并对其进行长期性有效保护，使得生态文明建设在制度轨道上行稳致远。高水平建设三江源、祁连山国家公园，规划建设青海湖、昆仑山国家公园，打造国家公园典范；依托青海、西藏同处青藏高原的地理区位，联合共建青藏高原国家公园群，向世界展示美丽中国。

（七）心怀“国之大者”，筑牢实现碳达峰、碳中和目标的坚实基础

大力发展清洁能源。继续扩大海南、海西两个千万千瓦级可再生能源基地的规模，有序推进冷湖—茫崖风电走廊建设，建设多能互补清洁能源示范基地，力争到2025年清洁能源装机超过7500万千瓦，发电量达1700亿千瓦时，相当于减排二氧化碳6000万吨左右。增强清洁能源外送能力。进一步增强清洁能源汇集送出能力，继续做好“青电入豫”配套电网工程建设、配套电源二期项目接入工作，积极谋划和推动第二条青电外送通道建设。推动生产生活方式绿色转型。健全绿色低碳循环发展经济体系，加快传统高载能产业向高端化、智能化、绿色化转型。依托清洁能源充足、气候冷凉干燥、地质结构稳定等优势，优先发展大数据等符合产业政策导向、具备较强电力消纳能力的特色产业。实施煤炭消费减量替代行动，推进三江源地区清洁能源供暖，促进清洁能源就地消纳。不断提升碳汇能力。深入开展保护“中华水塔”行动，高标准建好三江源、祁连山国家公园，全面实施黄河青海流域生态保护和高质量发展规划，扎实推进重点生态工程和大规模国土绿化工作，继续打好污染防治攻坚战，持续提高森林蓄积量和草原综合植被盖度。积极参与全国碳市场建设，推进排污权、用能权、碳排放权的市场化交易。

（八）深化体制机制改革，建立生态系统良性循环和环境风险有效防控的安全体系

实施全方位、全地域、全过程山水林田湖草冰沙综合治理，率先健全综合治理新体系，塑造系统多元共治的全国示范样板。探索基于自然的生物多样性保护新方案，提升生物多样性物种、遗传资源保护水平，打造国际高寒地区生物多样性保护示范样板。加快建立以国家公园为主体的自然保护地体系，深入挖掘治理潜力、建设潜力、转化利用潜力，率先建立、发展和保护协同共生新路径。加快探索“绿水青山出颜值、金山银山有价值”联动联通新路径，率先构建绿色低碳循环发展经济体系，高水平建成“两山”实

践创新基地。深入打好污染防治攻坚战，推进高原美丽城镇示范省和新型城镇化建设，提升气候变化适应能力，努力建设美丽中国重要展示窗口。深化生态文明体制改革，推动自然资源资产管理、生态综合补偿等取得新突破，推进生态文明领域治理体系和治理能力现代化建设，力争该项建设工作位居全国前列。

B.15
三江源国家公园建设的社会反响与公众心态调查分析

张明霞*

摘　要： 习近平生态文明思想是青海发展的新动能和生态驱动力，建设国家公园示范省是青海绿色发展和生态环境保护制度的创新，也是推动生态文明建设由理论走向实践的重要抓手。青海是全国第一个“双国家公园体制试点”的省份，2016年三江源国家公园开展体制试点，2017年祁连山国家公园开展体制试点，2019年青海启动以国家公园为主体的自然保护地体系示范省建设，形成了生态保护新格局。2021年三江源国家公园正式设立，青海生态文明建设进入新阶段。作为中国首个国家公园体制，本报告着重实地调研三江源国家公园建设的社会反响和公众心态，总结公园试点中存在的问题并反映公园发展面临的挑战，为青海保护好“国之大者”、打造生态文明高地，以及建设国家公园示范省提供借鉴参考。

关键词： 三江源国家公园　国家公园示范省　生态建设　青海省

习近平总书记指出，“人民对美好生活的向往，就是我们的奋斗目标”。他多次强调，“良好生态环境是最公平的公共产品，是最普惠的民生福祉”。国家公园是人类社会保护珍贵的自然和文化遗产的智慧方式之一，我国启动

* 张明霞，青海省社会科学院副研究员，研究方向为森林生态系统及可持续经营、生态经济等。

国家公园体制建设工作就是为保护具有国家代表性的自然生态系统、自然景观和珍稀濒危动植物生境原真性、完整性而划定的予以严格保护与管理的区域，目的是给子孙后代留下珍贵的自然遗产，并为人们提供亲近自然、认识自然的场所。2016年，青海开始中国第一个国家公园体制试点，2021年三江源国家公园正式设立，这具有划时代的意义。实地调研社会反响和公众心态，调研结果充分响应了习近平生态文明思想中“环境就是民生”“以人民为中心”的初衷和价值导向，总结试点中存在的问题并反映公园发展面临的挑战，为青海保护好“国之大者”、打造生态文明高地，以及建设国家公园示范省提供借鉴参考。

一　调查结果分析

青海省社科院于2017年10月、2018年5月、2020年8月先后3次对三江源国家公园进行了持续调研，以三江源国家公园管理人员和当地民众（党政机关和企事业单位工作人员、生态管护员、园区牧民）为主要调研对象发放问卷、交流座谈，共收回有效问卷1800余份。结果表明，公园管理人员和当地民众对三江源国家公园体制试点及三江源国家公园的正式设立，总体持肯定态度并且反响强烈。

（一）社会公众高度关注国家公园体制建设

1. 公众高度认可国家公园体制的建立

通过建立三江源国家公园体制，国家强有力地保护园区广大牧民世代生存的生态环境家园，得到了社会高度认可。问卷统计结果显示，从2017～2018年三江源国家公园体制试点中期评估至2020年，公众高度关注三江源国家公园建设。体制试点中期评估结果显示，98.61%的受访者认为设立国家公园很有必要。对国家公园生态保护制度执行情况满意，总体满意度从2017～2018年的87.65%提升至2020年的98.61%，提高了近11个百分点。从访谈情况看，生态管护员和园区牧民对设立三江源国家公园必要性、重要性的认识大多是从生态环境保护的角度出发，体现出公众对国家公园体制这项体现国家意志和民生福祉的重大决策的高度认可，对建立国家公园必要性——保护生态家园的认识程度也很高。

2. 国家认同度明显提高

习近平总书记指出，“江山就是人民、人民就是江山，打江山、守江山，守的是人民的心”，三江源国家公园的设立获得了全青海省生态文明建设民意的最大公约数，也夯实了民意基础。保护生态环境就是保障民生，改善生态环境就是改善民生，在体制试点中期评估中，94.44%的受访者认为“环保意识增强了”，整个社会生态环境保护意识提高。三次调查结果一致显示，公众认为三江源国家公园职责规定明晰。三江源地区的当地民众，特别是党政机关、企事业单位工作人员、生态公益管护员比以往更加渴望了解牧业社会以外的世界，更加关注党和国家所做出的相关重大决策，多半受访者认为三江源国家公园建立前后比较，社会与公众对国家大事的关心和了解“以前少，现在多”。三江源国家公园体制建设践行新的发展理念，创新保护思路，通过不断优化、突破既有保护地模式，充分发挥了制度创新先行先试的引领作用。三江源国家公园体制试点工作一开始就从维护国家生态安全、建设生态文明和美丽中国的战略高度统筹谋划，达到了借鉴国际经验、符合中国国情、体现三江源特色的目标，为全国生态文明制度改革提供了示范。三江源国有自然资源资产管理机构建立了以全民所有为核心的相关制度体系，为国有自然资源资产管理提供了有力保障。三江源国家公园体制的建立形成了更加有效、系统和全面的生态环境管护体系，使公园园区内的牧民由原来的草原利用者转变成为生态环境的管护者，极大地促进了人与自然和谐共生局面的形成。在某种意义上说，三江源国家公园的建立，开创了新时代自然生态系统保护的新模式，创新形成了藏区基层社会综合治理新方式，其政治意义和社会意义十分重大。

3. 公众参与保护的积极性大幅提升

三江源国家公园实施的相关政策效果明显。问卷统计结果显示，草原生态补奖政策提高了公众积极性。在“您如何评价目前实行的草原生态补奖政策对提高牧民参与生态保护积极性的效果?”选项中，认为“效果明显”的从

2017~2018 年的 89.65% 提高至 2020 年的 97.22%。97.23% 的受访者认为野生动物伤害补偿政策效果明显。生态环境治理效果明显，在“您如何评价目前开展的山水林草湖一体化管理对综合治理生态环境的效果?”选项中，认为“效果明显”的从 2017~2018 年的 88.79% 提高至 2020 年的 98.61%。在受访的党政机关和企事业单位工作人员中，2017~2018 年有 57.18% 的受访者认为与 2015 年国家计划建立三江源国家公园前相比，开展各项工作“变容易了”，这一比例在 2020 年跃升至 87.5%；认为与其他相关部门的配合“变容易了”的比重从 2017~2018 年的 50.00% 提高到 2020 年的 81.95%。85.72% 的受访者认为，所在单位在组织干部和群众学习三江源国家公园各项生态保护制度方面“效果明显”。总之，建立三江源国家公园使得公众对生态环境保护的心态、状态都变得更加积极和谐。

（二）社会认可公园生态管护制度

三江源国家公园实施的生态管护公益岗位制度，客观上促进了园区内部牧民参与生态管护工作，产生了“一人被聘为生态管护员，全家成为生态管护员”的效果。对此有两方面的调查资料印证。一是牧民对政策制度有着高度的认同。问卷结果显示，受访牧民认为“实行生态管护制度对生态环境保护和建设有作用”和“实行生态管护公益岗位制度后，牧民参与生态保护与建设的积极性提高了”以及觉得“有必要设立生态管护公益岗位制度”三个选项，均从 2017~2018 年的 90% 以上攀升至 2020 年的 100.00%。牧民能有这样的认识，显然是生态管护公益岗位设置产生了促进作用。二是牧民对三江源生态保护和建设进行了广泛、深度的参与。在实行生态管护公益岗位制度后，80% 以上的受访者觉得自实施生态管护以来，本地破坏生态环境的事情比以前少了，保护生态环境的意识明显增强，效果明显提升。50% 以上的受访者认为应增加生态管护员的报酬。玉树州国家公园管理处的不少干部评价“在国家公园体制试点的推动下，现在掀起了全民参与保护的积极性，保护意识空前高涨，甚至牧民的生态保护意识要比干部强”。在三江源不少地方，参与生态保护已成为牧民自发、自觉的行为。

（三）园区牧民文化自信显著提升

三江源地区民族、民俗文化是千百年来维持保育青藏高原生态系统平衡的调适因素。但曾有一段时间，在经济利益的驱使下，三江源生态环境遭到一些人为破坏。民族传统生态文化，以及客观上对生态保护有积极作用的民俗文化等，一度得不到应有的尊重和认可。随着生态文明建设的加强和三江源国家公园体制的建立，尤其生态管护公益岗位制度的设立和实施，民族传统文化中蕴含的生态文化得以体现，传统文化中的精髓得到制度化保障，园区牧民的文化自信明显增强。问卷统计结果显示，公众高度关注文化融合发展，95.77%的受访者思考过在国家公园建设中对传统文化的保护和发展问题，其中“经常思考”的占70.42%。83.33%的受访者认为国家公园对宗教民俗文化发展有影响，其中认为“影响很大”的占47.22%。认为“神山圣湖观念得到发扬”的受访者从2017～2018年的60.06%下降至2020年的52.86%；而认为“没有影响”的从18.68%上升至41.43%。“宗教界对保护生态环境的影响变化如何?”选项中，认为“影响越来越大”的从65.80%下降至63.77%；认为“没变化”的从11.49%上升至28.99%；认为“影响越来越小”的从5.46%上升至7.25%。问卷所反映的认识变化，折射的是牧民崇尚自然的生态伦理观念越来越强烈。因此，三江源国家公园的建立对当地传统文化的发展传承起到了更加显著的保护和推动作用。

（四）民族团结、社会和谐局面不断稳固

三江源国家公园的建立，一方面推动社会关注三江源地区的生态环境，形成共识，加强重视，有力地保护好高原生态环境；另一方面促使社会开始全面接触、认识、了解世代居住在高原的牧民群众的生存状态和民族传统文化、民风民俗等。同时，牧民的收入水平大幅度提升，生产生活得到改善；保护传统文化的精华，使当地民族传统生态文化得到尊重和传承，极大地推动了各族群众团结互助、和睦相处，进一步巩固和发展了社会主义新型民族关系。与之前相比，三江源国家公园的建立，使高原居民的交往范围有了较

大扩展。在调研访谈中，无论是地方政府、公园管理人员还是当地居民，都认为通过建设国家公园是能够提升民生福祉、提高收入水平、创造就业机会和改善就业质量的。在今后公园的建设和发展中，更加注重提供公平的教育服务，呼吁关注国家公园职工工资、退休政策与民族地区、高海拔艰苦边远地区现行的相关优惠政策等的衔接。调查问卷结果显示，85.2%的牧民觉得其交往范围比以前广泛；生态管护员也有了比以往更多走出去的机会。三江源国家公园的建立，使得牧民交往范围扩大、与外界互动频繁，也加强了与其他民族的、交流、联系，增进了对不同文化的了解，这在客观上促进了各民族加深情感理解和交往、交流、交融。加之各园区在生态管护公益岗位设置工作中构建“六位一体”生态管护模式，并结合国家公园生态体验和环境教育，建立民族团结进步教育基地，使得国家意识、民族团结意识和大局意识更加深入人心，青海民族团结、和谐稳定的局面得到进一步稳固。

二　三江源国家公园发展面临的挑战

在三江源国家公园建立过程中，各方面工作都取得了显著成效。但仍需要深入总结分析问题并梳理公园今后发展面临的诸多挑战，为进一步推动青海高质量发展，保护好“国之大者”积累宝贵经验。

（一）生态管护员管理制度隐患有待防范

生态管护公益岗位制度及其有效运行为三江源国家公园的建立提供了有力保证，是继续深化改革、有效完善推广生态管护公益岗位的制度基础。从总体运行看，虽效果明显但存在一些隐患，具体表现在落实“一户一岗”后存在生态管护公益岗位目标不能兼顾普惠性与公平性的隐患。调动起三江源国家公园范围内牧民参与脱贫解困和环境保护、生态补偿的积极性，这是制度所设定的仅次于建立公园体制的一大目标。在具体落实环节上，一个主要方式是实行生态管护公益岗位“一户一岗”，这是普惠性政策，也是其公益性的重要体现。但是，实现“一户一岗”后，如何在牧户或管护员之间建立公平竞争机制，仍是生态管护制度需注意完善的，其隐性存在的不公平性表现：一方面，由于不能完全按网格来分配管护区域、面积，不同牧户或管护员所管护面积不等但报酬基本相同，出现劳动与回报的公平问题；另一方面，30%的绩效工资考核如何发挥积极促进作用，也是隐含的公平分配问题。未来，随着牧民对有关政策的掌握更加全面、收入进一步提高，建立健全公平合理的考核激励机制以促进三江源国家公园的高质量发展、有效防控诱发社会不稳定因素尤为重要。

（二）利益诉求不一导致利益调整难度加大

国家公园建设涉及多方利益格局调整，短时间内难以达到利益平衡，特别是国家公园与地方政府在管辖地域、管理权限分配等方面的诉求不一，地方政府开展工作存在顾虑。入园后牧民群众在生态管护公益岗位、扶贫等方面得到实惠，且对今后的政策优惠抱有很高预期，对国家公园建设持支持态度。但未能划入国家公园范围的牧民群众由于与入园牧民群众享受的政策差别较大，也容易产生差别感，产生不稳定情绪。问卷调查结果显示，社会期望加强部门协调配合，2020 年 72.86% 的受访者（2017 ~ 2018 年为 45.11%）认为各部门“亟待加强协调配合”，究其原因是“各方利益诉求不一”。

（三）国家公园资金投入机制有待进一步完善

三江源国家公园在生态文明建设中具有关键、特殊地位，因所处海拔高、少数民族聚居，加之考虑到当地的社会发育程度等状况，国家和省级财政部门给予了大力支持。但其在全国国家公园中园区面积最大、交通基础设施最薄弱、生态管护运行成本最高，如果缺乏持续有效的资金保障机制，公园发展的实际需求将难以满足。由于历史遗留问题，不同类型的保护地之间缺乏有机联系，存在空间交叉重叠现象。国家公园内企业退出、生态移民等工作也需要建立民间资本和社会公益资金等多元化的投入机制。市场与政府在生态文明建设领域的统筹协调机制、激励和约束并重的生态保护补偿机制、流域横向和纵向补偿机制以及统筹兼顾的分类补偿和综合补偿机制等有待进一步完善。

（四）国家公园专业技术管理人才极度匮乏

三江源国家公园在相关生态环境保护和公园日常管护、科研监测体系等方面的建设，存在专业技术人才和综合管理能力不足的问题。问卷结果显示，公园建设最需要专业管理人才，受访者在“您觉得现行管理体制试点工作中哪方面的力量最需要加强?”选项中，“管理人才”占比最高，为50.57%，其次是“专业人员”，为47.99%，再往后是“执法人员”占36.49%、“基层管护”占35.92%、“相关核查人员”占27.87%。森林警察、资源核查人员紧缺，草原保护、信息平台建设专业技术人员更为缺乏，动植物监测设备无专业人员操作，相关科学研究工作无法正常运行。公园自然资源资产评估和人文景观价值评价工作，后续生态体验和环境教育项目的开展、访客数量统计和智慧管理等工作，都需要有必要的科学技术、专业技术人员的支撑。

三　三江源国家公园建设的建议

三江源国家公园设立至今总体运行状况良好，综合效益明显且影响深远，基本实现设园目标。针对三江源国家公园建设实践中面临的风险和挑战，本报告提出以下四点工作建议。

（一）重要事项进行风险评估

历史经验表明，评估是避免决策失误或把决策的负面影响降到最低的有效途径。鉴于青藏高原地区自然生态环境一旦被破坏就很难恢复的严峻现实，基于国家公园内各项政策制定对推进三江源家公园建设的重要性，公园政策的制定实施与人民群众切身利益密切相关，涉及利益群体广泛，因此，必须要把风险预警评估贯穿工作始终。一是充分考虑社会和环境承载力，广泛听取社会各个阶层的意见，尤其是国家公园所在省份的省情、公园内部和园区附近干部群众的意见，各方面的利益诉求都需听取并获取客观影响区域和程度范围；二是对风险值较高有可能引起不稳定的事项必须提前进行社会风险评估，坚决不能自以为是或怕麻烦而忽略评估预测工作。及时采取有针对性的措施予以引导和疏导，赢得群体和个人的广泛支持，为公园建设、社会基层治理、民族团结、人民幸福创造制度条件。三是尽可能地扩大积极作用，通过预测防范风险、化解风险因素以进一步完善公园制度，使相关政策落地顺利实施，发挥应有作用。

（二）探索建立增值体系机制

一是提升公众对三江源国家公园的认知。对公园整体形象和品牌价值要有更高层次的认识和深度的解读，在加大三江源国家公园的宣传力度时，采取全国统一的管理和宣传手段，公园内部更要提高境界、统一认识，通过生态体验和环境教育加强沟通、加深访客理解，增强全民认同感。二是探索三江源国家公园价值转化。三江源国家公园内的环境友好型生态产品就是特许经营机制的产品和品牌的增值，要加大对其的开发力度。同时建立配套支撑制度体系，通过先进理念创新商业模式，实现三江源国家公园生态价值转化，实现生态经济化、经济生态化、绿色增值化。三是开展特许经营试点。动员社会各方力量，以建设环境阈值与公园发展规模相适应为基础，将资源优势与公园发展驱动相结合，将生态理念融入公园发展目标，开展特许经营试点，促进三江源国家公园生态经济发展，全面构建绿色产业体系。第一，大力开展生态体验和环境教育。依据高原环境承载力，关注公园访客人数、流量、逗留时间、旅游偏好、是否住宿、精度要求、娱乐需求、环境教育需求、特色项目、民族手工艺术品的喜好，设置生态监测点、开展生态体验和环境教育、科研教育活动等，为后续工作积累有益经验。第二，鼓励引导群众积极参与。引入的专业负责团队发挥示范引领作用，格外注意确保维护园区当地群众切身利益，整合园区内民族、民俗、宗教文化等资源，形成唐卡绘画、演艺展览、文学影视创作等特许经营项目，改善当地群众生产生活条件。第三，培育和发展国家公园绿色畜牧业经营主体。吸引优质资本到园区发展现代绿色种养业，向园区特许经营输入现代生产理念、要素和经营模式。

（三）建立长效生态补偿机制

探索建立规范长效的多元化生态补偿机制，为建设高品质国家公园提供保障。一是加大申请建立、健全纵向及流域间横向生态补偿机制的力度，二是通过中央基本建设投资和多元化渠道给予支持。一方面，继续落实自然资源生态保护等补偿政策，促进生态环境持续改善；完善教育、培训、困难补助等民生项目生态补偿政策，不断提高园区牧民生产生活水平；健全生态管护公益岗位补助激励政策；研究国家公园野生动物保护补偿政策和途径，吸引三江源国家公园特许经营企业进驻，探索资源储备、源头水生态保护、跨流域补偿、后续产业发展等补偿政策及碳汇交易机制。另一方面，对符合条件的国家公园特许经营项目提供金融信贷支持；积极构建绿色金融体系，加大绿色信贷投放力度；鼓励社会资本、商业性金融提供支撑保障，促进银行、企业有效对接；发展绿色保险，设立国家公园重点项目库。

（四）构建专业人才培养体系

一是规范专业人才的选拔任职。青海生态是“国之大者”，是我们的宝藏。通过考试激励公众更加深入地认识三江源国家公园特殊且珍贵的自然、人文资源环境，以及三江源极端重要的生态地位，合格者可以进入三江源国家公园正式任职。二是加强入职培训。包括国家公园、生态环境、社会学等多方面的专业知识培训，注重生态体验和环境教育讲解，加强现代信息监测平台和仪器工具的操作使用培训。三是强化继续教育。三江源国家公园的长期稳定、高质量发展需要专业人才，其在入职后，还应持续接受理论工作教育，此外，加强对青海省情、公园园情实际的学习，以保证国家公园员工的整体质量水平，创造良好的工作环境。

参考文献

王磐岩等:《中国国家公园体制建设研究丛书》，中国环境出版集团，2018。

“绿水青山就是金山银山”重要思想在浙江的实践研究课题组编《“两山”重要思想在浙江的实践研究》，浙江人民出版社，2017。

马洪波:《三江源国家公园体制试点与自然保护地体系改革研究》，人民出版社，2021。

中共浙江省委宣传部编《“八八战略”再深化　改革开放再出发》，浙江人民出版社，2019。

何跃君:《关于三江源国家公园体制试点的做法、问题和建议》，《中国生态文明》2016 年第 6 期。

黄宝荣等:《我国国家公园体制试点的进展、问题与对策建议》，《中国科学院院刊》2018 年第 1 期。

欧阳志云等:《中国自然保护地体系分类研究》，《生态学报》2020 年第 20 期。

朱文英、曹国志:《三江源国家公园建设和运营风险分析》，《环境保护科学》2019 年第 4 期。

B.16

"双碳"背景下西宁城市湿地建设报告

李婧梅　朱奕瑾　王亚波*

摘　要： 西宁城市湿地是西宁市乃至湟水流域重要的生态安全屏障，具有较强的碳汇功能。多年来，西宁努力践行生态文明理念，开展城市湿地建设，湿地面积不断增加，固碳功能不断提升。结合国内已有的探索和实践，未来西宁实现"双碳"目标，城市湿地将发挥重要作用。西宁应在开展城市湿地碳汇核算、摸清碳汇价值底数，有效扩大湿地生态空间、明确自然湿地生态特征，加强城市湿地固碳技术研究、提高湿地固碳能力，吸纳多元主体参与、提升公众参与程度等方面做出较大努力。

关键词： 城市湿地　"双碳"目标　西宁市

城市作为经济社会发展的主要承载空间，是温室气体的主要排放来源，实现整体"双碳"目标的重点和难点在于城市。同时，城市也是受气候变化负面影响最为显著的区域之一，面临建设气候变化适应性城市的艰巨任务。城市湿地是城市绿地系统和城市水系统的重要组成部分，在提升城市环境治理、调蓄洪水、防止自然灾害、保护生物多样性、提供娱乐场所、环境教育等方面意义重大，作为独特的自然地理要素在城市中发挥着关键作用。

* 李婧梅，青海省社会科学院生态与环境研究所助理研究员，青海师范大学地理科学学院博士研究生，研究方向为生态经济、生态环境保护；朱奕瑾，青海省社会科学院民族与宗教研究所助理研究员，研究方向为生态伦理学；王亚波，青海省社会科学院《青海社会科学》编辑部助理研究员，研究方向为生态哲学。

西宁市地处湟水中游河谷盆地，湿地资源丰富，湟水、北川河、南川河三条河流汇集，形成了西宁城市形态的跨河发展演化机制，奠定了西宁城市空间形态总体格局的形成基础。西宁城市湿地作为重要的高原人居环境之一，影响着西宁城市经济、政治、社会和生态的发展。西宁城市湿地公园作为湟水流域很重要的生态资源、“城市之肾”，在保护生态环境、维护生态平衡、涵养水源、净化空气、调节气候以及保护生物多样性方面，起着极其重要的作用。西宁市是青海省会、绿色发展样板城市，为青海实现“双碳”目标做出表率是其义不容辞的责任和义务。

一　西宁城市湿地保护和建设现状

（一）西宁城市湿地资源

西宁地区湿地资源丰富，西宁湿地分为河流湿地、湖泊湿地、沼泽湿地和人工湿地四类，总面积为6166.03公顷，湿地个数为166个。[①] 近年来，在国家生态文明建设和青海省“生态保护优先”战略的引导下，湿地保护成效显著，保护面积逐年增大。其中，西宁城市湿地以2013年批复的青海西宁湟水国家湿地公园较为典型。该湿地公园是西宁市城区内规模最大的湿地生态系统，占地508.7公顷。湟水国家公园作为青海省唯一位于城市内的湿地公园，对维护区域生态安全、提升西宁城市生态质量、提供持续优质的生态系统服务，具有极为重要的作用。目前正在建设的还有多巴新城湟水河扎麻隆湿地公园，占地50.78公顷，南川元堡子湿地公园，占地123.47公顷。[②]

（二）城市湿地保护和建设现状

1. 水生态文明城市建设

2018年，西宁市被评为“全国水生态文明城市”，这是西宁多年来践行

① 国家林业局组织编写《中国湿地资源青海卷》，中国林业出版社，2015。

② 景玉林：《西宁将再添一座湿地公园》，《西宁晚报》2020年4月18日，第A02版。

水生态文明交出的一份满意答卷。为保障湟水河及其支流的水质、水量，西宁市实行最严格的水资源管理制度：河道两岸的838家小散乱污企业被取缔或责令整改，211处非法采洗砂场关停，106个循环经济项目得到实施，35家涉水工业企业完成深度治理，重点工业企业废水处理率达100%。[①] 多年来，已经初步构建起半干旱高原水生态体系、安全高效的水利用体系、科学严格的水管理体系和先进特色的水文化体系四大水生态体系，地表水、地下水、中水得到有效利用，水生态环境得到极大改善，水生态文明理念深入人心。

2. 湟水国家湿地公园建设

湟水湿地是干旱、半干旱高原地区非常典型的河流湿地复合体，贯穿西宁城市中心，惠及青海全省40%的人口。2013年以来，西宁湟水国家湿地公园相继进行了河道治理、景观改造、绿道建设等，建成了海湖湿地、宁湖湿地和北川湿地三大片区。

湟水国家湿地公园依湟水河及其一级支流北川河而建，贯穿西宁城市中心，以西宁市人民公园“T”字形水系的河道为中心，北至北川河康家桥，南至北川河与湟水河交汇处，西至湟水河解放渠进水闸，东至湟水河小峡口闸亭。其中包括海湖湿地公园、火烧沟碧山生态公园、北川河湿地公园、宁湖湿地公园和湟水河主干道公园五个主要公园。根据西宁湟水湿地的功能区划和管控要求，湿地公园设有保育区276.07公顷、占公园总面积（下同）的54.27%，恢复重建区79.36公顷、占15.60%，宣教展示区18.77公顷、占3.69%，合理利用区126.19公顷、占24.81%，管理服务区8.31公顷、占1.63%。[②]

2020年西宁湟水国家湿地公园总面积，由2013年规划伊始的508.7公顷增长至599.06公顷，湿地面积由241.41公顷增长至374.57公顷，湿地率从47.5%提高至62.53%，湿地面积整体增长了55.15%；区域内有植物

① 小言、刘瑜：《西宁又一闪亮名片：国家水生态文明城市》，《西宁晚报》2018年4月3日。
② 资料来源：青海西宁湟水国家湿地公园管理中心。

33 科 82 属 103 种，国家Ⅰ级、Ⅱ级保护野生动物 10 种，[①] 生物多样性逐年增加，已形成较为稳定的青藏高原湿地生态系统，成为西宁市湿地资源保护利用的典范和西宁市生态文明建设的名片。

3. 湿地保护立法工作

2013 年 9 月 1 日，《青海省湿地保护条例》（以下简称《条例》）在青海省正式施行。《条例》是在当时国家尚无湿地保护法律、行政法规的情况下，经反复论证，创造性出台的地方性法规，对西宁城市湿地保护和建设起到了指导作用。

2021 年，第十三届全国人大常委会第二十五次会议审议通过了《中华人民共和国湿地保护法（草案）》，并面向社会公开征求意见。草案从湿地管理、湿地保护、湿地修复、检查与监督、法律责任 5 个方面，明确了监管部门及其法律责任，提出了湿地保护、修复、利用和管理的原则与要求，规范了责任主体、方案和措施。这是我国首次针对湿地保护进行立法，拟从湿地生态系统的整体性和系统性出发，建立完整的湿地保护法律制度体系，为强化湿地的保护和修复提供强有力的法治保障。[②]

（三）西宁城市湿地助力实现“双碳”目标的主要实践

西宁城市湿地作为城市“绿心”，在维护湿地生态功能，营造生态旅游、文化旅游氛围等方面成效显著，同时也是助力西宁实现“双碳”目标的有利抓手。一是西宁城市湿地近年来在保护和恢复上取得了巨大的成效：湿地水量和面积不断增加，湿地鸟类和植被进一步恢复，湿地生态系统服务不断提升。湿地天然的固碳能力不断提升，实现其降碳增汇的作用。二是作为市民、游客的旅游场所，其“低碳”化的设计也在很大程度上对实现“双碳”目标有重要的示范作用。比如，西宁湟水湿地内的旅游通道以步行通道为主，采用木栈道、石板、鹅卵石等与周围环境相协调的材料。三是面

① 资料来源：青海西宁湟水国家湿地公园管理中心。

② 宋晴、崔心红：《中国国家湿地公园建设的政策驱动分析》，《园林》2021 年第 8 期。

向市民，尤其是广大青少年开展自然教育。在世界湿地日、世界环境日等重要节点通过开展观鸟、生物多样性、“双碳”、生态保护红线等主题宣传教育活动，增强了公众对湿地的保护意识，也将生态文明、低碳生活、节能降耗等理念传播了出去。

二　西宁城市湿地碳收支状况及固碳价值

湿地具有强大的碳储存能力。城市湿地通过固碳释氧，在全球碳循环中扮演着重要的角色，具有极高的气候调节价值。目前，关于城市湿地碳收支方面的研究较多，在全球不同区域的研究均表明：城市湿地生态系统具有较强的碳汇功能。有关西宁城市湿地的研究也证明了这种观点。

（一）碳吸收情况

吴艺等利用涡度相关法，对湟水国家湿地公园2020年生长季碳收支情况进行了研究。涡度相关法是一种直接测定植被与大气间 CO_2、水、热通量的方法。结果表明，西宁城市湿地生态系统暖季各月（7～8月）均表现为碳汇。湿地生态系统的碳汇能力逐月增强，总吸收量为 $-365.40g \cdot m^{-2}$，但因部分河流区域表现为 CO_2 净排放，人工湿地区域碳吸收强度明显高于河流区域。①

（二）碳排放情况

在西宁火烧沟人工湿地连续筑坝区②，采用静态箱－气相色谱实验法对4个连续筑坝断面水气界面的3种温室气体 CO_2、CH_4（甲烷）、N_2O（一氧化二氮）夏季排放通量进行监测。研究表明，筑坝区温室气体排放通量显

① Wu Y et al.，“Temporal and Spatial Characteristics of CO_2 Flux in Plateau Urban Wetlands and Their Influencing Factors Based on Eddy Covariance Technique，” *Water* 9（2021）：1176.

② 陈玉鹏等：《连续筑坝河流水气界面温室气体排放通量及其影响因素——以青海省湟水支流火烧沟为例》，《水生态学杂志》2020年第3期。

著高于未筑坝区，平均排放通量是未筑坝区的 4.12 倍。时间尺度上，筑坝区 CO_2 排放的高峰值主要分布在 8 月，而 CH_4 排放的高峰值多分布在 6 月，N_2O 排放的高峰值多分布在 7 月。说明水气界面温室气体排放影响因素具有复杂性和不确定性。尽管连续筑坝区水汽界面的碳排放大于碳吸收，但筑坝区研究仅限于水气界面碳收支情况，没有对火烧沟湿地公园整体碳通量进行研究，忽略了周边林地、草地的碳捕捉能力。

总的来说，西宁城市湿地表现为碳汇，是西宁乃至湟水流域重要的生态安全屏障。

（三）西宁城市湿地固碳价值

2020 年，仅湟水国家湿地公园生态系统服务价值就达 6.18 亿元，单位面积服务价值为 22.71 万元/公顷，其中以文化服务价值量最高，占总价值量的 58.35%，其次为调节服务，占 40.75%。各服务价值量由高到低依次为增湿、休闲娱乐遗产价值、存在价值、地表水调蓄、河流输沙量、文教科研、温度调节、生物多样性保护、生态环境用水、净化空气等。与普通湿地生态系统相比，城市湿地的生态价值更多地体现在其与城市特征、历史文化、提升审美、游憩旅游等社会要素结合的文化服务方面以及湿地生态过程调节服务方面。初步估算湟水国家湿地公园 2020 年生态系统调节服务的固碳价值为 22.67 万元，占总价值量的 0.037%。[①]

三 国内城市绿地碳减排的探索

我国提出“双碳”目标以来，各地政府积极响应，推出了一系列降碳增汇的具体政策措施，为西宁实现“双碳”目标提供了宝贵经验。

（一）建设绿色生态安全屏障

自 2018 年以来，天津市以“山水林田湖草是生命共同体”为核心，启

① 张艳春等：《湟水国家湿地公园湿地价值及其辐射格局研究》，《生态学报》2022 年第 2 期。

动绿色生态屏障建设，通过水系的连通、水环境的治理、植被的复绿和大面积植树造林等措施，加强湿地、森林、海滨等生态功能区的保育与修复，使得生物多样性保护、水文调节等功能得到增强，构建了“林田水草、河湖湿地”多要素、全系统的生命共同体。2020 年天津市碳汇能力增长了 15.4%，为“双碳”目标的实现提供了有力支撑。[①]

（二）开展碳普惠机制试点与探索

成都、广州都进行了碳普惠机制的试点与探索，让“双碳”目标实现与市民日常生活、精准扶贫联系起来，激发了市民参与“双碳”目标的积极性与主动性。

2020 年起，成都市对生态环境建设和碳排放做出了部署。实行公众积分奖励制，设置公众低碳评价标准。公众可以通过绿色出行、绿色餐饮、绿色旅游等方式，累积个人碳减排积分，由此获得绿色低碳商品或服务。同时，成都市计划依托新能源，着力打造低碳交通、低碳建筑、低碳生活、低碳生产等多元应用场景，在生产生活全过程实现碳监控和碳减排。目前，成都已拥有会议、展览、大数据中心、园区、景区、音乐会、婚礼等碳中和场景，青城山—都江堰风景名胜区更是成为国内首个碳中和景区。[②]

2018 年 2 月，广州市花都区在广碳所正式启动公益林碳普惠项目，这是广州市范围内首个林业碳普惠项目。[③] 通过林业碳普惠价值核算体系、林业碳普惠市场化交易平台的搭建与引入，该项目实现了林业与碳市场的相互融合，保障林业碳普惠的固定市场需求，为林业生态产品价值实现提供了稳定市场。2019 年，该项目为花都区梯面林场管理中心带来 22.72 万元的碳汇收益。

---

① 王伟凯：《绿色生态屏障建设助力天津高质量发展》，《天津日报》2021 年 10 月 18 日，第 9 版。

② 覃朗：《如何实现“双碳”目标？看“先锋城市”的成都举措》，看度新闻，http://www.cditv.cn/show-3683-1515193-1.html，最后检索时间：2021 年 10 月 19 日。

③ 自然资源部：《生态产品价值实现典型案例》（第二批）。

（三）金融主体积极参与助力实现“双碳”目标

碳金融作为国际上运用市场机制减少温室气体排放的创新工具，是实现我国“双碳”目标的重要抓手。2021 年以来青岛市相继推出的全国首笔湿地碳汇贷、山东省首单碳中和债券，以及西宁市首笔碳排放配额质押贷款和林业碳汇贷，引发国内专家学者的关注。其中，全国首笔湿地碳汇贷以山东青岛胶州湾湿地碳汇为质押，为企业授信流动资金贷款 1800 万元，专项用于企业购买增加碳吸收的高碳汇湿地作物等。[①]

四　西宁城市湿地助力“双碳”目标实现的对策建议

（一）开展城市湿地碳汇核算，摸清碳汇价值底数

在目前的研究基础上，西宁市自然资源管理部门应当会同有关部门组织建设森林、湿地等生态系统碳汇数据库与动态监测系统，定期开展碳汇核算，开展西宁城市湿地土壤碳库、水体碳库和植被碳库固碳能力的研究。通过对湿地的土壤面积、植被面积和多年平均水资源量的监测分析，综合评定其固碳能力，形成西宁城市湿地自然资源资产清单。同时，实现“双碳”目标，是生活方式、生产方式、发展理念、发展方式的系统性重大变革，是各部门协调努力的结果。西宁市应加快出台助力“双碳”目标实现的政策、方案，在绿色核算、产业发展、绿色转型、科技创新、激励政策等方面进行细化，并做出具体规定。

（二）有效扩大湿地生态空间，明确自然湿地生态特征

湿地碳储量与湿地面积直接相关，城市湿地是“山水林田湖草”中的重要部分，具有强大的碳储存功能，湿地面积越大碳储量越高。因此可采取

① 王雅洁：《兴业银行青岛分行落地全国首单湿地碳汇贷》，《经济导报》2021 年 8 月 19 日。

创建和恢复并举的方式，适度扩大城市湿地面积，合理布局人工湿地，疏通城市水系，建立湿地系统网络，进而调节城市微气候、实现增汇。

在城市建设、人类活动的高强度扰动下，维护湿地生态自身健康运行和提供高质量的生态系统服务，是城市湿地管理长期面临的重大任务。为完成这项任务需要建立湿地生态系统科研和管理的综合、智能化平台。目前，西宁城市湿地以湟水国家湿地公园为主要框架，自然生态系统维护是国家湿地公园建设的根本，人工生态系统建设是生态系统服务需求的延伸，需要厘清自然生态系统和人工生态系统的边界，明确自然生态系统的核心是生态特征，不能简单地以园林绿化工程替代湿地生态保护和恢复。

（三）加强城市湿地固碳技术研究，提高湿地固碳能力

西宁城市湿地，是林地、草地、湿地、城市等生态系统的复合体，其生态产品的持续有效供给在很大程度上取决于保护力度。增强西宁城市湿地的固碳功能，创造和恢复土壤碳库和植被碳库，人为的湿地植物管理和水文调控能进一步促进湿地植物吸收 CO_2 并减少湿地碳排放。加大城市湿地周边山水林湖草的保护和建设力度，使自然生态系统成为西宁市的“不动产”。通过碳捕捉技术和生物固碳技术降低大气温室气体水平。西宁作为我国绿色发展样板城市、水生态文明城市，应充分利用良好的生态资源基础，将实现碳达峰、碳中和与绿色发展样板城市有机结合，大力实施固碳生态带等生物固碳措施。

（四）吸纳多元主体参与，提升公众参与度

西宁城市湿地是西宁市民的游憩场所，更是西宁乃至青海的绿色名片，其园区建设在垃圾处理、游客友好互动、生态环境监测等方面应实现智能化。同时可与学校、社区、企业合作，在环境教育、文化活动展示等方面加强宣传，通过招募“小小志愿者”，以教学相长的方式在西宁城市湿地开展自然教育。在市民购物、出行、餐饮中添加低碳场景，提升公众参与度，助力“双碳目标”的实现。

参考文献

张庆辉等:《中国城市湿地公园研究现状》,《湿地科学》2013 年第 1 期。

徐志伟等:《广州海珠湖城市湿地 CO_2 通量特征》,《应用与环境生物学报》2016 年第 1 期。

于贵瑞等:《亚洲区域陆地生态系统碳通量观测研究进展》,《中国科学(D 辑:地球科学)》2004 年第 S2 期。

B.17

青海碳排放的现状、趋势及减碳路径

刘　畅*

摘　要： 本报告从青海省情出发，通过分析青海碳排放总量的变化、排放强度及主要行业，认为青海碳排放总量小、工业排放占比高，目前面临能源结构调整困难、“双控”指标完成压力大、低碳产业发展需要时间等主要挑战。在此基础上，提出通过能源、产业结构调整，结合供热、交通、建筑、民生领域的具体降碳手段推动青海碳排放减量，为实现“双碳”目标做出更大贡献。

关键词： 碳排放　低碳化　绿色转型　青海省

中共青海省委十三届十次全会指出，要突出“四地”建设，找准切入点和着力点，牵引产业升级，扎扎实实为加快构建绿色低碳循环发展经济体系打好基础。随着青海省打造国际生态文明高地的要求不断提升，如何在最大限度地履行生态责任的前提下确保高质量发展是青海省当前面临的主要问题。长期以来，青海省积极推动降碳发电、能源结构转型，在碳达峰、碳中和先行先试方面取得了较好的效果。本报告对青海碳排放的现状做了初步分析并提出对策建议，以期为推动减碳工作提供参考。

一　青海省碳排放的现状及特征

长期以来，在“一优两高”战略与“五个示范省”建设引领下，青海

* 刘畅，青海省社会科学院经济研究所助理研究员，研究方向为区域经济协调发展。

省持续推动绿色低碳循环发展，生态建设与保护成效显著，“十三五”期间全省碳排放强度降幅居全国首位，绿色转型加快推进。

（一）青海省碳排放总量的变动分析

考虑到数据的可取得性、真实性与计算口径的一致性，本报告碳排放相关数据均来自“中国碳核算数据库（CEADs）”。因该数据库数据截止到2019年，故本报告碳排放情况分析以2008～2019年数据为主（见表1）。

表1　2008～2019年青海省碳排放构成

单位：百万吨

碳排放构成	2008年	2009年	2010年	2011年	2012年	2013年	2014年	2015年	2016年	2017年	2018年	2019年
农林牧渔	0.3	0.3	0.3	0.3	0.3	0.3	0.3	0.3	0.4	0.3	0.3	0.3
采掘业	2.8	3.4	3.2	5.0	5.5	5.4	5.2	5.3	6.1	6.0	5.8	5.8
制造业	11.5	11.7	11.0	10.4	18.2	20.2	21.3	22.5	23.5	18.6	18.9	19.8
电力、热力、燃气及水生产和供应业	10.4	11.3	9.8	12.4	12.5	13.4	12.9	14.1	16.5	17.2	15.0	13.7
建筑业	0.3	0.3	0.3	0.4	0.4	0.4	0.4	0.5	0.6	0.7	0.7	0.7
交通运输、仓储和邮政业	1.8	2.0	2.2	2.4	2.4	2.7	2.8	3.0	3.4	3.9	4.3	4.5
批发和零售业、住宿和餐饮业	0.6	0.6	0.7	0.8	0.8	0.8	0.8	0.6	0.8	1.3	1.5	1.6
城市居民生活	1.2	1.1	1.1	1.3	1.3	1.4	1.4	1.5	1.7	1.9	2.0	2.1
农村居民生活	1.3	1.3	1.5	1.8	1.5	1.5	1.6	1.5	1.7	1.5	1.6	1.5
其他	1.4	1.5	1.7	1.8	1.7	1.8	1.8	1.8	1.8	1.8	1.8	1.8
总量	31.6	33.5	31.8	36.6	44.6	47.9	48.5	51.1	56.5	53.2	51.9	51.8

从碳排放总量来看，青海省碳排放量总体呈上升趋势，2019 年较 2008 年增长 63.9%，2016 年碳排放 5650 万吨，为 12 年间的最高值。2017 年中央环保督察提出整改意见后，青海省大力整改环保问题，为发展让路。在经济社会发展中，青海省牢固树立生态优先地位，关停不利于生态保护的矿场及企业，经济发展进入阵痛期。2017 ~ 2019 年主要工业产品产量明显下降，碳排放量降幅明显。从碳排放量的增速来看，2008 ~ 2016 年青海碳排放总量年均增长 7.5%，2008 ~ 2019 年年均增长 4.6%，年均增长幅度下降 2.9 个百分点。结合近两年“五个示范省”创建实效及“十四五”规划提出的“四地”建设要求，未来一段时间青海省碳排放量将保持平稳态势，显著增高可能性较低。

从构成碳排放的主要领域来看，排放占比从高到低依次为工业、服务业、农业。工业累计排放量占 12 年排放总量的 80.2%，2019 年工业排放量占年度排放量的 77.4%；服务业累计排放量占 12 年排放总量的 8.6%，2019 年服务业碳排放量占年度排放量的 11.8%；农业累计排放量占 12 年排放总量的 0.7%，2019 年农业碳排放量占年度排放量的 0.6%。对比 12 年累计排放和年度排放的占比情况，近年来工业碳排放量逐步下降，服务业碳排放量增长趋势明显，农业碳排放占比最小，且基本保持稳定，没有明显的变化（见图 1）。

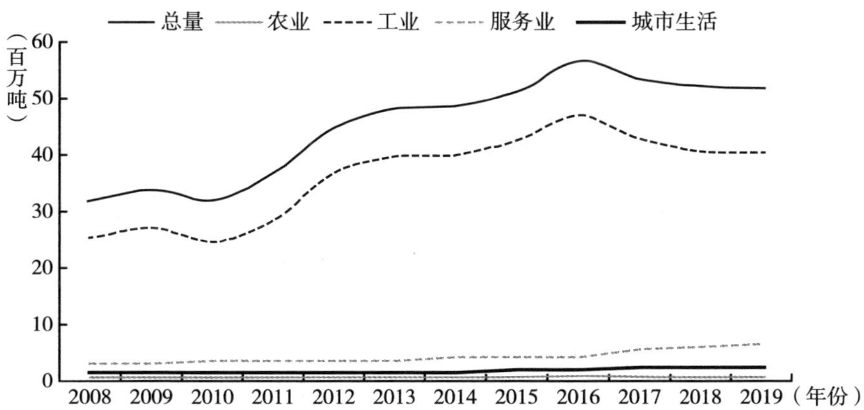

图 1　2008 ~ 2019 年青海省碳排放构成

工业排放是青海省碳排放的主要来源，约占排放总量的80%，对排放总量的影响极其显著。工业碳排放总量中，制造业占比最高，约占排放总量的38.5%，约占工业排放总量的48%。由于新能源、新材料、盐湖化工快速发展，2012年碳排放量明显上升之后保持平稳。电力、热力、燃气及水生产和供应业碳排放量仅次于制造业，生产过程中原煤使用比例较高，导致该行业成为青海碳排放的第二大行业。但从占比情况来看，2019年该行业碳排放占年度总排放量比重较2008年下降6.5个百分点，随着清洁供暖、煤改电、煤改气工程的不断推进，碳排放量有望进一步下降。采掘业碳排放量约占青海碳排放总量的11.1%，占工业碳排放总量的13.8%，随着采掘业占工业增加值比重的提升，采掘业碳排放量占年度碳排放量比重也呈现不断上升的趋势。

交通运输、仓储和邮政业是除工业行业外碳排放量最高的行业，且占总排放量比重从2008年的5.7%增长至2019年的8.7%，增长幅度高于其他行业。从交通运输业发展情况来看，2008~2019年，载客车辆数增长6.4倍，载货车辆数增长2.1倍，私人汽车数增长6.7倍，[①] 2020年、2021年民用汽车与私人汽车保有量保持高速增长，随着新能源汽车的推广，未来交通领域将有较大的降碳空间。

（二）青海省碳排放强度的变动情况

从2008~2019年青海省碳排放强度来看，2010年碳排放强度显著下降，经过小幅波动，2012年碳排放强度有所回升，之后呈现稳步下降态势，2012~2019年以年均7%的速度稳步下降，可见青海省正在逐步实现低碳经济发展模式。从工业碳排放强度来看，工业碳排放强度总体高于碳排放强度，且两者差距较大。2008~2016年，工业碳排放强度波动较大，但总体保持在较高水平，2017年开始，受到大力调整工业发展方式的影响，工业碳排放强度明显下降（见表2）。

① 资料来源：历年《青海统计年鉴》。

表 2　2008～2019 年青海省工业碳排放强度和碳排放强度情况

单位：吨 CO_2/万元

年份	工业碳排放强度	碳排放强度
2008	9.21	3.52
2009	9.75	3.56
2010	7.44	2.78
2011	6.79	2.67
2012	7.91	2.92
2013	7.85	2.80
2014	7.89	2.62
2015	8.21	2.54
2016	7.82	2.48
2017	6.22	2.15
2018	5.19	1.89
2019	4.88	1.76

资料来源：中国碳核算数据库、历年《青海统计年鉴》。

从主要行业的碳排放强度来看，电力、热力、燃气及水生产和供应业碳排放强度长期维持在较高水平，2018 年出现明显下降，交通运输、仓储和邮政业以及批发和零售业、住宿和餐饮业碳排放强度总体不高，但呈稳步上升趋势。2016～2019 年，交通运输、仓储和邮政业碳排放强度增长 15.5%，批发和零售业、住宿和餐饮业碳排放强度增长 73.7%（见表 3）。

表 3　2016～2019 年青海省主要行业碳排放强度情况

单位：吨 CO_2/万元

行业	2016 年	2017 年	2018 年	2019 年
农林牧渔	0.18	0.12	0.11	0.10
采掘业	5.04	3.34	2.75	2.69
制造业	7.71	5.60	5.54	5.52
电力、热力、燃气及水生产和供应业	11.66	10.06	6.66	5.81
建筑业	0.22	0.24	0.22	0.21
交通运输、仓储和邮政业	3.16	3.30	3.57	3.65
批发和零售业、住宿和餐饮业	0.57	0.90	0.99	0.99

资料来源：中国碳核算数据库、历年《青海统计年鉴》。

（三）青海省碳排放的能源构成情况

从青海省碳排放的能源构成来看，煤炭类为碳排放的第一大来源，约占总排放量的2/3。天然气类为碳排放的第二大来源，2019 年碳排放量占比较 2016 年增长 4.3 个百分点。石油类碳排放占比稳步上升，2019 年较 2016 年提升 4.1 个百分点（见表4）。

表 4　2016 ~ 2019 年青海省碳排放的能源构成

单位：百万吨，%

年份	煤炭类		石油类		天然气类	
	排放量	占比	排放量	占比	排放量	占比
2016	35.4	62.7	6.2	10.9	9.4	16.6
2017	31.8	59.8	7.1	13.3	10.1	19.0
2018	30.1	58.0	7.3	14.0	10.6	20.5
2019	29.3	56.5	7.8	15.0	10.8	20.9

资料来源：中国碳核算数据库、历年《青海统计年鉴》。

从主要行业的碳排放具体来源来看，以 2019 年碳排放的数据为例，原煤、焦炭、柴油、天然气为青海碳排放占比最高的四种能源，其中原煤和焦炭属于煤炭类，柴油属于石油类。原煤是排放占比最高、涉及行业最广的能源，在总排放量占比最高的三个行业当中，原煤是其中两个行业的主要碳排放来源。电力、热力、燃气及水生产和供应业原煤碳排放量占碳排放总量的 91.2%，制造业原煤碳排放量占比达 39.9%。此外，原煤还是农村居民生活碳排放的主要来源，占比达到 46.7%。

从总排放量较高且排放处于增长趋势的交通运输、仓储和邮政业的碳排放情况来看，柴油是该行业的主要碳排放来源，占比达到 75.2%。

从天然气排放的占比情况来看，采掘业对天然气依赖程度较高，天然气排放占比达 92.6%。由于天然气碳是供热的主要能源，在城市居民生活排放、批发和零售业、住宿和餐饮业碳排放中的占比均超过 50%。①

① 资料来源：中国碳核算数据库、2019 年《青海统计年鉴》。

（四）青海省碳排放的特征

一是碳排放总量小，工业排放占比高。制造业、采掘业与电力、热力、燃气及水生产和供应业是主要排放行业，且工业碳排放强度高，说明青海省工业仍以附加值较低的初级产业为主，存在粗放发展的问题。

二是工业碳排放强度长期保持高位。在工业碳排放强度较难下降的情况下，青海省总体碳排放强度较低，且下降趋势明显，说明青海省第三产业发展情况较好，产业结构有望进一步优化。

三是由于机动车持有量的提升与供热需求的增加，交通运输、仓储和邮政业与城乡居民生活碳排放量近两年上升趋势明显，未来这两个领域有较大的降碳空间。

四是能源消费与其他省份相比呈现总量小、结构灵活的特点。以清洁能源为主导的电力正在取代煤炭成为青海消费量最大的能源，且青海省清洁能源总量丰富、开发利用条件优越，在清洁能源示范项目建设方面优势突出。

二　青海省降碳面临的挑战

青海省碳排放总量虽然连续两年下降，但是持续保持下降趋势还面临较大压力，只有综合分析，才能厘清青海推动碳减排的思路。

一是能源结构调整的压力短时间内难以排解。能源的碳排放强度由高到低依次是煤炭、石油、天然气。从青海省的工业主要行业碳排放与能耗情况来看，支柱能源为电力的有色金属冶炼和压延加工业，能耗占总量的28.1%，碳排放仅占总量的1.4%；而支柱能源为煤炭的电力、热力、燃气及水生产和供应业能耗占比仅为2.3%，碳排放占比却高达26.5%。（见表5）可见，如果长期保持以煤炭为主的能源消耗结构会对降碳形成巨大阻力。从青海省目前的能源结构来看，煤炭是仅次于电力的第二大能源，在能源消费中所占的比重远远高于石油和天然气，调整能源结构，降低煤炭的消费比重是降低碳排放的重要举措。然而，天然气开采也属于高耗能产业，并且受开采条件限制无法在短时间内提升产量。此外，自青海省建设清洁能源示范省以来，清洁能源装机量不断增长，但清洁能源消纳受到水电、火电等稳定电源调节能力不足的限制，短时间内难以取得突破，对青海省能源结构绿色化、低碳化发展造成较大压力。

表 5　2019 年青海省工业主要行业碳排放及能耗占比

单位：%

行业	碳排放占比	能耗占比
电力、热力、燃气及水生产和供应业	26.5	2.3
化学原料和化学制品制造业	9.3	16.5
石油和天然气开采业	10.4	4.2
有色金属冶炼和压延加工业	1.4	28.1

资料来源：中国碳核算数据库、2019 年《青海统计年鉴》。

二是完成“双控”指标给经济发展带来现实困难。从“双控”指标实施情况来看，“十三五”期间要求单位生产总值能耗下降 10%，能源消费增量控制在 1120 万吨标准煤以内。青海省通过大力淘汰落后产能、限制高耗能企业生产时间等方式实现节能减排目标。经过不懈努力，青海省仍有部分年度减排降耗指标完成情况不好。“十四五”时期，单位生产总值能耗下降 13%，能耗消费增量 480 万吨标煤，能耗区间进一步压缩。从 2019 ~ 2021 年的“双控”指标来看，进入“十四五”之后能耗下降比例骤然升高，能源消费增量不足 2020 年的一半，减排压力进一步增加（见表 6）。近年来，青海省大力调整产业结构，淘汰落后产能。但通过降低产品单耗促进节能降耗的空间已十分有限，只能压缩高耗能企业的生产时间，这导致企业经营压力增大，通过开展技术创新提升资源利用效率的能力亟待提升，意愿亟待增强。2021 年以来，盐湖化工、新能源、新材料等重大项目相继建设投产，能耗的刚性需求不断增加。上半年由于能耗不降反增，国家发改委要求暂停国家规划布局的重大项目以外的“两高”项目的节能审查，并督促各地采取有力措施，确保完成全年能耗“双控”指标，特别是能耗强度降低目标任务，能耗下降空间进一步缩小。

表6　2019～2021年青海省“双控”指标情况

单位：万吨标煤，%

	2019年	2020年	2021年
能源消费增量	400.0	480.0	117.0
能耗下降比例	0.1	0.1	3.0

资料来源：青海省人民政府网站公开数据。

三是低碳产业形成集聚还需要发展时间和政策支持。循环经济是经济社会发展与污染排放脱钩、减缓气候变化的治本之策。规模化引入创新型企业、完善新能源产业链是现阶段青海实现“双碳”目标的必由之路，亟待形成吸引该类企业的投资洼地。但从目前发展的情况来看，青海省各循环经济园区面临“资源集聚程度高则用地用电成本高”“用地用电成本低则资源集聚程度低”两个发展极端。西宁市作为省会城市吸引了全省大多数优质资源，园区基础设施建设完善，但远离新能源基地，企业投资建厂成本过高。位于各市州县的绿色产业园区邻近新能源基地，投资建厂成本低，但基础设施建设不完善，企业生产所需的人工、物料供应不足，增加了企业的经营成本，不利于企业的可持续发展。因此，促进低碳产业高质量发展，需要政府从产业园区建设和产业政策两方面予以倾斜。

四是交通运输行业与居民生活碳排放降低困难。交通运输、仓储和邮政业正处在快速发展阶段，货运需求与私人汽车持有量不断增加。2015年青海省出台了《关于印发加快青海省新能源汽车推广应用实施方案的通知》，然而由于充电站等配套设施建设不足，新能源汽车目前仅在公共交通、环保等领域推行，公务车及社会车辆的新能源推广速度缓慢。在新能源货运车辆的推广方面，由于青海海拔高、运输路况复杂，企业对更换新能源车辆的积极性不高，加之各地对新能源补贴政策的落实情况不一，存在充电站没有执行大工业电价的情况，进一步加大了新能源货运车辆推广的难度。

五是煤耗折算机制对碳减排施加了外在压力。从碳排放的主要来源来看，青海省碳排放的主要来源为煤炭，由于占比较高，煤炭的碳排放量趋势与碳排放总量趋势一致。2019 年煤炭碳排放量占比较 2016 年约减少 6.3%，从能源消费结构来看，2019 年煤消费量占比较 2016 年减少 14.22%，能源量占比减少幅度明显大于碳排放量占比下降幅度（见表 7）。同时，虽然截至 2019 年青海省清洁能源发电量占比已达 86.5%，但由于发电煤耗折算机制，煤耗指标难以体现真实能源消费水平，碳减排成效无法充分显现。

表 7　2016～2019 年青海省碳排放主要来源及能源消费情况占比

单位：%

年份	碳排放主要来源占比			能源消费情况占比			
	煤炭	石油	天然气	煤	石油	天然气	电力
2016	62.72	10.93	16.60	43.37	10.13	15.00	31.50
2017	59.83	13.32	18.96	37.86	11.46	15.97	34.72
2018	57.96	14.01	20.45	30.09	10.29	15.93	43.69
2019	56.47	14.98	20.85	29.15	10.87	16.38	43.60

资料来源：中国碳核算数据库、历年《青海统计年鉴》。

三　青海省碳排放量变化趋势及进一步降低碳排放的对策建议

通过分析，青海的碳排放总量低，能源结构和碳排放结构与其他省份相比具有较强的灵活性。且青海省清洁能源总量丰富、可利用的荒漠化土地广阔，开发利用条件优越，在新能源产业示范性项目建设方面具有得天独厚的优势。青海省有望在新能源产业的发展带动下，促进产业转型升级，从而实现降低碳排放的目标。

（一）青海省碳排放量变化趋势研判

为进一步研判青海省碳排放量的趋势，对 2018～2020 年青海能源消费情况与对应碳排放系数进行测算，得出 2020 年青海主要能源对应碳排放水平较 2019 年下降 0.3%。2020 年受新冠肺炎疫情影响，制造业整体萎缩明显，特别是纺织业，橡胶和塑料制品业，计算机、通信和其他电子设备制造业，碳排放分别下降 61.2%、51.5%、38.4%，下降幅度明显。结合对 2008～2018 年数据的分析结果，青海省碳排放整体上呈现持续下降的趋势。受数据可获得性影响，无法计算 2021 年碳排放量，但是根据地区生产总值增长情况与产业发展情况以及双控指标等因素的影响，可以判断青海省 2021 年碳排放量将保持稳定。

2021 年前三季度，青海省经济稳步恢复。从碳排放的主要行业增加值水平来看，制造业增加值两年平均增长 4.0%，固定资产投资增长 13.9%；电力、热力、燃气及水生产和供应业增加值两年平均增长 8.1%，固定资产投资下降 39.6%。采矿业增加值同比下降 11.0%，两年平均下降 2.1%，固定资产投资下降 1.8%。从交通运输、仓储和邮政业发展情况来看，货物运输增长速度较快，前三季度全省货运量同比增长 25.5%，其中铁路货运量增长 4.1%，公路货运量增长 33.0%。全省完成邮政业务总量 7.0 亿元，同比增长 23.3%，其中快递业务量增长 66.1%。可见，青海碳排放量较大的主要行业，2021 年保持较好的发展态势，对应的碳排放量应与 2020 年持平或略有上升。①

作为“十四五”开局之年，2021 年新增建设项目多、发展动力强，碳排放保持下降趋势压力较大，在保持经济稳定增长的前提下，只有通过技术进步保持碳排放强度的稳定下降，碳排放量才有可能延续下降的趋势。

（二）青海省降低碳排放的对策建议

1. 产业与能源结构双调整，推动工业碳排放强度降低

持续推进工业领域特别是制造业的节能减排工作走深走实。在继续实施淘汰落后产能、严控“两高”企业扩张等手段的基础上，通过财政和税收政策的调整，提升高耗能企业技术革新和能耗转型的积极性，为低碳企业发展创造良好的设施和政策环境。通过优化利用化石能源、推动煤炭清洁化利

① 资料来源：青海省统计局网站。

用水平的不断提升、持续推进天然气与电力替代煤炭、稳步发展零碳发电、推进“源网荷储”新型电力系统建设多管齐下，改善青海能源结构。青海工业碳排放强度降低应以提高主要行业的集聚程度为切入点，加快推动钢铁冶炼行业与化工行业形成集聚，提升冶金煤气的资源化利用水平，结合废钢回收利用、清洁能源与钢铁煤气余热发电调峰自供等方式，降低钢铁冶炼行业的碳排放；依托海西州天然气资源优势，逐步增加天然气在化工行业燃料中的比重，在保证产量的基础上力争碳排放强度逐步降低。

鼓励企业使用和研发成本低、效益高、减排效果明显、安全可控、具有推广前景的低碳、零碳、负碳技术，大力发展规模化储能、智能电网、分布式可再生能源和氢能深度脱碳技术，在碳排放减量的同时，提升产品附加值。加快工业技术与新材料、先进制造、信息化、智能化等融合创新，推广节能清洁降碳的用能设备，研发实现资源循环利用的链接技术。

2. 多措并举，全面提升节能管理能力

推行用能预算管理，强化固定资产投资项目节能审查，对项目用能和碳排放情况进行综合评价，从源头推进节能降碳。提高节能管理信息化水平，完善重点用能单位能耗在线监测系统，建立全国性、行业性节能技术推广服务平台，推动高耗能企业建立能源管理中心。完善能源计量体系，鼓励采用认证手段提升节能管理水平。加强节能监察能力建设，健全省、市、县三级节能监察体系，建立跨部门联动机制，综合运用行政处罚、信用监管、绿色电价等手段，增强节能监察约束力。

优化新型基础设施空间布局，统筹谋划、科学配置数据中心等新型基础设施，避免低水平重复建设，采用直流供电、分布式储能、“光伏 + 储能”等模式，探索多样化能源供应，提高非化石能源消费比重。推动以电机、风机、泵、压缩机、变压器、换热器、工业锅炉等为重点的用能设备全面提升能效标准。对标国际先进水平，加快完善通信、运算、存储、传输等设备能效标准，提升准入门槛，淘汰落后设备和技术。

3. 发挥清洁能源优势，争取发展主动权

当前青海的工业化水平还处在上升阶段，面对能耗需求与碳排放强度短期内难以降低的挑战，亟待发挥清洁能源优势，加快碳排放与经济发展“脱钩”。青海省在清洁能源产业链的中游发电端累积了较强的发展势能，光伏已成为省内第一大电源，但生产端的装备制造和消费端发展潜能仍有待进一步激发。应依托海南、海西千万千瓦级新能源基地，发挥电价优势，吸引数据中心等高载能低排放企业与新能源装备制造企业集聚，实现产业发展和电力消纳的双赢。发挥示范基地建设方面的优势，推进光热光伏一体化融合电站、抽水蓄能电站的建设，在提升新能源电力消纳水平的同时，寻求发电、储能领域的技术突破。

4. 优化供热结构，扩大“清洁供暖”辐射面

大力推广电供暖。优先在农村和牧区住户相对分散的地区实施碳晶、发热电缆、电热膜等分散式电供暖，以此替代燃煤采暖，对热力管网无法到达的城区、城乡接合部，实施储热式电锅炉、热泵等集中式电供暖。鼓励具备电供暖改造条件的学校、商场、办公楼等热负荷不连续的公共建筑，采用分散式电采暖及电储能供暖，进一步降低热力管网热负荷。逐步扩大风电、光伏供热试点范围，提高新能源就地消纳能力。

鼓励工业园区利用工业余热回收供暖，鼓励具备工业余热供热条件的钢铁、化工等企业采用余热余压利用等技术对周边村镇集中供热，积极推广热泵、蓄热及中低温余热利用技术，进一步提升余热利用效率，实现能源梯级利用。

5. 加大新能源公交推广力度，推动交通领域碳减排

稳步提升公共交通新能源应用比例，加速推进公交车、市内包车等使用新能源，完善新能源公交车充电设施布局，推进集中经营式充电场站建设，鼓励充电资源共享。在有条件的公交场站研究部署分布式光伏电站，结合氢燃料电池示范应用，同步完善加氢站布局。提升城郊公交服务水平，特别是在西宁等面积扩张较快的市镇，公交站点覆盖面应加快与建成区面积相适应，优化改善大型居住社区、行政村等的公交线网，完善西宁与邻近市县公交网络构建，增加班次。对相关低客流公交线路实施补贴，全面提升外围区域公交服务。优先保障公共交通路权，合理规划、设置公交专用道，加大对

违法占用公交专用道行为的执法力度，积极推行公交信号优先，全面推进公交智能化系统建设。

推进由光伏车棚发电系统、新能源汽车充电站、智能能源管理系统、储能电池系统等综合组成的绿色枢纽站场建设，鼓励省内主要机场开展碳排放认证的筹备与申报工作，完善枢纽站场能源管理系统，优化碳排放管理制度，将交通枢纽建设改造与清洁能源消纳有机结合，协同发展。

6. 加强建筑节能，提升青海绿色建筑发展水平

青海气候寒冷、采暖期长，可再生能源建筑应用率较低，建筑节能技术相对落后。要稳步推进既有建筑节能改造，结合城市双修，积极推广财政性资金引导、以业主单位和供热企业为主体、管线单位共建、住宅维修基金补充、受益居民参与的既有居住建筑节能改造模式。机关办公建筑、政府投资的公共建筑和公益性建筑应当率先进行节能改造，打造省内公共建筑节能改造样板。

建立以预制标准部品为基础的专业化、规模化、信息化生产体系，加快装配式建筑产业基地和项目建设。推进保障性住房、办公楼、医院、学校、科技馆、体育馆等各类民用建筑应用装配式钢结构建设，引导开发商建设装配式钢结构住宅。推进太阳能、浅层地热能、空气能等新能源在旅游景区、园林景观、自驾游客栈及度假区等区域的新建建筑中的应用。

7. 在居民生活领域持续倡导低碳生活新途径

碳排放不仅依赖产业发展转型升级，更需要以保护和改善生态环境为出发点和落脚点，促进生活方式的“低碳变革”，实现经济的绿色发展。一是持续开展低碳宣传，树立低碳生活理念，通过消费者偏好转变，倒逼企业的转型升级；二是加强建筑、交通等领域的低碳建设，健全新能源交通工具配套设施建设，将市政减排与城市更新等建设规划相结合，不断提升城乡生态建设和绿化水平；三是探索城乡居民生活碳排放配额的分配方式，有效引导城乡居民住房和汽车的消费选择向低碳化发展，为全面形成绿色生活方式探索有效路径；四是大力推进生活垃圾减量化、资源化，扎实推进生活垃圾分

类，加快建立覆盖全社会的生活垃圾收运处置体系，全面实现分类投放、分类收集、分类运输、分类处理。

参考文献

胡鞍钢：《中国实现2030年前碳达峰目标及主要途径》，《北京工业大学学报》（社会科学版）2021年第3期。

王晓等：《中央企业"双碳"目标及战略路径研究》，《企业管理》2021年第11期。

杨德伟等：《碳达峰碳中和的发展背景和实现路径》，《河北经贸大学学报》2021年第5期。

《中共中央国务院关于完整准确全面贯彻新发展理念做好碳达峰碳中和工作的意见》，《人民日报》2021年10月25日，第1版。

民族宗教篇

Ethnic Religion Chapters

B.18

2021~2022年青海民族宗教工作形势分析与预测

鄂崇荣　吉乎林*

摘　要： 本报告在梳理和总结2021年青海民族宗教整体情况的基础上，对2022年青海民族宗教形势做了预测，并提出了对策建议。本报告认为，2021年，青海全面准确贯彻党的民族宗教政策，紧紧围绕民族团结进步示范省建设，进一步加强党对民族宗教工作的领导，认真排查解决民族宗教领域的突出问题和风险隐患。青海民族团结进步事业继续走在全国前列，青海宗教关系积极健康、和顺向上。2022年，青海将聚焦铸牢中华民族共同体意识，坚持宗教中国化的主线，深入推进全国民族团结进步示范省建设，不断推动民族宗教工作高质量发展。

* 鄂崇荣，青海省社会科学院民族与宗教研究所所长、研究员，研究方向为宗教学；吉乎林，青海省社会科学院科研管理处副处长、副研究员，研究方向为民族学。

关键词： 民族宗教　高质量发展　青海省

2021年，青海省民族宗教工作以习近平新时代中国特色社会主义思想为指导，全面贯彻中央第七次西藏工作座谈会精神、中央民族工作会议精神、党的十九届六中全会精神、全国宗教工作会议精神、习近平参加十三届全国人大四次会议青海代表团审议和到青海考察工作时的重要讲话精神，以铸牢中华民族共同体意识为主线，坚持宗教中国化方向，采取有力举措，全面提升民族宗教事务治理水平。用社会主义核心价值观引领各族群众，推动民族宗教工作高质量发展，青海省呈现人心归聚、团结进步，和睦和谐、和顺向上的良好局面。本报告在梳理和总结2021年青海民族宗教整体情况的基础上，对2022年青海民族宗教形势做了预测，并提出了对策建议。

一　2021年青海民族宗教工作取得的成效

青海是个多民族聚居的省份。现有54个民族，青海世居民族有汉族、藏族、回族、土族、撒拉族和蒙古族，其中，人口较少的土族、撒拉族是青海独有民族。据2021年青海省第七次人口普查统计，汉族常住人口为2993534人，占50.53%；各少数民族常住人口为2930423人，占49.47%。与2010年第六次全国人口普查相比，汉族人口增加10018人，增长0.34%；各少数民族人口增加287217人，增长10.87%。青海世居少数民族聚居区均实行区域自治。青海省现有6个民族自治州、7个民族自治县，民族自治地方面积为72万平方公里，占全省总面积的98%，实行区域自治的少数民族人口占全省少数民族人口的81.55%。[①]

青海又是一个多宗教并存的省份。佛教、伊斯兰教、道教、基督教和天

① 《青海省民族概况》，青海省民族宗教事务委员会网站，http：//mzw.qinghai.gov.cn/，最后检索时间：2021年11月17日。

主教五大宗教在青海均有分布，其中藏传佛教和伊斯兰教在信教群众中有广泛影响。青海现有依法登记的寺院、清真寺、教堂、道观等宗教活动场所为2174座（处），各类宗教教职人员为5.63万人。全省有信教群众300余万，其中少数民族信众约280万，占全省总人口的47%，占信众总数的93%，信众以少数民族民众为主体是青海宗教信仰状况的显著特征。①

2021年青海省委、省政府全面准确领会习近平总书记关于加强和改进民族工作的重要思想，进一步加强党对民族宗教工作的全面领导，不断健全民族宗教工作协调机制，定期研究、及时解决民族宗教工作重要问题，青海省民族宗教领域继续保持和谐稳定。

（一）接续奋斗，党对民族宗教工作的领导进一步加强

2021年，青海各级党委、政府和民族宗教部门持续加强党对民族宗教工作的领导，不断提升新形势下做好民族宗教工作的能力，推动民族宗教工作取得新成就。一是坚持和加强党对民族宗教工作的全面领导。青海各级党委、政府坚持从政治上看待民族宗教问题，做好民族宗教工作，坚持党的民族宗教工作基本方针，党委领导民族宗教工作、党委统一战线工作领导小组统筹协调民族宗教工作等体制机制不断完善，党牢牢掌握了民族宗教工作主动权。二是青海省委、省政府把学习贯彻好中央民族工作会议精神、中央第七次西藏工作座谈会精神、习近平总书记关于加强和改进民族工作的重要思想作为重要政治任务，及时制定、出台实施意见，把党中央、国务院的任务部署变为本省具体工作安排，逐条逐项细化分解，层层压实责任，不断提高各级党委、政府领导干部做好民族宗教工作的能力和水平。在2021年青海州（市）县领导班子换届工作中，一批政治过硬、敢于担当的优秀少数民族干部走上领导岗位。三是民族宗教工作责任不断压紧压实。青海省在开展民族宗教工作时，以党委统一领导、政府依法管理、统战部门牵头协调、各

① 《青海省宗教概况》，青海省民族宗教事务委员会网站，http：//mzw. qinghai. gov. cn/，最后检索时间：2021年11月17日。

市州和相关部门通力合作的机制和方法，使全省民族宗教工作初步形成了全社会共同参与的良好局面。

（二）与时俱进，民族团结进步创建水平进一步提升

2021 年，青海省始终把民族团结进步创建作为一项基础性工作常抓不懈，进一步提升创建工作水平。一是持续推进民族团结进步事业。青海省委、省政府把民族团结进步创建工作作为一项重大政治任务，不断提档升级，创建工作实现了从“创建民族团结进步先进区”到“创建全国民族团结进步示范省”的转变升华。青海成为全国首个省内所有市州成功创建“全国民族团结进步示范州”的省份。青海成为全国首个成功创建“全国民族团结进步示范县”数量过半（23 个）的省份。同时，湟源县也被确定为中央文明委重点工作项目“深化新时代民族团结进步创建工作”的基层联系点，成为目前全国首个同类项目唯一联系点。二是在新的更高层次上创建民族团结进步大省。青海省为了对民族团结进步创建工作进行更高层次、更广领域、更多维度的拓展，相继颁布实施《青海省促进民族团结进步条例》和《青海省民族团结进步示范区示范单位命名办法》，在全国首创民族团结进步专项考核、第三方评估、省部共建和专项奖补等多项体制机制，使青海创建民族团结进步大省的工作水平和能力不断提升。三是努力营造维护民族团结、崇尚先进的良好氛围。青海在全社会各行业广泛评选了民族团结进步先进集体和先进个人，授予全省范围内的 50 个集体、55 名个人“青海省创建民族团结进步先进区先进集体”和“青海省创建民族团结进步先进区先进个人”称号。四是召开各类学术论坛和会议。青海相关单位召开“铸牢中华民族共同体意识深化民族团结进步示范省建设论坛”等学术会议，与省内外专家学者交流，为青海民族团结进步示范省建设提供了智力支撑。

（三）顺应期盼，各民族民生事业进一步发展

2021 年，青海省委、省政府准确把握各民族地区经济社会现状，以巩固脱贫攻坚成果为重点，实现脱贫攻坚与乡村振兴有效衔接，推动少数民族

地区经济蓬勃发展。一是办好民族地区教育。坚持社会主义办学方向，继续实施各类教育行动计划和项目，提升民族地区基础教育普及水平，实现城乡义务教育集团化办学全覆盖，有效解决民族地区学校办学条件方面的突出问题。二是提高民族地区就业水平。2021 年青海省累计在民族地区建立就业示范基地 90 个，对各民族贫困劳动力实施技能培训达 5.76 万人次，实现稳定转移就业 3.5 万人次。三是解决卫生健康问题。以改善各民族群众卫生健康为主要工作目标，率先在全国建成市、县、乡、村四级医联体，涉藏州县棘球蚴病手术患者首次实现动态清零，实现基本公共卫生和基本医疗服务在各民族聚居地区全覆盖。四是新冠肺炎疫情防控常抓不懈。青海省委、省政府在有效防控疫情的同时，积极落实疫苗接种工作，截至 2021 年 9 月，全省新冠疫苗累计接种 8180890 人次，已完成国家规定的接种任务，各民族聚居区疫情防控工作取得重大胜利，各族人民的生命和健康得到有效守护。

（四）美美与共，各民族优秀传统文化得到进一步传承

2021 年，青海省委、省政府高度重视各民族优秀传统文化资源的挖掘、保护和传承工作，青海少数民族文化事业繁荣发展。一是重点文物得到进一步保护和修缮。争取国家重点文物保护专项补助资金近 10 亿元、省级文物保护专项补助资金 1 亿多元，塔尔寺等一大批重点文物保护单位得到了修缮和保护，玉树地震灾后重点文物抢救性保护和修缮任务圆满完成。二是国家级、省级文化生态保护试验区建设稳步推进。通过深入推进黄南州热贡文化、玉树州藏族文化、果洛州格萨尔文化等国家级文化生态保护实验区和海西州德都蒙古文化、互助县土族文化、循化县撒拉族文化等省级文化生态保护实验区建设，青海世居少数民族非物质文化遗产得到整体性、系统性保护。国家级文化生态保护试验区专项资金投入达 4130 万元。[①] 三是“青绣”

---

① 张晓英：《办好“心头”事 让各族群众在追求幸福的路上阔步前行》，《青海日报》2020 年 9 月 22 日，第 6 版；李元丽：《推动“民族团结进步 +”深度融合发展——访全国政协委员、青海省统战部部长公保扎西》，人民政协网，http://www.rmzxb.com.cn/index.shtml，最后检索时间：2021 年 12 月 6 日。

品牌影响力不断提升。青海省政府通过出台《“青绣”提升三年行动计划（2021—2023年）》，大力推动“青绣”传统文化的保护和传承，促进传统工艺振兴。青海刺绣类非遗四级名录体系不断完善，“青绣”家底进一步摸清，各地“青绣”传习中心（所）纷纷设立，“青绣网”大数据平台运行良好，“青绣”数字化保护工作有序开展。四是各民族非物质文化遗产代表性项目名录进一步丰富。2021年，青海省申报的年保玉则传说、阿柔逗曲、德都蒙古全席等6项文化项目入选第五批国家级非物质文化遗产代表性项目名录；化隆唐卡、藏娘唐卡、贵德六月庙会等9项文化项目入选国家级非物质文化遗产代表性项目名录扩展项目名录。

（五）归聚人心，各民族地区经济社会发展成果得到进一步展示

2021年，青海省组织策划和举办了一系列重大纪念庆祝和体育赛事活动，对外有效展示了青海各民族地区经济社会发展成果及各族人民积极向上的精神面貌。一是举办玉树藏族自治州成立70周年庆祝大会。玉树藏族自治州成立于1951年12月25日，是青海第一个、全国第二个成立的民族自治州。通过举办玉树藏族自治州成立70周年大会，对外展示了玉树州经济快速发展、民族团结、社会稳定、人民生活显著改善、与全国同步全面建成小康社会、各项事业全面推进的伟大实践。二是举办青海省第七届少数民族传统体育运动会。9月青海省第七届少数民族传统体育运动会在海东市乐都区举行。具有青海各民族特色的押加、举沙袋、民族式射箭、民族式摔跤、民族马术等竞技项目登台亮相。来自青海各地各单位的19个代表团1840名各族运动员集中展示了青海多姿多彩的民族文化和民族传统体育的无穷魅力。三是举办少数民族青年美术作品展。9月在北京中国文联文艺家之家展览馆举办了“青出西海——青海少数民族青年美术作品展”，该画展对外展示了青海各族群众建设家园、追求梦想的时代画卷。

（六）引导有方，宗教界爱国爱教思想进一步牢固

2021年，青海民族宗教工作部门持续加大宗教教职人员的培训力度，

不断增强宗教界爱国爱教的思想意识。一是加强宗教界人士外出学习和考察活动的开展。年内青海组织宗教界开展了多期外出学习交流活动，通过学习交流，宗教界拓宽了视野，学习了外省管理宗教事务的经验和做法。二是举办各类培训班提高宗教人士素质。为提高宗教人士整体素质，青海省不断创新宗教界教育的工作形式和内容，年内举办了多期培训班，如邀请著名学者丹珠昂奔到省藏语系佛学院开展专题讲座，组织开展了全省藏传佛教教职人员“爱党爱国爱社会主义”主题教育暨2021年全省尼姑培训班等。各类培训班的举办，使广大宗教人士普遍接受了党的宗教政策和法律法规。三是青海宗教界积极参与新冠肺炎疫情防控工作。疫情防控时期，青海宗教界主动参与社会公益事业，积极开展爱心捐赠活动。全省宗教界累计募捐物资达4168.5万元（其中藏传佛教界2035.87万元、伊斯兰教界2112.40万元）。隆务寺、拉加寺、千卜录寺、夏琼寺等发挥藏医传统优势，联合藏医院制作能够预防瘟疫的藏药香囊，免费发放，提高群众防疫能力。青海省伊斯兰教协会被评为“中国红十字会抗击新冠肺炎疫情先进集体”，荣获中国红十字会总会授予的“中国红十字奉献奖章”和证书。

（七）法治保障，民族宗教事务依法治理水平进一步提高

2021年，青海省全面贯彻落实党的民族宗教政策，坚持依法管理民族宗教事务，创造性开展民族宗教工作，有力推动了全省民族宗教工作水平的提升。一是颁布实施《青海省宗教事务条例》（以下简称《条例》）。《条例》于2021年10月1日起实施，《条例》的实施对保护青海省公民宗教信仰自由、维护宗教和睦与社会和谐、提升青海宗教工作法治化水平起到了重要的推动和保障作用。二是完成6州7县自治条例的修订和实施工作。青海省人大常委会相继完成全省6个自治州、7个自治县自治条例的修订任务，为青海民族自治地方高质量发展提供了有力的法治保障。三是管理“清真”概念泛化问题。为进一步规范和管理“清真”概念泛化问题，青海省民族宗教事务委员会制定下发《关于规范清真食品管理、治理“清真”概念泛化“回头看”工作方案》，对清真食品市场准入、监制、联动执法、督导检

查以及规范商铺门头阿语标识和宗教元素等提出具体要求，作出安排部署，对“清真”概念泛化现象进行全面整改，设计制作清真食品LOGO，规范统一了全省清真食品标识，保障了清真食品市场主体和消费者的合法权益。四是开展藏传佛教界“教风建设年”活动。2021年4月23日开始，中共青海省委统战部、青海省民宗委在青海藏传佛教界开展“教风建设年”活动，重点解决藏传佛教领域存在的各类突出问题，依法处置违法乱纪人员，有效整治了寺院乱象，净化了藏传佛教学修环境。

二　2022年青海民族宗教工作形势分析与预测

2022年是各级党委、政府贯彻落实中央民族工作会议精神和全国宗教工作会议精神、全面推进青海民族宗教工作、加快青海民族地区高质量发展的关键之年。青海民族宗教工作将迎来前所未有的新机遇，同时也面临一定的风险挑战。

（一）青海民族宗教工作面临的新机遇

1. 习近平总书记关于民族宗教工作的重要论述，为做好青海民族宗教工作指明了新方向

习近平总书记针对新时期民族宗教工作呈现的新特点，指出了推进新时代党的民族宗教工作高质量发展的指导思想，明确了以铸牢中华民族共同体意识和坚持宗教中国化方向为核心内容的新时期党的民族宗教工作创新理论，这为青海做好新时期民族宗教工作明确了方向、提供了根本指引，使各级党委、政府及民族宗教部门在履职尽责和管理引导民族宗教工作时有了更加清晰的工作方向和工作目标。这也为青海站在新的起点上，全面推进中华民族共有精神家园建设、进一步巩固和发展平等团结互助和谐的社会主义民族关系、提升民族宗教事务治理能力现代化水平、正确解决青海民族宗教问题指明了新方向。

2. 中央民族工作会议和全国宗教工作会议相继召开，为开创青海民族宗

教工作新局面提供了新机遇

2021 年中央相继召开民族工作会议和全国宗教工作会议，将民族、宗教工作提升到党和国家工作大局中更加重要的战略位置，确定了当前及今后一段时期党的民族宗教工作的纲领性目标、战略部署与施策要点，为各地开创民族宗教工作新局面提供了新机遇。对于青海民族工作来说，铸牢中华民族共同体意识将成为青海未来民族工作的核心要义，青海将不断完善民族工作顶层设计，持续提升民族团结进步创建工作水平，不断巩固社会主义和谐民族关系，持续提升民族事务治理体系和治理能力现代化水平。对于青海宗教工作来说，宗教中国化将成为青海未来宗教工作的主线，青海将更加全面贯彻党的宗教工作基本方针，完善宗教工作体制机制，各宗教与社会主义社会相适应的广度和深度进一步拓展，积极健康的宗教关系进一步加强。

3. 着力解决发展不平衡不充分问题，为青海民族宗教工作带来新契机

青海发展不平衡不充分问题仍然存在。从民族工作层面来讲，近年来易地搬迁、外出务工、城市养老等原因使得青海各少数民族流入城市成为青海民族人口流动新趋势，这对青海城市民族工作提出新的更高要求。从宗教工作层面来讲，信教群众日益多元化和具有更高的宗教信仰需求同青海各宗教教职人员素质水平不齐之间的矛盾，也将是今后青海宗教工作面临的挑战。党的十九大把“发展不平衡不充分”问题提高到我国社会主要矛盾的高度，这表明青海发展不平衡不充分问题的解决将成为青海民族宗教工作新的机遇。

4. 开启全面建设社会主义现代化国家新征程，为青海民族宗教工作开辟了新前景

青海脱贫攻坚战取得圆满胜利，与全国一道全面建成小康社会，历史性地解决了绝对贫困问题，改变了青海各民族地区的贫困面貌。这使青海各族人民的国家认同感和中华民族自豪感被空前激发，青海各民族对伟大祖国和中华文化的归属感进一步增强和夯实，青海各民族“五个认同”的根基进一步筑牢。这为青海各族群众和宗教界凝聚思想认识、深入贯彻党的民族宗教理论政策、牢固树立和践行马克思主义民族观宗教观、进一步做好民族宗教工作打下了坚实的思想基础和社会基础。

（二）2022年青海民族宗教工作面临的挑战

2022 年青海民族宗教领域面临一定的挑战，民族地区发展不平衡不充分问题仍然突出，影响各民族交往、交流、交融的因素及民族领域意识形态斗争复杂多样，国际反华势力利用民族宗教问题进行渗透、大搞分裂破坏活动的风险依然存在，肃清民族分裂和宗教极端思想的任务仍然艰巨。

当前，农村人口流向城市已成为青海人口流动的重要趋势。农村流动人口中有相当比例的人口是少数民族，城市少数民族人口已占到全省少数民族人口的一半以上。随着少数民族人口流入城镇，青海各城镇民族工作面临利益诉求、城市管理和社会治安等方面的诸多问题。顺应青海省民族发展的历史需要，改进新形势下青海省城市民族工作的方法与内容是当前和今后青海城市民族工作的重点之一。

近年来互联网迅速发展并在各领域得到广泛应用，宗教也搭乘互联网快车，利用网络进行传播，网络宗教活动迅猛增加。由于网络传播快、影响面广，加之民族宗教问题的敏感性，在网络上出现的涉及民族宗教的问题成为民族宗教工作在新时期新形势下需要解决的新问题，如果处置不当或不及时，极易引发影响民族团结和宗教和睦的不稳定事件。

（三）2022年青海民族宗教形势预测

1. 中华民族共有精神家园建设将全面推进

铸牢中华民族共同体意识是新时代党的民族工作的“纲”，是未来民族工作的聚焦点。铸牢中华民族共同体意识是党的民族工作开创新局面的必然要求，也是今后青海民族工作的总抓手和奋斗目标。2022 年，青海民族工作重点也将聚焦铸牢中华民族共同体意识、建设中华民族共有精神家园。青海省新成立的青海社会科学院等铸牢中华民族共同体意识研究基地，将有效助力青海推进中华民族共有精神家园建设。基地将以铸牢中华民族共同体意识为主线，发挥专家学者专业优势，挖掘青海各民族命运共同体的历史事实，唤醒青海各族人民休戚与共、荣辱与共的历史记忆，增强各族群众对中华民族和中华文化的认同。

2. 民族团结进步示范省建设新征程将全面开启

青海在长期的民族团结进步创建过程中，形成了具有鲜明青海特点的民族团结进步创建模式。青海有着深厚的创建工作基础。中央支持青海省创建全国民族团结进步示范省。这也意味着，未来青海将全面开启民族团结进步示范省建设新征程。由此，青海民族团结、巩固和加强的趋势会更为显著，民族团结进步的基础将日益牢固，民族团结将成为青海最亮的人文底色。

3. 各族群众的获得感、幸福感、安全感将不断增强

随着乡村振兴战略的加快推进，青海各民族聚居的农牧区基础设施和公共服务得到进一步改善，均等化水平不断提高，富民兴村产业进一步发展，农牧民生活水平和质量进一步提升，各族群众将实现更加充分、更高质量的就业，农牧区收入水平将持续提升，各民族广泛分布区域城乡居民收入差距将进一步缩小。青海各市州城镇化建设将更加迅速，民族地区教育现代化水平将显著提升，民族地区卫生健康体系将更加完善，各族群众将有更强的获得感、幸福感和安全感。

4. 各民族交往、交流、交融趋势将更加明显

兰西城市群建设、城镇化建设及易地搬迁等国家战略的实施、推动青海城镇化进程的进一步加快，为青海各族群众的交往、交流、交融提供了良好的机遇和广阔的空间。越来越多的少数民族群众走入城镇，成为城市居民。青海城市居民的民族性和多样性将日益明显，多民族互动交流将成为常态，城市社区互嵌式居住将成为青海民族居住的新格局，青海各大城市和县城将成为青海各族群众交往、交流、交融的重要舞台和各种文化的交汇地。

5. 民族地区生态环境将得到持续保护

青海各民族聚居区的生态环境状况不仅与青海各地生态安全、民族生存和息息相关，还与中华民族永续发展发展息息相关。青海“三个最大”的省情定位和“三江源国家公园”的正式设立，凸显了青海更加重要而特殊的生态地位，也意味着青海将坚决扛起筑牢国家生态安全屏障的重大责任，将更加坚定地保护生态环境，守护“中华水塔”，青海各民族聚居区的生态

环境将得到持续保护。

6. 宗教界参与现代化建设将更加积极自觉

事实证明，宗教界是青海现代化建设的一支积极力量。未来，各级党委、政府和民族宗教部门将依法管理宗教事务，积极引导宗教与社会主义社会相适应，青海宗教管理水平将不断提高，宗教关系将更加和谐，宗教界人才队伍建设将更加完善，宗教领域风险隐患防范等工作将进一步加强。宗教界将更加积极主动地投身于中国特色社会主义事业，继续在公益事业和服务事业等方面发挥有益作用，广大信教群众将更加积极地发展生产、改善生活和勤劳致富。

7. 宗教领域将更加和睦、和顺、和谐

青海省委、省政府及各有关部门继续全面加强党对宗教工作的领导，加强和贯彻党关于宗教工作的基本方针政策，将关于宗教工作的重要精神贯穿落实到宗教工作全过程，坚决抵制宗教领域渗透分裂活动，用社会主义核心价值观引导和教育广大僧尼和信教群众，积极引导宗教与社会主义社会相适应，在各宗教寺院和信教群众中持续开展平安（和谐）寺院建设和民族团结进步创建活动，青海宗教界和信教群众爱国爱教热情将持续提高，各宗教间正常交流、友好相处的新局面将越发突出。

三　2022年扎实做好青海民族宗教工作的建议

2022 年，各级党委、政府应站在中华民族伟大复兴的战略高度，把握新阶段民族宗教工作的内涵和特点，以铸牢中华民族共同体意识为主线，做好青海民族工作，以推进宗教中国化为重点，做好青海宗教工作。

（一）完整准确全面把握习近平总书记关于加强和改进民族工作的重要思想

青海作为民族宗教大省，应切实增强做好民族宗教工作的政治责任感和使命感，认真学习贯彻和把握中央关于民族宗教工作的决策部署和总体要求。一是认真贯彻落实中央民族工作会议精神。全省上下应继续在学深悟透中央民族工作会议精神上下功夫，尽快研究出台青海省落实意见。特别是领导干部和民族宗教相关部门要自觉把思想和行动统一到中央对民族工作形势的分析判断和决策部署上来，切实增强做好民族工作的政治自觉和历史自觉，继续提高民族宗教工作能力。二是学深悟透习近平总书记考察青海重要讲话精神。各级党委、政府应将习近平总书记考察青海重要讲话精神与中国共产党青海省第十三届委员会第十次全会审议通过的《中共青海省委关于深入学习贯彻习近平总书记考察青海重要讲话精神　奋力谱写全面建设社会主义现代化国家青海篇章的决定》相结合，在融会贯通和学深悟透上下功夫、花力气。三是持续增强各族人民的“五个认同”。国家统一、民族团结、社会稳定的思想基础是“五个认同”。只有不断增强青海各族人民的“五个认同”意识，才能促进青海各族人民和睦相处、和谐发展、安居乐业，进一步巩固和发展安定团结的民族关系。四是重视民族干部队伍建设。少数民族干部是解决民族地区民族问题的关键性人群。青海是民族大省，党的民族政策要在基层得到有效落实，需要一大批懂政策的民族地区好干部。因此，需要培养、选拔一大批政治强、善治理，且具有一定民族宗教理论知识储备的民族干部。五是夯实基层民族工作基础。基层是党的执政之基和力量之源，要把加强基层民族工作作为做好青海民族工作的基础常抓不懈。

（二）全面领会和贯彻新时代党的宗教工作理论和方针政策

新时代党的宗教工作理论和方针政策，深入分析和总结了我国宗教工作面临的形势任务，系统阐述了新时代党的宗教工作的新思想、新理念和新战略。一是认真学习贯彻全国宗教工作会议精神。学习领会习近平总书记在全国宗教工作会议上的讲话精神，深刻认识全国宗教工作会议提出的新要求，准确把握新时代民族工作的方向和重点，深入推进青海各宗教中国化工作，把管理好青海各宗教作为青海经济社会长足发展和长治久安的重中之重，落实好各项工作。二是牢牢把握和坚持党对宗教工作的全面领导。各级党委、政府及民族宗教工作部门要切实担负起责任，认真履行宗教工作的主体责任，全面贯彻党的宗教信仰自由政策，依法管理民族宗教事务。三是做好“三支队伍”的培养和培训工作。首先，结合青海各宗教特点和实际，加强党政干部队伍的培养工作；其次，要培养一支政治上靠得住、宗教上有造诣、品德上能服众、关键时起作用的宗教界代表人士队伍；最后，加强马克思主义宗教学学科建设和宗教学研究队伍的培养工作。

（三）全方位推进铸牢中华民族共同体意识工作

构筑和建设中华民族共有精神家园、铸牢中华民族共同体意识是新时代青海各族人民人心归聚、团结奋进的精神纽带。一是持续深化民族团结进步教育。青海要在现有工作的基础上，根据形势需要不断丰富和创新民族团结进步创建活动的形式和载体，突出重点，提升宣传教育的针对性、精准性。二是高度重视铸牢中华民族共同体意识的思想建设。各级党委、政府要准确理解铸牢中华民族共同体意识提出的时代背景和深刻内涵，做好阐释、解读和宣传工作，在全社会凝聚思想共识。三是挖掘青海优秀历史文化资源。可通过“铸牢中华民族共同体研究基地”和省内外各科研院所的资源优势，加强对红军长征、青海解放、十世班禅进藏和“两弹一星”等反映青海民族团结和中华民族复兴的历史文化资源的挖掘整理和宣传推介工作，形成一批有影响、有内涵、有温度、接地气的研究成果和文化普及读物，让青海各族干部群众了解青海各民族休戚与共、互助合作的历史。四是扎实推进国家统编教材的使用工作和国家通用语言文字的普及工作。要加强宣传国家统编教材推行使用的意义，尽快落实国家统编教材全覆盖；提升民族地区基层党员干部、牧民群众、寺庙僧尼等使用国家通用语言文字的能力，让国家通用语言文字成为青海各民族交往、交流、交融的重要桥梁和纽带。

（四）积极引导宗教与新时代中国特色社会主义相适应

积极引导宗教与社会主义社会相适应，是党处理宗教问题的重要实践经验。一是准确理解、把握和宣传宗教中国化的科学定义和思想内涵。要完整、全面地理解和宣传宗教中国化的丰富内涵，而且要结合青海实现中华民族伟大复兴的历史进程去理解青海各宗教中国化的深刻思想内涵。二是必须坚持和发展中国特色社会主义宗教理论。结合青海各宗教发展变化和宗教工作实际，归纳总结青海宗教的基本特征和实践经验，遵循宗教和宗教工作规律，用马克思主义立场、观点和方法认识和对待青海各宗教，不断丰富和发展中国特色宗教理论。三是加强文化润青工作。深入挖掘青海各宗教教义、教规中文明健康和有利于社会和谐、时代进步的内容，进一步强化文化浸润工作，用中华优秀文化浸润青海各宗教。

（五）持续提升民族地区社会治理水平

青海应立足多民族、多宗教、多文化的省情特点，把推进民族地区社会治理现代化作为一项重要政治任务常抓不懈。一是在社会治理上持续发力。要准确定位青海在整个国家治理体系中的“涉藏地区”这一特定属性，要在“涉藏”地区社会治理方面重点发力，积极探索具有青海特点的“涉藏”治理模式。二是推广和借鉴相对成熟的社会治理模式和经验。要充分根据本地实际，参照过往的实践经验，针对自身的突出问题，探索体现时代特征、顺应群众需求的社会治理新模式，可借鉴和升级改造“枫桥经验”、“班玛经验”、“村寺并联”和“同德模式”等相对成熟的社会治理模式。三是加强城市民族工作。未来，青海民族工作的一个重点在城市，要把工作重心更多地聚焦城市民族服务和管理工作，持续增强城市社区工作能力。

（六）切实加强反渗透、反分裂工作

青海多民族分布、多宗教传播的特点决定了其更容易成为民族分裂势力和宗教极端势力渗透的主要阵地，青海防止民族分裂势力及宗教极端势力渗透，筑牢反分裂、反渗透思想防线的工作任务依然艰巨。一是增强党政部门反渗透、反分裂的斗争意识。要让党政部门，特别是民族宗教工作部门清晰地认识到，当前青海民族宗教领域形势依然复杂多样，要增强反渗透、反分裂的政治敏锐性和工作意识。二是加强教育和引导工作。各相关部门和单位要加强对宗教界和广大信教群众的宣传教育工作，要求广大信教群众遵守国

家法律法规、提高明辨是非的能力，要让他们充分认识到宗教极端思想的危害及本质。三是加大宗教教职人员的教育培训和管理力度。特别是加强阿訇的教育培训工作，严格执行阿訇的聘任审批制度，加强考核评议等。四是加强网络信息管理工作。加强网络信息管理工作，对网络上出现的关于宗教的有害信息要及时清理并给予正确的回应，以正视听，消除负面影响。加大对非法传教活动的管控和打击力度，净化宗教出版市场，严厉打击非法宗教出版物。

B.19
青海黄南州铸牢中华民族共同体意识的实践探索与前景展望

参看加*

摘　要： 中华民族共同体意识是国家统一之基、民族团结之本、精神力量之魂。青海省黄南藏族自治州始终把铸牢中华民族共同体意识、推进民族团结进步创建工作作为事关黄南州改革发展、繁荣稳定大局的首要任务，坚持问题导向，注重标本兼治，取得了积极的成效。本报告梳理了黄南州铸牢中华民族共同体意识的主要做法、取得的成效和面临的问题及挑战，对黄南州铸牢中华民族共同体意识工作的前景进行了展望和分析，并提出了相应的对策建议。

关键词： 中华民族共同体意识　民族团结进步创建事业　黄南州

黄南藏族自治州（以下简称黄南州）位于青海省东南部，下辖1市3县，总人口为28.02万人，占全省总人口的4.6%；有藏、汉、蒙古、回、土等23个民族，少数民族人口占全州总人口的93.84%；藏族人口占全州总人口的68.6%。全州经济总量只占全省的3.4%，地方财政公共预算收入只占全省的0.76%，财政自给率为3.2%。[①] 基础设施建设和社会公共服务相对滞后，是青海民族宗教工作重点地区之一。近年来，黄南州始终把铸牢

* 参看加，青海省社会科学院民族与宗教研究所研究员，研究方向为藏学。

① 资料来源：黄南州委统战部。

中华民族共同体意识、推进民族团结进步创建工作作为事关黄南州改革发展、繁荣稳定大局的首要任务；坚持问题导向，注重标本兼治，着力解决经济社会发展不平衡不充分的问题；积极打造青海涉藏地区社会治理示范区，2019 年成功创建为全国民族团结进步示范州。全州各族人民群众深切感受到“团结稳定是福，分裂动乱是祸”，对伟大祖国的认同、对中华民族的认同、对中华文化的认同、对中国共产党的认同、对中国特色社会主义的认同不断增强，中华民族共同体意识不断增强。

一　黄南州铸牢中华民族共同体意识工作的主要做法和取得的成效

黄南州认真贯彻落实习近平总书记关于民族工作的一系列讲话和指示精神，深入开展民族团结进步创建工作，深刻认识铸牢中华民族共同体意识的历史必然性、极端重要性和现实针对性，完善政策举措，使之贯穿民族工作各领域、全过程。

（一）深入构建民创工作大格局，为“铸牢”工作提供机制保障

黄南州始终坚持以铸牢中华民族共同体意识为主线，以“共同团结奋斗，共同繁荣发展”为主题，把民族团结进步创建作为推动科学发展和长治久安的总抓手，强化顶层设计，狠抓责任落实，构建起了机制保障、示范引领、全民参与、整体联动的创建大格局，为开展铸牢中华民族共同体意识工作提供了机制保障。一是全面贯彻落实中央第七次西藏工作座谈会和省委涉藏工作会议精神，将民族团结进步事业纳入“十四五”规划，围绕打造“山水黄南”、高质量推进“三区建设”，推动实施一批事关民族团结进步事业的重大工程和项目，不断推进黄南经济社会高质量发展。二是强化对民族团结进步创建工作的考评，对示范单位和先进单位以三年为周期，实施复检复验、动态调整，始终保持持久发力、争先创优的强劲势头。三是深化民族团结进步“十一进”活动，在国家“六进”、全省“十进”基础上拓展为“十一进”，扩大了创建领域，凝聚了创建共识。始终坚持重在基层、重在

平时的理念，进一步扩大创建活动覆盖面，各牵头单位定期对创建民族团结进步“十一进”工作进行检查指导，树立“创建永远在路上”的正向牵引导向，防止“牌子到手、创建到头”。四是将民族团结进步专项经费列入财政预算，支持民族团结进步项目建设。黄南州全面构建民族团结进步创建工作的长效机制，深入开展民族团结进步创建工作，铸牢中华民族共同体意识。全州1市3县全部建成省级民族团结进步先进县，河南蒙古族自治县、尖扎县被命名为“全国民族团结进步示范县”。2019年黄南州被国家民委命名为“全国民族团结进步示范州”。

（二）加强宣传教育引导工作,构筑各民族共有精神家园

黄南地区社会发育程度较低，宗教影响深远，农牧民人口占比大，文化素质低，普通群众的政治敏锐性和政治鉴别力不强，国家、公民、政府意识淡薄，宣传教育引导工作显得非常重要。黄南州在民族团结进步创建工作中的强宣传教育引导工作，把“三个离不开”思想、“五个认同”、铸牢中华民族共同体意识教育纳入国民教育、党员教育、法制教育、家庭教育的全过程。一是采取骨干培训、报告会、党员干部会议、座谈会、走家串户、专题培训、涉藏维稳讲师团巡回宣讲等方式，分层次在机关单位、农村牧区、学校、企业、寺院集中开展宣传教育活动，不断提高群众的参与度和知晓率。二是在每年的民族团结进步宣传月，黄南州充分发挥各类新闻媒体的舆论导向作用，进行民族团结进步、铸牢中华民族共同体意识的宣传教育。2021年在全州范围内开展“庆祝中国共产党成立100周年暨铸牢中华民族共同体意识”主题教育活动和演讲比赛。推动“爱国、感恩、团结、法治”教育常态化，加强马克思主义民族观、宗教观以及“一条道路、两个共同、三个离不开、四个自信、五个认同”宣传教育。依法加强网络管理，及时应对和处置负面舆情、有害信息。三是保护、传承、发展优秀传统文化，搭建促进各民族沟通的文化桥梁。定期举办热贡艺术节、“五彩神箭杯”国际民族传统射箭邀请赛、那达慕等节庆活动，推动民族文化融合发展。编辑出版《神秘的热贡文化》《热贡艺术》《青海黄南藏戏》等热贡文化系列丛

书，成功拍摄《河曲马》《五彩神箭》《热贡六月会》等6部影视宣传片。民族风情歌舞剧《热贡神韵》被文化和旅游部选定为国家舞台艺术精品工程资助剧目，实现了青海省无国家级剧目的历史突破。开展优秀文化产品的展演、展映、展播活动，加大优秀文化产品的推广力度。建成28个非遗传习中心，其成为弘扬、保护、传承民族文化的重要基地。四是大力培育和践行社会主义核心价值观，弘扬以爱国主义为核心的民族精神和以改革创新为核心的时代精神。用社会主义核心价值观引领社会思潮、凝聚共识。开展移风易俗工作，养成文明健康的生活方式。黄南州各族人民人心归聚、精神相依，团结奋进，中华民族共有精神家园建设得到加强，中华民族共同体意识不断得到增强。

（三）全面提升民生福祉，增强民众对中华民族的认同感和自豪感

“十三五”期间，黄南州生产总值、财政支出和总财力在突破百亿元大关的基础上稳健增长，成为青海发展速度最快、综合实力提升最显著的地区。制定实施“1+8+10”脱贫攻坚政策体系，累计投入扶贫资金89.38亿元。全州4个贫困市（县）整体脱贫摘帽，千百年来的绝对贫困问题得到解决。累计完成固定资产投资375.9亿元，实施各类项目3014项，一批事关本地区长远发展的基础设施项目相继实施，有力支撑了经济社会发展。坚持小财政办大民生理念，民生支出占财政总支出的比例保持在80%以上，办成了一系列群众期盼的急难愁事。社会保障覆盖面持续扩展，社会保障体系不断完善。15年免费教育政策全面落实，基础教育质量不断提升。村级卫生室标准化建设实现全覆盖，州、县、乡三级远程诊疗系统基本建成。公共文化服务和广播电视网络覆盖城乡，率先实现乡镇、村社、寺院公共活动场所健身器材全覆盖。累计实施城乡住房改善12977户，受益群众6.5万人。经济社会的发展，民生福祉的全面增进，各族群众的获得感、幸福感不断提升，国家对涉藏地区的特殊政策，脱贫攻坚取得的成就，抗击新冠肺炎疫情取得阶段性重大胜利等增强了黄南州各族群众对中华民族的认同感和自豪感。

（四）积极打造社会治理示范区，实现社会大局持续和谐稳定

黄南州是青海乃至全国涉藏地区民族宗教工作的重点地区。黄南州委、州政府把深入开展民族团结进步创建工作、培育中华民族共同体意识作为战略性、基础性、长远性的大事来抓，摆在突出位置，作为“一把手”工程来推进，着力打造青海涉藏社会治理示范区，推进以基层党组织建设为核心，自治、法治、德治“三治结合”的社会治理新模式，实现了社会治理从粗放到精细、从应急到常态、从治标到治本的根本转变。坚持党建引领，全面加强党的基层组织的标准化、规范化建设，基层组织建设水平持续提升，州辖一市三县全部进入农牧区基层组织示范县行列。全面构建“大党建”格局和“党建+社会治理”组织体系，集中整治软弱涣散的基层党组织和不合格的党员，基层党组织的凝聚力、号召力、组织力、战斗力有了明显提升，从根本上解决了基层社会“谁说了算”的问题。将民族团结进步和地方社会治理有机结合，以民族团结进步创建助力平安黄南、法治黄南建设，依法严厉打击危害国家政治安全的涉藏违法犯罪活动，以地方社会治理创新为民族团结进步提供法治保障，相互融合、相互促进，共同铸就黄南的和谐稳定。依法加强对宗教事务的治理，规范应用“三种管理”模式。全面深入开展宗教活动场所“六进”活动①，有效促进宗教活动场所规范化、制度化、法治化建设。有序实施“六大工程”，加快推进“互联网+藏传佛教寺庙规范化管理”服务平台建设，突出解决基础工作不扎实、管理制度不落实、寺管会班子软弱涣散等问题。依法加强对宗教场所和教职人员的管理，使广大宗教界人士明确没有法外寺院更没有特殊公民。促进了黄南州民族团结、宗教和顺，保证了黄南州社会大局持续和谐稳定，各族群众的获得感、幸福感、安全感不断增强，中华民族共同体意识增强。

---

① 民族团结进步创建活动，“宪法和法律法规、国旗国歌、社会主义核心价值观、中华优秀传统文化、领袖画像”进宗教活动场所活动。

（五）促进各民族交往、交流、交融，加强各民族的团结统一

黄南州自古以来是多民族聚居、多宗教并存、多元文化共融的地区。黄南州各民族文化兼收并蓄、经济相互依存、情感相互亲近。历史上就有六世夏日仓活佛引进“克瓦佳吉”（八十家商户）促进隆务地区商贸流通，尊重和保障宗教信仰自由，形成一条街五种宗教和睦共处的人文奇观。新中国成立后，特别是改革开放以来，黄南州人口的双向流动，促进了各民族间的交往、交流、交融。在民族团结进步创建工作开展中，黄南州大力宣传“三个离不开”思想，不断改善营商环境，使越来越多的外地人到黄南州经商、务工、旅游、学习；同时，越来越多的黄南人到州外经商、务工、旅游、学习交流，促进了各民族间的交往、交流、交融。推广普及国家通用语言文字，学校全面推行国家统编教材，制定出台《关于〈青海省涉藏州县国家通用语言文字再提升行动方案〉的贯彻意见》，尊重和保障藏语言文字的学习和使用，鼓励汉族干部学习、使用藏语言文字。坚持以社会主义先进文化引领各民族文化，推动各民族优秀文化的传承发展，强化精神扶贫，提倡文明现代的生活方式，引导、帮助各族群众形成现代、文明的生活方式。天津市在对口援助黄南州的过程中，采取党政干部相互交流、挂职锻炼的方式，在教育、医疗等方面持续深化“组团式”帮扶，组织黄南医务人员到天津，开展“师带徒”式培训，支持消费扶贫，组织开展“天津人游黄南”“旅游人才帮扶”活动，开展“津青一家亲”访学教育活动，每年组织200名农牧民家庭子女到津京研学。这些活动极大地促进了各民族间的交往、交流、交融，增强了“五个认同”，增强了中华民族共同体意识。

二　黄南州铸牢中华民族共同体意识工作中存在的问题及挑战

黄南州从过去涉藏维稳事件多发的地区，现已创建为全国民族团结示范州，各民族群众人心归聚、精神相依、和睦相处，中华民族共同体

意识不断增强。但黄南州铸牢中华民族共同体意识工作还面临一些问题和挑战。

（一）敌对势力进行分裂、渗透、破坏活动的风险隐患依然存在

黄南州地处青甘川三省交界地带，环境闭塞，经济社会发展相对滞后，宗教影响广泛，且与境内外的联系密切，是“藏独”分裂势力和西方反华势力利用民族宗教问题从事分裂、渗透、破坏活动的重点地区。这些敌对势力在一些敏感时间节点上进行破坏活动、制造思想混乱的风险隐患仍然存在，可能为黄南州铸牢中华民族共同体意识带来一些挑战。

（二）思想教育引导工作有待进一步加强

铸牢中华民族共同体意识要准确把握物质和精神的关系，既要“管肚子”又要“管脑子”。部分基层干部受文化教育水平、语言和宣讲能力的限制，不善于用通俗易懂的群众语言、民族语言开展思想教育引导工作，照本宣科的现象比较普遍，特别是涉藏宣传针对性不强，教育引导方式载体单一，实际效果不够明显。

（三）发展不平衡不充分的问题依然突出

黄南州经济总量依然偏小，经济社会发展水平依然较低，发展不平衡不充分问题依然突出。产业结构不优，转型升级步伐缓慢，缺乏新的增长点。财源培植不足，财政收入总量太小，对上依赖程度较高。脱贫攻坚成果巩固提升面临较大压力，各族群众生活品质有待进一步提高。

（四）工作机构建设有待进一步加强、工作人员的稳定性有待进一步增强

黄南州、市、县都设立了民族团结进步创建领导小组及其办公室，办公室设在统战部门，但工作人员基本上为临时抽调人员，有些地方则一年一换，这严重影响民族团结进步创建和铸牢中华民族共同体意识工作人员的稳定性，也影响工作的延续性和连贯性。

三　黄南州铸牢中华民族共同体意识工作的前景展望

在习近平总书记关于加强和改进民族工作的重要思想的指导下，黄南州将结合本地实际，创新性开展工作，加强铸牢中华民族共同体意识教育，引导人民树立正确的中华民族历史观，不断增强对中华民族的认同感和自豪感。

（一）以铸牢中华民族共同体意识为主线的民族团结进步创建工作将不断向纵深拓展

黄南州将以铸牢中华民族共同体意识为主线，紧扣“中华民族一家亲，同心共筑中国梦”总目标，深入推进民族团结进步教育、宣传和创建工作，打造一批政治性强、内涵丰富、意蕴厚重的中华民族视觉形象工程，建成高水准的黄南州铸牢中华民族共同体意识体验馆，教育引领各族干部群众树立正确的“五观”，不断增强“五个认同”，不断推进中华民族共同体建设。

（二）进一步保障各族群众合法权益，中华民族共同体意识和凝聚力将持续增强

“铸牢中华民族共同体意识是新时代党的民族工作的‘纲’，所有工作要向此聚焦”。① 黄南州将坚持各民族一律平等，保障各族群众合法权益，结合黄南州实际，正确把握“四对关系”，增进共同性，尊重和包容差异性，坚决反对大汉族主义和地方民族主义。充分认识各民族优秀传统文化都是中华文化的组成部分，加强黄南优秀传统文化保护和传承。解决好物质方面的问题，管好“肚子”的同时，做好教育引导工作，解决好精神方面的问题，管好“脑子”，肃清民族分裂、宗教极端思想毒瘤，促进中华民族共同体意识和凝聚力持续增强。

---

① 《习近平出席中央民族工作会议并发表重要讲话》，中国政府网，2021 年 8 月 28 日，http：//www. gov. cn/xinwen/2021 –08/28/content_ 5633940. htm。

（三）提升社会治理体系和治理能力现代化水平，铸牢中华民族共同体意识的社会环境将更加良好

黄南州将不断巩固、完善具有黄南特色的“一核三治”社会治理模式，努力开创共建共治共享社会治理新格局。依法保障各族群众合法权益，依法妥善处理涉及民族因素的案件，依法打击各类违法犯罪行为，做到法律面前人人平等。坚持问题导向，着力解决宗教领域存在的突出问题，加强爱国主义教育、反分裂斗争教育，以“五个有利于”为标准，不断推进藏传佛教中国化。持续整治伊斯兰教“三化”问题，肃清极端思想，引导宗教与社会主义社会相适应，铸牢中华民族共同体意识的社会环境将更加良好。

（四）实现脱贫攻坚成果与乡村振兴的有效衔接，铸牢中华民族共同体意识的物质基础将更加坚实

黄南州将严格落实“四个不摘”要求，加强农村低收入人口常态化帮扶，强化易地搬迁后续扶持，完善易地搬迁配套建设和公共服务，持续加大产业、就业帮扶力度，增强特色产业带动能力，稳固利益联结机制，进一步巩固、提升脱贫攻坚成果。加强农村公共服务供给，促进公共教育、医疗卫生、优秀文化、社会保障、养老设施等资源向农村、牧区倾斜。健全城乡基础设施一体化规划、建设和管护机制。弘扬和践行社会主义核心价值观，推进移风易俗，培育文明乡风。引导各类资金、人才、资源要素向乡村集聚，着力增强乡村振兴发展内生动力，铸牢中华民族共同体意识的物质基础将更加坚实。

四　进一步加强黄南州铸牢中华民族共同体意识工作的对策建议

为进一步加强黄南州铸牢中华民族共同体意识工作，促进各民族像石榴

籽一样紧紧拥抱在一起，促进各民族共同团结奋斗、共同繁荣发展，提出如下对策建议。

（一）完整准确全面贯彻习近平总书记关于加强和改进民族工作的重要思想

黄南州做好铸牢中华民族共同体意识工作，要完整准确全面贯彻习近平总书记关于加强和改进民族工作的重要思想，深刻理解核心要义、精神实质、丰富内涵和实践要求，结合黄南州实际，加强和完善党的全面领导，握稳托盘、把准航向，以铸牢中华民族共同体意识为主线，开创性地推动新时代党的民族工作在黄南州高质量发展。

（二）切实增强思想教育引导工作的针对性和实效性

根据黄南州干部群众、农牧民、青少年、宗教人员的实际，构建宣传教育常态化机制，把铸牢中华民族共同体意识纳入干部教育、党员教育、国民教育体系。重点做好基层农牧民、宗教教职人员等的思想教育引导工作。组织宣讲人员面对面，用通俗易懂的群众语言、民族语言交流思想、解疑释惑，针对性地进行思想教育引导工作。要充分发挥传统媒体优势，注重发挥新媒体作用，将铸牢中华民族共同体意识教育与社会主义核心价值观教育、爱国主义教育、反分裂斗争教育、新旧社会对比教育和树立正确的“五观”教育结合起来，不断创新形式、丰富载体，让各族群众在通俗生动、喜闻乐见的活动中接受教育、深化认知，不断坚定“五个认同”，构筑中华民族共有精神家园。加强网络信息管理，积极稳妥地处理涉及民族因素的意识形态问题，坚决肃清民族分裂、宗教极端思想流毒。

（三）坚持管理与服务并重，不断推进宗教中国化

宗教工作在黄南州工作全局中具有特殊重要性，藏传佛教和伊斯兰教是黄南地区两大宗教，都面临坚持中国化方向、提升中国化水平的任务。坚持

管理与服务并重，坚决纠正重服务轻管理，甚至只服务不管理的倾向。用中华优秀文化浸润宗教，用社会主义核心价值观引领、教育宗教界人士和信教群众，按照“五个有利于”的标准[①]，进一步推动藏传佛教中国化。持续整治伊斯兰教“三化”问题，坚持中国化方向。坚决肃清民族分裂、宗教极端思想流毒，构建积极健康的宗教关系。

（四）进一步厘清发展思路，促进农牧民增收致富，增进民生福祉

近几年黄南州经济社会发展较快，变化较大。但与周边地区相比，黄南州仍然存在一定的差距。农牧区基础设施建设滞后，群众收入不高，巩固脱贫攻坚成果、预防和化解返贫风险的工作任务重。需要厘清发展思路，以农牧民增收为核心，以转方式、调结构为突破口，加快推动农牧区特色经济发展，培育特殊产业，实现巩固脱贫攻坚成果同乡村振兴有效衔接。加大农牧区剩余劳动力技能培训力度，搭建服务平台，扩大劳务输出，促进农牧民增收致富。全面提升教育水平，深化医疗卫生体制改革，统筹提高基本养老、医疗、失业等社会保障层次和保障水平，增进民生福祉。

（五）加强工作机构和工作力量建设

加强和完善党的全面领导，是做好铸牢中华民族共同体意识工作的根本政治保障。各级党委要认真履行主体责任，把党的领导贯穿于铸牢中华民族共同体意识工作的全过程。加强工作机构和工作力量建设，保证工作人员的稳定性，加大培训教育力度，提升各级领导和基层干部的理论和政策水平，确保铸牢中华民族共同体意识工作有效推进。

---

① 即以有利于维护祖国统一和社会稳定、有利于增进“五个认同”、有利于团结宗教界人士和信教群众、有利于藏传佛教健康传承、有利于减轻信教群众负担为标准。

参考文献

祁永红主编《青海民族发展报告（2019）——民族团结进步创建》，青海人民出版社，2019。

赵英：《藏区民族团结进步教育与增强社会价值认同研究——以青海为例》，国家行政学院出版社，2019。

B.20

青海藏传佛教寺院慈善事业调查报告

罡拉卓玛*

摘　要： 藏传佛教寺院慈善事业一直伴随着佛教自身发展历程，在扶贫济困、医疗救助、养老救弱、生态保护、精神救助、赈灾防疫等方面发挥着重要作用。随着我国公益事业的发展，青海藏传佛教寺院慈善事业逐渐得到社会的关注和认可，呈现积极发展的态势。宣传爱国爱教思想，对积极促进宗教与社会主义社会相适应和铸牢中华民族共同体意识具有重要的现实意义。

关键词： 藏传佛教寺院　慈善事业　青海省

佛教慈善事业是对传统佛教慈善活动的继承，融合了佛教教义的慈悲观、因果论等内在思想，推动了佛教慈善事业的发展。随着藏族社会的转型，藏传佛教以救国救民为重任，推进藏传佛教中国化，树立佛教的外在形象，同时救助社会，践行佛教教义中的仁爱思想，表达爱国主义情怀。藏传佛教寺院慈善事业一直伴随着佛教自身发展历程，以佛教教义为基础，以"慈悲"为核心内容。

一　青海藏传佛教寺院慈善事业现状

近年来，青海省民宗委和省佛教协会指导各地民宗部门、宗教团体，积

* 罡拉卓玛，青海省社会科学院藏学研究所副研究员，研究方向为宗教学、民族学。

极投身慈善事业，践行社会主义核心价值观，造福社会、服务社会、回馈社会。青海佛教界主要针对本地及其他地区的贫困僧众、残疾人、孤寡老人、重度病人、贫困学生等开展捐款捐物活动。

2012 年 2 月，中共中央统战部、国家宗教事务局等六部门联合颁布《关于鼓励和规范宗教界从事公益慈善活动的意见》，2016 年《中华人民共和国慈善法》实施，标志着我国宗教界慈善事业进一步发展，藏传佛教慈善事业也逐渐得到社会的广泛关注与认可。在我国宗教团体和各级部门的监管下，一套系统、全面的赈济制度已形成，针对慈善事业开展的各环节均有细致的规章制度。青海藏传佛教寺院与其他宗教寺院一样，具有慈善济世的优良传统。其慈善事业的发展主要以“慈善周”活动以及重大灾难抢险救灾的依法参与为契机，促进了青海藏传佛教寺院慈善事业的良性运行。

藏传佛教寺院通过大力践行慈善事业，彰显爱国爱教思想，全面推动铸牢中华民族共同体意识。青海省藏传佛教各大寺院举办“民族团结进步创建工作”“国旗进寺院”“法律进寺院”等活动，取得了显著的成效，继承了爱国爱教的优良传统，得到了广大藏传佛教寺院僧侣、群众的支持和认可。

为了与社会主义社会相适应，青海省藏传佛教寺院积极开展爱国教育、法制教育、感恩教育和形势教育，深刻推进社会主义核心价值观的培育与践行，主动响应国家政策，深化“三个离不开”思想，增强“五个认同”，铸牢中华民族共同体意识。

二　青海藏传佛教寺院的慈善功能

（一）扶贫济困

青海省藏传佛教寺院开展慈善活动历史悠久、内容丰富，在社会上产生了深远的影响。特别是精准扶贫工作开展以来，佛教界投身慈善事业的热情持续高涨，信教群众积极参与，形成全社会共同参与的良好局面。为了进一步推动藏传佛教慈善事业活动、促进宗教和谐，青海省各级部门以“藏传佛教中国化”为主线，组织宗教活动场所民管会成员、教职人员和信教群众共同开展宗教“慈善周”活动，将其作为引导佛教界发挥积极作用的重要途径。为了宣传藏传佛教寺院慈善事业活动，通过宣传栏、展板、横幅、培训会、座谈会、佛教论坛等形式，树立佛教界良好形象，同时传达活动实质精神，学习相关文件和政策法规知识，提倡“政府引导、宗教推动、群众参与”的理念，努力营造宗教界关心、支持、参与慈善活动的浓厚氛围。在各级政府的努力下，青海各大藏传佛教寺院自行规定诵经祈福费用，对寺院收支情况定期进行公示，同时对贫困户、低保户、五保户进行无偿诵经，彰显了宗教人士慈悲为怀、乐善好施的传统美德。

青海藏传佛教寺院慈善事业与自身实际相结合，逐渐向纵横拓展，充分发挥了佛教界开展慈善活动的积极性，为政府分忧、为弱者排难，宗教慈善活动逐步规范化、制度化，社会公信力大有提升。

精准扶贫工作开展以来，黄南藏族自治州以《关于鼓励和规范宗教界从事公益慈善活动的意见》为依据，制定《关于在全州藏传佛教领域开展“百僧联百户”精准扶贫主题活动的安排意见》，开展一百名热心公益事业的僧人联系帮扶一百名建档立卡贫困户的“百僧联百户”活动。自 2017 年起，与州县扶贫部门主动对接，确定 108 名宗教界人士与 108 户因病、因灾、因残致贫的 190 名群众，结成“一对一”的帮扶对象，签订《黄南州藏传佛教领域精准扶贫“百僧联百户”主题活动帮扶协议书》，采取资金捐赠、物资帮助、牵线搭桥相结合的方式，多渠道开展精准扶贫工作。2021 年黄南州宗教领域开展“百僧联百户”活动 4 次，参与的宗教界人士共 404 人，实施帮扶 347 人次，帮扶物资折合人民币达 14. 4 万元。截至 2021 年底，黄南州宗教界人士帮扶物资折合人民币达 415 万元；海东市佛教协会慈善救助会向社会捐赠 1676. 33 万元。①

① 资料来源：黄南州委统战部。

（二）医疗救助

青海藏传佛教规模较大的寺院都有自己的医学院或是藏医院，这些医学院、藏医院是集医疗、制剂、教学、慈善救助为一体的传统机构，多年来开展了一系列面向社会的医疗救助活动。青海塔尔寺藏医院以“解除疾苦　利乐有情”为宗旨，由僧医组成的“青海省贫困藏区免费医疗服务队”多次在省内各地开展义诊送药活动。自2006年起，青海塔尔寺藏医院与香港李嘉诚基金会共同实施青海涉藏地区免费医疗扶贫项目，先后分40批次组织医疗队赴果洛、玉树、黄南、海南、海北、海西等地巡诊施药。① 截至2021年底，施药资金累计达830多万元，受惠民众达13.5万余人次。弘扬了藏医慈善救助的传统，同时也受到了青海各族患者的高度赞誉。

（三）养老救弱

藏传佛教寺院历来以“居寺养老”为传统。僧尼步入中年后，通常会从亲属中选择6岁左右的孩童作为自己的徒弟，僧舍中的中年僧尼负责照料幼徒的学经及日常生活。徒弟成年后为师傅养老送终，以此代代传承，形成了藏传佛教特有的“居寺养老”模式。青海省具有一定规模的藏传佛教寺院，针对没有徒弟和亲属的老龄僧尼无人照料、生活困苦等问题，寺管会在寺院内设立了敬老院。老年僧尼由寺院内年轻僧尼轮流照料，形成了藏传佛教寺院的“敬老院养老”模式。如在1992年我国台湾地区的信众在塔尔寺内募捐修建了敬老院，院内现有25名老年僧侣，寺管会雇佣当地一名妇女专职做饭，敬老院日常开支和厨师工资由寺院承担。此外，果洛州班玛县扎洛寺和玉树州玉树市仁青林寺也设有“敬老院”。扎洛寺敬老院筹建于2005年，2008年开始运行至今，在四川、甘肃等地具有一定知名度。2011年，仁青林寺敬老院受地质灾害影响搬迁至巴塘乡，目前有30名60岁以上的僧

① 位旭军：《塔尔寺藏医院实施医疗扶贫项目成果显著》，《西海农民报》2010年1月18日，第3版。

人。此外，这些寺院周边无人照料的孤寡老人也选择在寺院的敬老院中安度晚年，虽然数量不多，但青海藏传佛教寺院敬老院承担了部分社会养老负担。

青海藏传佛教寺院长期以来都对贫困儿童以及弱势群体进行救助，如格尔木扎西达吉灵寺2012年至今收养孤儿17名，玉树当卡扎西尼姑寺370名尼姑中残疾率达12%。

（四）生态保护及精神救助

青海是生态大省，生态资源丰富，生态环境脆弱。三江源头以及青海湖周边的藏传佛教寺院多年来组织寺院僧尼、周边农牧民在草原、大山、江湖边捡垃圾，进行分类处理，把不能焚烧的垃圾依靠人力背到垃圾处理站统一处理。2011年至今，青海环湖地区、三江源国家公园区域附近的藏传佛教寺院，如玉树藏族自治州邦琼寺、果洛藏族自治州白玉寺、海南藏族自治州元者寺、海北藏族自治州佛海寺等积极组织开展僧侣、信众捡垃圾的活动，每年至少四次，累计处理垃圾百吨以上。

在青海省委、省政府的正确领导下，青海省藏传佛教寺院紧密结合精神救助工作，以“结合自身实际，量力而行”为原则，发放信教群众宗教负担倡议书，在超度亡灵、祈福镶灾等方面主动提供上门、免费的宗教服务。据不完全统计，近两年果洛、玉树两州佛教界免费提供宗教服务约为3100人次。2021年，海南州香赤寺为信教群众免费承担火葬所有费用，丧葬工序由寺院僧尼负责；塔尔寺在十轮金刚灌顶大法会期间承担所有信教群众的食、宿、行等方面的费用共2000余万元，得到了信教群众的一致好评。

（五）赈灾防疫

青海省藏传佛教寺院面对各种社会灾难，不畏困难、砥砺前行，积极响应中央号召，认真贯彻落实国家政策。青海省藏传佛教寺院在我国社会主义建设过程中的扶贫济困行为，体现出青海藏传佛教界对中华民族共同体与人类命运共同体的深刻认识。2019 年 2 月，青海玉树地区发生雪灾，为了帮助当地牧民群众，玉树邦琼寺组织僧侣为杂多县、隆宝镇、哈秀乡、上拉秀乡等雪灾地区运送了价值 15 万元的草料。

2020 年新冠肺炎疫情发生后，青海省藏传佛教宗教界人士积极参与疫情的联防联控工作，响应党和政府的号召，暂停一切佛事活动，同时所有宗教活动场所一律暂停对外开放。2020 年 2 月至 2021 年 9 月，青海省佛教界为武汉疫情防控工作捐款捐物共计 2035. 8647 万元，其中，玉树藏族自治州佛教界为疫区捐款捐物 1330 余万元（其中，捐款现金 720 万元，捐助物资折合人民币 610 万元）。暂停（取消）各类宗教活动 211 起，体现了宗教界爱国护国、服从大局的政治态度。自疫情发生以来，藏传佛教寺院通过微信、微博等多种渠道发布疫情防控宣传短片 200 多条，发出倡议书 300 多份，用最通俗的语言宣传疫情防控工作，体现了各界人士同舟共济、共同抗疫的坚定决心。果洛藏族自治州佛教界共募捐 263 万元，其中通过各级红十字会、省慈善会募捐 155 万元，同时为当地疫情防控捐赠各类防疫物资 108 万元。玛沁县拉加寺动员僧众向湖北武汉捐款 23 万元，购买 33 万余元的牛黄、麝香、藏红花等名贵药材，无偿赠予当地群众；久治县白玉寺在防控物资紧缺的情况下，聘请数名专业技术人员，指导寺院僧尼赶制出价值 6 万余元的自制口罩，无偿捐赠给周边群众；互助县藏传佛教寺院累计捐款 11. 446 万元；黄南州同仁市 32 座藏传佛教寺院疫情防控时期向武汉捐款共计 22. 16118 万元。以上行为充分体现了宗教人士上善若水、大爱无疆的精神。

三　青海藏传佛教寺院慈善事业的实践特点

由于青海省特殊的地理位置和人文环境，藏传佛教寺院具有一定的特殊性。尤其是受到青海慈善事业以及其他省份汉传佛教寺院的影响，青海藏传佛教与社会主义社会相结合，探索出了自成体系的慈善事业路径，对宗教健康发展与社会和谐稳定做出了应有的贡献。

（一）引导宗教人士，宣扬慈善理念

青海藏传佛教寺院在省佛教协会的带领下，引导宗教界人士，履行社会责任，践行中华民族传统美德和佛教“慈悲济世、利乐有情”的精神，注重夯实慈善事业的诚信基础，在法律法规、政策范围内带动青海藏传佛教界开展社会服务及慈善活动。2020～2021 年，海南州 50 余名活佛先后把讲经与讲法相结合，主动宣传中国共产党成立 100 周年的光辉历程，以及精准扶贫、乡村振兴、民族团结、生态环境、移风易俗、乡风文明及网络宗教等政策；玉树州竹节寺活佛旦布洛周通过个人影响力带动寺院开展慈善活动，把广大信教群众思想凝聚到感恩、知恩、报恩的行动上。

（二）发挥宗教优势，解决民生问题

宗教界以解决社会民生问题为导向，在政府暂时难以顾及、社会保障尚不到位的“真空地带”发挥补充作用。注重发挥宗教信仰优势，在服务中体现爱心、宽容、忍耐和奉献精神，努力打造亮点，体现宗教特色。①

2021 年，海南州藏传佛教寺院弘扬宗教优良传统，组织各寺院和宗教界人士筹集助学基金共 30 余万元，严格遵守州佛教协会“严格把关、规范流程、公开透明”的原则。为确保落到实处，州佛教协会始终坚持各县佛教协会协同当地乡镇政府、教育和民政部门严格审核受助对象基本情况，并确定捐助名单。每位获得捐助的优秀贫困学生，每年将获得数千元到上万元不等的学费和住宿费。在慈善事业发展过程中，青海省藏传佛教寺院通过各类宗教活动，动员僧众及信教群众，为困难群众解决民生问题。

（三）加强交流合作，共享社会资源

青海省藏传佛教寺院以“活佛高僧发挥作用、与党同行服务社会”

---

① 左卫国：《我国伊斯兰教公益慈善要走现代化和专业化之路》，《中国穆斯林》2018 年第 4 期，第 11 页。

为原则，秉持爱党、爱国的优良传统，紧密结合脱贫攻坚、乡风文明等战略部署，充分发挥自身优势，积极组织和参与社会慈善活动，在宗教与社会主义社会相适应中发挥正能量、体现新境界。加强寺院与社会慈善组织的关联互动，充分发挥宗教慈善资源的优势。2020 年 2 月至 2021 年 8 月，玉树州全面实施“五年一轮”培训工程，先后组织近 1000 名活佛、堪布、僧尼到其他省市考察学习，并连续 4 年组织 12 期 600 余人次到北京等地开展交流、交往、交融活动，选送优秀僧人到中国藏语系高级佛学院和省藏语系佛学院深造，增强了宗教界人士爱国、爱教的意识。2019 年海南州 3 名活佛出资并组织带领 82 名僧人先后赴其他省市，参观“国之强、民之福、景之美”，增强僧众对党和国家的向心力与归属感。

四　青海藏传佛教寺院慈善事业的展望

在青海省委、省政府的支持和监督下，青海省藏传佛教慈善事业经历了从无到有、从无序到有序的发展过程，其间省佛教协会等宗教团体起到了重要的作用。虽然目前藏传佛教寺院慈善事业整体滞后于社会公益事业的发展，但随着我国宗教中国化的不断推进，藏传佛教寺院慈善事业将呈现良好的发展态势，能够很好地发挥其服务社会的潜在正能量。

（一）完善慈善事业机制，实现公益服务常态化

藏传佛教寺院慈善事业活动一直与佛教自身发展紧密相连。早期的藏传佛教寺院对群众有相应的扶贫济困等活动，但与藏族群众供养藏传佛教寺院不成正比，供养与济困出现严重失衡。随着社会的发展，藏传佛教寺院深刻认识到必须心系国家大事和人民群众，为祖国统一、社会稳定贡献自己的力量。特别是在九世班禅（1883 ~ 1937 年）、十世班禅（1938 ~ 1989 年）、喜饶嘉措（1883 ~ 1968 年）等藏传佛教高僧大德的号召下，藏传佛教寺院的慈善事业逐渐形成体系，涵盖了教育、文化、卫生等领域的济贫、养老、助学、医疗救助和灾害救援等项目。

近年来，青海藏传佛教积极开展社会公益事业，取得了较好的成绩。通过藏传佛教寺院民管会等渠道公开寺院财务的同时，建立慈善公益事业相关工作制度和机制，逐步实现藏传佛教寺院社会公益服务的常态化。

（二）慈善事业效应初显，社会影响不断扩大

专业化是我国藏传佛教慈善事业健康发展的必经之路。随着我国慈善事业的普及，慈善活动日益常态化。为了适应改革开放新形势，藏传佛教寺院慈善事业开拓新领域、扩大自身影响力，不断向社会化和规范化迈进。

由于藏传佛教寺院慈善事业还处于起步阶段，在募集善款、善物的方式和实现社会救助方面还不够成熟，但是救灾捐赠的范围、途径、内容覆盖面、影响等不断扩大，体现了救灾与扶贫相结合的新思路，得到全社会的广泛参与。

（三）筹资方式更加多元，善款募集成效显著

改革开放初期，受经济发展水平落后和慈善理念不普及的制约，慈善救济所需资金大多来自政府的直接拨款，社会捐献多数是政府号召下的行政募捐或者单位摊派，虽然也存在民众自发的社会捐助，但是其资金在慈善救助中所占的比重微不足道。[①] 通过青海省佛教协会等宗教团体的支持，藏传佛教各大寺院零散的慈善事业逐渐被整合，对我国社会主义建设做出了应有的贡献。特别是传统的活佛个人捐助、僧众集体捐助、寺院（民管会）捐助的慈善模式逐渐转型为呼吁信教群众共同参与的慈善公益事业，以接受外援为突破口，积极寻求同国内大型社会救助机构的合作，对青海涉藏州县社会发展和社会稳定起到重要作用。

（四）推动寺院文化的现代转型，深化宗教中国化

一直以来，藏传佛教以诵经祈福方式为信教群众提供“服务”，通过

---

① 王俊秋：《中国慈善与救济》，中国社会科学出版社，2008，第233页。

“布施”对民众提供实质性服务的现象较为少见。改革开放以后，青海藏传佛教寺院摒弃传统观念，以寺养寺，积极开展慈善事业。慈善活动逐渐转变为以民间社会为核心力量。在慈善活动的开展过程中，政府制定的相关法律法规被纳入救济行政管理，社会救助对象范围呈现扩大化、复杂化的趋势。近年来，各级党委和政府大力推动宗教中国化，青海藏传佛教积极与社会主义社会相适应，面对不同灾难，自发组织捐款等，得到了社会各界的认可。

改革开放以来，藏传佛教寺院慈善事业相继发展，并与国内其他社会救助组织进行对接，救助项目从传统的“诵经祈福”转变为涉及救国、防疫、教育、灾情、养老等领域的综合救助活动。通过诵经祈福、捐赠资金、脱贫攻坚、捐献藏药等物资的方式，藏传佛教寺院针对地震灾区、疫情防控的重点城市开展救助活动。藏传佛教慈善事业呈现积极的发展态势，并且具备较大的拓展空间，满足了弱势群体对于慈善事业的需求。同时，青海藏传佛教寺院以多方式、在多领域积极参与慈善事业，打破了传统宗教发展模式，全面贯彻落实宗教中国化，以崭新精神面貌为其他宗教树立了榜样。

参考文献

陈雯菁：《21 世纪以来中国佛教慈善事业研究综述》，《红河学院学报》2019 年第 2 期。

李湖江：《近代以来中国佛教慈善事业研究》，巴蜀书社，2016。

蒲生华：《藏区寺院的社会慈善功能》，《南昌教育学院学报》2012 年第 4 期。

杨团、朱健刚主编《中国慈善发展报告（2020）》，社会科学文献出版社，2020。

郑功成：《当代中国慈善事业》，人民出版社，2010。

皮 书

智库成果出版与传播平台

皮书定义

皮书是对中国与世界发展状况和热点问题进行年度监测，以专业的角度、专家的视野和实证研究方法，针对某一领域或区域现状与发展态势展开分析和预测，具备前沿性、原创性、实证性、连续性、时效性等特点的公开出版物，由一系列权威研究报告组成。

皮书作者

皮书系列报告作者以国内外一流研究机构、知名高校等重点智库的研究人员为主，多为相关领域一流专家学者，他们的观点代表了当下学界对中国与世界的现实和未来最高水平的解读与分析。截至 2021 年底，皮书研创机构逾千家，报告作者累计超过 10 万人。

皮书荣誉

皮书作为中国社会科学院基础理论研究与应用对策研究融合发展的代表性成果，不仅是哲学社会科学工作者服务中国特色社会主义现代化建设的重要成果，更是助力中国特色新型智库建设、构建中国特色哲学社会科学“三大体系”的重要平台。皮书系列先后被列入“十二五”“十三五”“十四五”国家重点出版规划项目；2013~2022 年，重点皮书列入中国社会科学院国家哲学社会科学创新工程项目。

S 基本子库
UB DATABASE

中国社会发展数据库（下设 12 个专题子库）

紧扣人口、政治、外交、法律、教育、医疗卫生、资源环境等 12 个社会发展领域的前沿和热点，全面整合专业著作、智库报告、学术资讯、调研数据等类型资源，帮助用户追踪中国社会发展动态、研究社会发展战略与政策、了解社会热点问题、分析社会发展趋势。

中国经济发展数据库（下设 12 专题子库）

内容涵盖宏观经济、产业经济、工业经济、农业经济、财政金融、房地产经济、城市经济、商业贸易等 12 个重点经济领域，为把握经济运行态势、洞察经济发展规律、研判经济发展趋势、进行经济调控决策提供参考和依据。

中国行业发展数据库（下设 17 个专题子库）

以中国国民经济行业分类为依据，覆盖金融业、旅游业、交通运输业、能源矿产业、制造业等 100 多个行业，跟踪分析国民经济相关行业市场运行状况和政策导向，汇集行业发展前沿资讯，为投资、从业及各种经济决策提供理论支撑和实践指导。

中国区域发展数据库（下设 4 个专题子库）

对中国特定区域内的经济、社会、文化等领域现状与发展情况进行深度分析和预测，涉及省级行政区、城市群、城市、农村等不同维度，研究层级至县及县以下行政区，为学者研究地方经济社会宏观态势、经验模式、发展案例提供支撑，为地方政府决策提供参考。

中国文化传媒数据库（下设 18 个专题子库）

内容覆盖文化产业、新闻传播、电影娱乐、文学艺术、群众文化、图书情报等 18 个重点研究领域，聚焦文化传媒领域发展前沿、热点话题、行业实践，服务用户的教学科研、文化投资、企业规划等需要。

世界经济与国际关系数据库（下设 6 个专题子库）

整合世界经济、国际政治、世界文化与科技、全球性问题、国际组织与国际法、区域研究 6 大领域研究成果，对世界经济形势、国际形势进行连续性深度分析，对年度热点问题进行专题解读，为研判全球发展趋势提供事实和数据支持。

法律声明